Lehr- und Studienbriefe
Kriminalistik / Kriminologie

Herausgegeben von
Horst Clages, Leitender Kriminaldirektor a.D.
Klaus Neidhardt, Präsident der Deutschen Hochschule der Polizei i.G.
Robert Weihmann, Leitender Kriminaldirektor a.D.

Band 4
Identifizierung von Personen

Von
Wolfgang Thiel

VERLAG DEUTSCHE POLIZEILITERATUR GMBH
Buchvertrieb

Forststraße 3a • 40721 Hilden • Telefon 02 11 / 71 04-212 • Fax -270
E-Mail: vdp.buchvertrieb@VDPolizei.de • Internet: www.VDPolizei.de

Bibliographische Information der Deutsche Bibliothek

Die Deutsche Bibliothek verzeichnet diese Publikation in der Deutschen Nationalbibliographie; detaillierte bibliographische Daten sind im Internet über http:/dnb.ddb.de abrufbar.

1. Auflage 2006
© VERLAG DEUTSCHE POLIZEILITERATUR GMBH Buchvertrieb, Hilden/Rhld. 2006
Alle Rechte vorbehalten
Satz: VDP GMBH Buchvertrieb, Hilden
Druck und Bindung: Druckerei Hubert & Co, Göttingen
Printed in Germany
ISBN 13: 978-3-8011-0536-5
ISBN 10: 3-8011-0536-9

Vorwort

In Deutschland werden jährlich über zwei Millionen Straftäter bekannt. 40% der männlichen Täter und 25% der weiblichen Täter sind Wiederholungstäter. Rund 6 500 Täter begehen mehr als zehn Straftaten.

Die Zahl der in Deutschland als vermisst gemeldeten Personen beträgt jährlich 61 000. Es werden 100 unbekannte, hilflose Personen aufgegriffen und 300 unbekannte Tote gefunden.

Ein Ziel der polizeilichen Ermittlungstätigkeit ist die Identifizierung dieser Personen. Die Identifizierung bedeutet die individuelle, eindeutige Wiedererkennung eines Menschen. Diese gründet sich auf unveränderliche, einmalige Erscheinungsformen, die von der Natur geschaffen sind und kein zweites Mal auftreten. Der Fingerabdruck des Menschen ist dafür ein bekanntes Beispiel.

In der polizeilichen Arbeit werden darüber hinaus Methoden angewandt, deren Ergebnisse Identifizierungsmerkmale für eine Wiedererkennung liefern. Hier sind weitere Ermittlungstätigkeiten erforderlich, um die Identität einer Person festzustellen.

Außerdem sind in der polizeilichen Praxis Situationen bekannt, bei denen auf Grund der Untersuchung von Personen oder Sachen nur Hinweise für eine spätere Identifizierung erlangt werden. Durch die Isotopenanalytik kann beispielsweise der bisherige Aufenthaltsort einer Person festgestellt werden. Eine Identifizierung ist heute mit diesem Verfahren noch nicht möglich.

Dieses Buch befasst sich mit den Möglichkeiten und Grenzen der Wiedererkennung eines Menschen. Die Verfahren und Untersuchungen werden mit Hilfe ausgewählter Beispiele aus der polizeilichen Praxis erläutert. Hinweise für die Erstellung eines Untersuchungsantrages und Angaben zu den Untersuchungsstellen ergänzen die Ausführungen. Es handelt sich hierbei um keine abschließende Auflistung.

Neben bekannten Identifizierungsverfahren werden in dem vorliegenden Werk auch neue Möglichkeiten beschrieben, wie z. B. die biometrische Identifikation. Dabei werden ein oder mehrere spezifische Merkmale eines Menschen automatisch vermessen und für die individuelle Unterscheidung genutzt.

Das Buch richtet sich an den erfahrenen Praktiker im polizeilichen Bereich und gleichzeitig an die in der Ausbildung befindlichen Nachwuchskräfte.

Es ist Absicht des Verfassers, mit den vorliegenden Aufzeichnungen auch Anregung zur Einführung oder Erprobung für heute wenig genutzte Identifizierungsverfahren zu geben.

Sowohl die hierfür verwendete als auch die weiterführende Literatur hat der Verfasser inhaltlich geordnet am Ende eines jeden Kapitels zusammengefasst. Dies ermöglicht eine leichte und praxisnahe Handhabung.

Der Dank des Verfassers gilt den Menschen, die bei der Erstellung dieses Buches mit Rat und Tat geholfen haben. Dabei sind folgende Personen besonders zu nennen:

Herr Splet, LKA NRW (Kapitel Handschrift), Herr Dr. Köster, BKA (Kapitel Sprechererkennung), Herr Otto und Frau Otto, PP Wuppertal (Kapitel Daktyloskopie), Herr Ehses, PP Köln (Kapitel Ohrabdruckspur), Herr Peeters, Institut für Aus- und Fortbildung der Polizei Nordrhein-Westfalen (Kapitel Geruchsspuren), Frau Prof. Dr. Wittwer-Backofen, Universitätsklinik Freiburg (Kapitel Gangbild und Kapitel Kennzeichnung), Herr Dr. Dr. Grundmann, Institut für Rechtsmedizin der Stadt Duisburg (Kapitel Zahnmedizin), Herr Geide, BKA (Kapitel Körpermessverfahren und Kapitel Personenbeschreibung), Herr Kohlhoff, LKA NRW (Kapitel Lichtbild), Dr. Schäfer, Aachen (Kapitel DNA), Herr Dr. Schmitter (Kapitel Biometrie).

Für das kritische Lesen des gesamten Buches danke ich Herrn Dr. A. Schäfer, Aachen, Frau Rumsmüller und Herrn Paffrath, beide LR Mettmann und meiner Ehefrau Sabine Thiel.

Der Verfasser   Haan, im Juni 2006

Inhaltsverzeichnis

Identifizierung von Personen

Vorwort 3

Inhaltsverzeichnis 5

Abkürzungsverzeichnis 9

1	**Die Handschrift**	**10**
1.1	Die Bedeutung der Handschrift	10
1.2	Die handschriftliche Aufzeichnung als Ermittlungsgrundlage	10
1.3	Die Ermittlungstätigkeit zum objektiven Beweis der Handschrift	11
1.3.1	Das unbefangene Handschriftenmaterial	11
1.3.2	Die Schriftprobenabnahme	12
1.3.3	Der Untersuchungsantrag	14
1.4	Der Schriftsachverständige	14
1.5	Die Entwicklung der individuellen Handschrift	15
1.6	Das Gutachten	16
2	**Die Stimme**	**19**
2.1	Die Stimme als individuelles Verhalten	19
2.2	Die Aufzeichnung der Stimme	20
2.3	Die Ermittlungstätigkeit zum objektiven Beweis der Stimme	21
2.3.1	Untersuchungsstellen für forensische Sprechererkennung	21
2.3.2	Aufgaben der Untersuchungsstellen	21
2.3.3	Der Untersuchungsantrag	22
2.4	Der Sachverständige für Sprechererkennung	23
2.5	Die Entstehung der Sprache	24
2.6	Das Gutachten	25
3	**Der Finger- und Handflächenabdruck**	**28**
3.1	Die besondere Beschaffenheit der menschlichen Haut	28
3.2	Die technische Erfassung von Finger- und Handflächenabdrücken	30
3.3	Die Finger- und Handflächenspur am Tatort	31
3.3.1	Die Sicherung der Finger- und Handflächenspuren am Tatort	32
3.3.2	Auswertungsmöglichkeiten – Spurenrecherche	33
3.3.3	Der Untersuchungsantrag	34
3.4	Identifizierungsmöglichkeiten – Personenrecherche	35
3.5	Der Sachverständige für Daktyloskopie	35
3.6	Das Gutachten	36

4	**Der Ohrabdruck**	**39**
4.1	Die Anatomie des menschlichen Ohrs	39
4.2	Der Ohrabdruck am Tatort	40
4.2.1	Die Suche nach und Sicherung von Ohrabdruckspuren	41
4.2.2	Untersuchungsstellen für Ohrabdruckspuren	43
4.2.3	Der Untersuchungsantrag	44
4.3	Der Ohrabdruck als Teil der erkennungsdienstlichen Behandlung	45
4.4	Auswertungsmöglichkeiten von Ohrabdruckspuren	47
4.5	Das Gutachten	48
5	**Das Gebiss**	**50**
5.1	Die Zähne des Menschen von der Geburt bis zum Tod	50
5.1.1	Der Aufbau des menschlichen Zahns	51
5.1.2	Das Zusammenwirken der Zähne	52
5.1.3	Die Zahnbezeichnung durch den Fachmann	53
5.2	Anwendungsmöglichkeiten zahnmedizinischer Erkenntnisse	54
5.2.1	Suche und Sicherung von Bissspuren	54
5.2.2	Der Zahnstatus	55
5.2.3	Untersuchungsstellen für Bissspuren, Gebiss und Zahnstatus	57
5.3	Die Erhebung des Zahnstatus oder Abnahme des Gebissabdrucks	58
5.4	Auswertungsmöglichkeiten von Bissspuren und Zahnstatus	58
5.5	Das Gutachten	60
6	**Der (Eigen-)Geruch**	**62**
6.1	Die Entstehung des menschlichen Geruchs	62
6.2	Aufnahme und Identifizierung von Gerüchen	63
6.3	Geruchsrückstände an Beweisstücken	64
6.4	Der Einsatz eines Polizeidiensthundes	66
6.4.1	Der Untersuchungsantrag	66
6.4.2	Die Aufnahme der Geruchsvergleichsspur	67
6.4.3	Die Durchführung des Geruchsspurenvergleichsverfahrens	68
6.5	Die Dokumentation des Geruchsspurenvergleichsverfahrens	69
7	**Das Gangbild**	**71**
7.1	Die Fortbewegung des Menschen	71
7.2	Die Sicherung von Fortbewegungsspuren	72
7.3	Mögliche Einschränkungen bei der Erfassung der Bewegungsabläufe des Menschen	73
7.4	Auswertbarkeit und individuelle Besonderheit des Ganges	74
7.5	Die Feststellung von Gangspuren und Verhaltensmustern	75
7.6	Die Sicherung und Beweiserhebung von Gangspuren und Verhaltensmustern	76

7.6.1	Die Tatortarbeit zur objektiven Sicherung der Gangspur	76
7.6.2	Die Vernehmung zur Dokumentation des Gangbildes und Verhaltens	77
7.7	Feststellung des Ganges einer tatverdächtigen Person	78
7.8	Vergleichsuntersuchung eines am Tatort gesicherten Gangbildes mit dem eines Tatverdächtigen	79
8	**Das Körpermessverfahren**	**81**
8.1	Der menschliche Körper als Ausgangspunkt für Messungen	81
8.2	Die historische Entwicklung des Körpermessverfahrens	81
8.3	Der polizeiliche Einsatz von Körpermessverfahren heute	82
8.4	Der deliktsbezogene Einsatz von Körpermessverfahren heute	83
8.5	Untersuchungsstellen für Körpermessverfahren	84
8.6	Das Ergebnis / Gutachten	85
8.7	Körpermessverfahren – eine Identifizierungshilfe auch in der Zukunft	86
9	**Die Körperkennzeichnung**	**88**
9.1	Möglichkeiten der Körperkennzeichnung	88
9.1.1	Die menschliche Haut als Träger von Kennzeichnungen	89
9.1.2	Dauerhafte Kennzeichnungen	90
9.1.3	Vorübergehende Kennzeichnungen	92
9.2	Bedeutung einzelner Kennzeichnungen	93
9.3	Auswertungsstellen für Körperkennzeichnungen	93
9.4	Die polizeiliche Bedeutung von Körperkennzeichnungen	94
9.5	Körperkennzeichnungen als dauerhafte Identifizierungshilfe	95
10	**Die Personenbeschreibung**	**97**
10.1	Grundlagen für die Wiedererkennung	97
10.2	Historische Betrachtung	98
10.3	Elektronische Erfassung und Auswertung	99
10.4	Praktische Bedeutung und Anwendung	100
10.5	Möglichkeiten und Grenzen	100
11	**Das Lichtbild**	**102**
11.1	Möglichkeiten der (Lichtbild-)Aufnahme	102
11.2	(Lichtbild-)Aufnahmen aus dem privaten oder beruflichen Bereich	103
11.3	Historische Betrachtung	104
11.4	Die (Lichtbild-)Aufnahme als Teil der erkennungsdienstlichen Behandlung	105
11.5	Die (Lichtbild- oder Video-)Aufnahme einer unbekannten Person und ihre polizeilichen Auswertungsmöglichkeiten	106
11.6	Rechtliche Betrachtung	107
11.7	Möglichkeiten und Grenzen	108

12	**Die Desoxyribonucleinsäure (DNS)**	111
12.1	DNA und DNS	111
12.1.1	Die allgemeine Aufgabe der DNA im menschlichen Körper	111
12.1.2	Die spezielle Untersuchungsmöglichkeit der menschlichen DNA	112
12.1.3	Geeignetes Spurenmaterial und Spurenträger für eine DNA-Analyse	113
12.1.4	Die Vergleichsprobe	115
12.2	Einsatzmöglichkeit der DNA-Analyse	116
12.2.1	Im Bereich der Eigentumskriminalität	116
12.2.2	Im Bereich von Vermisstenfällen	117
12.3	Rechtliche Betrachtung	118
12.4	Untersuchungsstellen für DNA-Analysen	119
12.5	Der Untersuchungsantrag	119
12.5.1	Im Rahmen möglicher Eigentumsdelikte	120
12.5.2	Im Rahmen möglicher Vermisstenfällen	120
12.6	Die DNA-Analyse-Datei (DAD)	121
12.7	Die forensische DNA-Analyse – ein Ausblick	121
13	**Die Isotopenanalytik**	123
13.1	Die Isotope – eine Definition	123
13.2	Die Speicherung von Isotopen im menschlichen Körper	124
13.3	Forensische Auswertungsmöglichkeiten	125
13.4	Das Untersuchungsmaterial	126
13.5	Die Untersuchungsstellen für forensische Isotopenanalyse	127
13.6	Die Isotopenanalyse – ein Ausblick	127
14	**Die Biometrie**	129
14.1	Die Biometrie in der heutigen Gesellschaft	129
14.2	Biometrie und forensische Ermittlungstätigkeit	130
14.2.1	Der Bezug zur Daktyloskopie	131
14.2.2	Das Auge	131
14.2.3	Die Gesichtserkennung	132
14.2.4	Die biometrische Möglichkeit der Personenidentifizierung	133
14.3	Möglichkeiten und Grenzen	133
14.4	Datenschutz – Schutz für den Einzelnen oder Behinderung von Ermittlungen?	134
14.5	Die Biometrie im Blickpunkt globaler Sicherheitsbestrebungen	135

Zum Autor 137

Stichwortverzeichnis 139

Abkürzungsverzeichnis

a.a.O.	am angegebenen Ort
AFIS	Automatisiertes Fingerabdruckidentifizierungssystem
AG Kripo	Arbeitsgemeinschaft Leiter des BKA und der Landeskriminalämter
BKA	Bundeskriminalamt
CD	Compact Disc (Speichermedium)
DAD	DNA-Analyse-Datei
DNA	deoxyribonucleic acid (engl. Bezeichnung für DNS)
DNA-Profile	DNA-Identifizierungsmuster
DNS	Desoxyribonukleinsäure
DRUGS	Datenbank regionaler Umgangssprachen
E-Mail	(engl. e-mail, Kurzwort aus electronic mail =) elektronische Post
ENFSI	Europeaen Network of Forensic Science Institutes
FDI	Fédération Dentaire Internationale
f.	folgende
Hrsg.	Herausgeber
IM	Innenministerium
JVEG	Justizvergütungs- und -entschädigungsgesetz
KP	kriminalpolizeilicher Vordruck
KT	Kriminaltechnik
KWT/ ED	Kommission Kriminalwissenschaft und Technik/Erkennungsdienst
LKA	Landeskriminalamt
LR	Landrat als Kreispolizeibehörde
o.ä.	oder ähnlich
NRW	Nordrhein-Westfalen
PCR	polymerase chain reaction
RNA	ribonucleic acid (engl. Bezeichnung für RNS)
RNS	Ribonukleinsäure
PP	Polizeipräsidium
S.	Seite
STR	short tandem repeat
SMS	short message service (Telekommunikationsdienst zur Übertragung von Textnachrichten)
StPO	Strafprozessordnung
u.a.	unter anderem
VS-NfD	Verschlusssache - Nur für den Dienstgebrauch
z. B.	zum Beispiel
z. T.	zum Teil

1 Die Handschrift

1.1 Die Bedeutung der Handschrift

Der Mensch ist ein Wesen mit einem ausgeprägten Verhältnis zur Kommunikation. Zusätzlich zur Verständigung mit der Stimme oder auch als Ersatz dafür wird die schriftliche Mitteilung als Möglichkeit der persönlichen Weiterleitung von Informationen gewählt. Die modernen technischen Einrichtungen, z.B. E-Mail, SMS, Fax, schaffen heute zunehmend Gelegenheiten, um Informationen automatisiert zu transportieren. Trotz der vielseitigen technischen Einrichtungen zur Weiterleitung von gedruckten Schriften wählen Menschen auch heute noch die handschriftliche Aufzeichnung als persönliche Mitteilungsform. Dabei werden mit einem Schreibgerät Buchstaben und Zeichenfolgen auf eine Unterlage aufgetragen und so zur Abbildung gebracht. In diesem Schreibvorgang sind individuelle Abläufe vorhanden, die besonders geschulten Fachleuten eine Identifizierung der Handschrift ermöglichen, wenn Vergleichsschriften vorhanden sind. Diese Situation führt heute dazu, dass Gerichte und Privatpersonen handschriftliche Aufzeichnungen zu Identifizierungszwecken nutzen.

1.2 Die handschriftliche Aufzeichnung als Ermittlungsgrundlage

Am Beispiel eines Sachverhalts aus der polizeilichen Praxis soll die Bedeutung der Handschrift als Wiedererkennungsverfahren für Personen dargestellt werden:

Der arbeitslose M. überlegt, wie er seine finanzielle Situation ohne große Anstrengungen und ohne Wissen des Arbeitsamtes verbessern kann. Er verwendet einen bisher nicht benutzten Überweisungsvordruck seines früheren Arbeitgebers und trägt handschriftlich die erforderlichen Angaben in das Formular ein. Dabei veranlasst er eine Überweisung von 1000 Euro auf das Konto eines Bekannten. Hierbei handelt es sich um den B. M., der den Überweisungsvordruck bisher nicht berührt hat, zieht sich Handschuhe an, um Finger- und Handflächenabdruckspuren zu vermeiden. Dann schützt er seinen Mund, um auch mögliche Speichelspuren auf der Formularoberfläche zu vermeiden. Anschließend füllt er mit einem Kugelschreiber das Überweisungsformular aus. Er setzt dabei die Konto-Nummer sowie den Namen des B. ein. Dieser hat sich auf Nachfrage bereit erklärt, den Betrag nach Geldeingang abzuheben und persönlich an den M. zu überreichen. Für diese Hilfeleistung wird er 50 Euro erhalten. M. bringt den von ihm ausgefüllten Vordruck zu der Niederlassung des Kreditinstituts bei dem das Firmenkonto seines früheren Arbeitgebers geführt wird. Dabei trägt er Handschuhe. Der Überweisungsauftrag wird von dem Kreditinstitut ausgeführt. Der frühere Arbeitgeber von M. bemerkt wenige Tage später, dass der ausgeführte Überweisungsauftrag nicht vom Unternehmen stammt und erstattet Anzeige. Bei der anschließenden kriminalpolizeilichen Ermittlungsarbeit wird zunächst B. als tatverdächtige Person festgestellt. Im Rahmen einer Beschuldigtenvernehmung und einer später durchgeführten Observation wird auch der M. ermittelt. Der Sachbearbeiter des Ermittlungsdienstes erhält auf Nachfrage vom Kreditinstitut in einer transparenten Papiertüte den Überweisungsvordruck mit den handschriftlichen Aufzeichnungen von M. für weitere kriminalpolizeiliche Tätigkeiten.

1.3 Die Ermittlungstätigkeit zum objektiven Beweis der Handschrift

Gemäß § 163 StPO ist es die Aufgabe der Ermittlungskräfte der Polizei, Straftaten zu erforschen und alle keinen Aufschub gestattenden Anordnungen zu treffen, um die Verdunkelung einer Sache zu verhindern. Der Ermittlungssachbearbeiter wird daher im vorliegenden Fall Vernehmungen von Zeugen und tatverdächtigen Personen durchführen, um damit den Personalbeweis juristisch korrekt zu konkretisieren. Der handschriftlich ausgefüllt vorliegende und möglicherweise vom Täter selbst geschriebene Text im Überweisungsvordruck kann als objektiver Beweis im späteren Gerichtsverfahren eine besondere Aussagekraft erlangen. Dazu sind zuvor weiterführende Nachforschungen und Maßnahmen vom Ermittlungssachbearbeiter vorzunehmen. Er muss feststellen, ob es im vorliegenden Fall tatverdächtige Personen gibt, die Schreiber der handschriftlichen Eintragungen auf dem Überweisungsvordruck sein können. Hier sind die Personen M. und B. zu nennen, die als Verfasser der Eintragungen auf dem Vordruck nicht ausgeschlossen werden können. Voraussetzung für eine weiterführende Untersuchung der handschriftlichen Eintragungen auf dem Vordruck, auch Tatschreiben genannt, ist die Beschaffung von unbefangenem Schriftmaterial der tatverdächtigen Personen. Darunter werden handschriftliche Aufzeichnungen verstanden, die der Verfasser in freier Willensentscheidung und ohne äußere Beeinflussung vorgenommen hat, wie z. B. bei dem Schreiben eines Briefes, dem Ausfüllen eines Formulars oder bei der Erstellung von Notizen zu einem Vortrag.

Die tatverdächtigen Personen sind zu befragen, ob sie mit der Aufnahme von Schriftproben einverstanden sind. Diese werden bei der vergleichenden Untersuchung durch den Sachverständigen für Handschriften in die Gutachtertätigkeit zu diesem Sachverhalt einbezogen.

Außerdem sind Informationen zur Entstehung der Handschrift auf dem Überweisungsvordruck zu beschaffen, damit diese bei der freiwilligen Schriftprobe berücksichtigt werden können. Liegt das unbefangene Schriftmaterial vor und sind Schriftproben mit Zustimmung der betroffenen Personen aufgenommen worden, dann erstellt der Sachbearbeiter einen Untersuchungsantrag mit einem konkreten Untersuchungsziel. Oft ist dabei im Vorfeld ein informelles Gespräch mit einem Schriftsachverständigen hilfreich, um z. B. Möglichkeiten und Grenzen der konkreten Untersuchung anzusprechen. Der Untersuchungsantrag wird mit dem zusammengestellten Untersuchungsmaterial an einen Sachverständigen für Handschriften versandt.

1.3.1 Das unbefangene Handschriftenmaterial

Der Sachverständige für die Untersuchung von Handschriften benötigt umfangreiches Untersuchungsmaterial für eine vergleichende Untersuchung. Dies ist Voraussetzung für eine optimale Begutachtung der Tatschrift und der Vergleichsschrift sowie die folgende Vergleichsuntersuchung. Professor Dr. *Lothar Michel* beschreibt in seinem 1982 erschienenen Buch „Gerichtliche Schriftvergleichung" u. a. die Anforderung an unbefangenes Schriftmaterial. Danach ist von den Personen, die als Urheber der fraglichen Tatschrift in Frage kommen, umfangreiches Schriftmaterial zu beschaffen. Das Schriftmaterial sollte zeitnah zu der vorliegenden Tatschrift entstanden sein. Bei der Beschaffung des Materials hat der Sachbearbeiter darauf zu achten, dass eine große Palette von variierenden Schriftdarstellungen der tatverdächtigen Person vorhanden ist. Von der gut lesbaren Handschrift bis hin zu undeutlich erkennbaren Notizen sollten unterschiedliche Schriftzüge der tatverdächtigen Person beschafft werden. Dies bietet dem Schriftsachverständigen einen Einblick in die Variationsbreite der Handschrift des Schreibers.

Idealerweise beschafft der Ermittlungssachbearbeiter Schriftmaterial, das mit einem gleichartigen Schreibgerät hergestellt worden ist wie das Tatschreiben. Geeignetes, unbefangenes Vergleichsmaterial sollte nicht nur aus dem direkten privaten Umfeld der tatverdächtigen Person stammen. Handschriftliche Unterlagen sind ebenso aus dem beruflichen Tätigkeitsfeld heranzuziehen. Es handelt sich hierbei um Beweismaterial, das durch Sicherstellung oder Beschlagnahme in das Verfahren eingeführt werden kann. Im vorliegenden Fall findet eine Durchsuchung der Wohnungen von M. und B. zur Auffindung von geeignetem Untersuchungsmaterial statt. Da M. arbeitslos ist, können zusätzlich von ihm ausgefüllte und beim Arbeitsamt vorliegende Formulare als unbefangenes Vergleichsmaterial herangezogen werden. An der Arbeitsstelle von B. ist eine Durchsuchung mit dem Ziel der Auffindung von Handschriften vorzunehmen. Bei der Suche nach geeignetem, unbefangenem Schriftmaterial ist darauf zu achten, ob an den durchsuchten Orten Schreibgeräte vorhanden sind, die bei der Erstellung der Tatschrift benutzt wurden. Es ist nicht auszuschließen, dass überwiegend latente Durchdrückspuren der Tatschrift auf den Schreibunterlagen oder anderen dort vorliegenden Papieren festzustellen sind. Ein solcher Fund wird die Beweissituation wesentlich verbessern und die Handschriftenuntersuchung erleichtern. Es ist nicht auszuschießen, dass der Schriftsachverständige nach Beginn seiner Gutachtertätigkeit weiteres unbefangenes Schriftmaterial anfordert, um Schriftzüge besser identifizieren zu können. Weitere Fundstellen für unbefangenes Schriftmaterial können beispielsweise Behörden oder Ämter sein. Insbesondere dann, wenn beim Einwohnermeldeamt, Standesamt oder Krankenkassen von der tatverdächtigen Person Formulare handschriftlich ausgefüllt wurden und diese dort noch aufbewahrt werden. Außerdem können z. B. bei Verwandten und Bekannten der tatverdächtigen Person Briefe oder Postkarten mit handschriftlichen Aufzeichnungen sichergestellt werden.

1.3.2 Die Schriftprobenabnahme

Seit 1964 gibt es bundeseinheitliche Richtlinien für die Beschaffung von Schriftproben für den Handschriftenvergleich. Die Leiter der Landeskriminalämter haben zusammen mit dem Bundeskriminalamt diese Bestimmung geschaffen und 1977 überarbeitet. Seit 2002 prüft eine Gruppe von Experten (Sachverständige für Handschriften des Bundes und der Länder) regelmäßig die Aktualität der Richtlinien und legt Vorschläge für weitere Modifizierungen vor. Diese Empfehlung der Spezialisten enthält Aussagen zur Handschriftenuntersuchung über grundsätzliche Anforderungen an das Schriftmaterial.

Michel weist in seinem Buch „Gerichtliche Schriftvergleichung" darauf hin, dass in den vorliegenden Richtlinien lediglich allgemeine Hinweise für eine Schriftprobenabnahme genannt werden. Daher kann in Einzelfällen ein Abweichen von diesen Richtlinien geboten sein. Die Rücksprache mit einem Schriftsachverständigen vor einer Schriftprobenabnahme ist dabei hilfreich. *Michel* führt weiter aus, dass seit Einführung der Richtlinien in zunehmendem Maße ein für Untersuchungszwecke geeignetes Schriftmaterial vorgelegt wird.

Die Richtlinien für die Beschaffung von Schriftproben für die Handschriftenvergleichung sehen vor, dass Schriftmaterial für die Untersuchung benötigt wird. Damit sind aktuelle Schriftproben und unbefangene Vergleichsschriften gemeint. Diktatschriftproben und ein Bericht über die Abnahme der freiwilligen Schriftproben ergänzen die vorzulegenden Unterlagen.

Es wird ausdrücklich darauf hingewiesen, dass das Schriftmaterial nicht in die Ermittlungsakte eingeheftet werden darf, um eine Beschädigung des Untersuchungsmaterials zu verhindern. Ein Lochen oder Zusammenheften ist ebenfalls zu unterlassen. Die Kennzeichnung des Schriftmaterials ist nur mit Bleistift an solchen Stellen vorzunehmen, an denen keine Handschrift vorhanden ist. In besonderen Fällen ist grundsätzlich der eingesetzte Schriftsachverständige zu befragen, wie mit dem Material umgegangen werden soll. Das gilt insbesondere für die Verpackung und den Versand der zu untersuchenden Schriften. Bei nicht zu transportierenden Schriften, z. B. Schriften an Hauswänden, entscheidet der Sachverständige, wie die Sicherung und Übersendung zu erfolgen hat.

Bei der Abnahme von Schriftproben sehen die Richtlinien vor, dass die Diktatschriftprobe in der gleichen Schreibweise vorgenommen wird, wie das Tatschreiben verfasst wurde. Keinesfalls darf der tatverdächtigen Person das Tatschreiben dabei zur Ansicht vorgelegt werden. Im Rahmen der Vorbereitung ist darauf zu achten, dass eine ruhige, störungsfreie Atmosphäre geschaffen wird, damit sich die tatverdächtige Person auf das Schreiben konzentrieren kann. Die Sitzstellung oder Haltung der schreibenden Person ist von dieser so einzunehmen, wie es beim Schreiben der Tatschrift erfolgte. Für die freiwillige Schriftprobe wird ein gleichartiges Schreibgerät gewählt, wie es für die Schrift im Tatschreiben eingesetzt wurde. Weiterhin ist darauf zu achten, dass auch gleichartiges Papier für die Schriftprobe vorhanden ist.

Beispielsweise werden im vorliegenden Fall Papierblätter mit Linien und ausreichende, unbeschriebene Überweisungsvordrucke zu beschaffen sein. Vor Beginn der eigentlichen Schriftprobe wird der tatverdächtigen Person Gelegenheit gegeben, selbstständig und ohne Vorgabe zu schreiben. Dazu kann beispielsweise eine Begebenheit aus jüngster Zeit oder der Lebenslauf aufgeschrieben werden. Gibt eine Person an, dass sie die Schriftart in der die Tatschrift geschrieben wurde, nicht beherrscht, wird angeregt, dass das Alphabet in der Form aufgeschrieben wird, wie das Tatschreiben verfasst wurde. Die Schreibgeschwindigkeit ist dabei so zu wählen, wie sie bei der Erstellung der Tatschrift vorhanden war. Das Papier wird bei der Schriftprobenabnahme immer nur einseitig beschrieben, dabei ist darauf zu achten, dass die Papierseiten zur Vermeidung von Durchdruckspuren nur einzeln verwendet werden. Der als Diktat verwendete Text darf von der tatverdächtigen Person keinesfalls abgeschrieben werden. Soweit es sich dabei inhaltlich um die Tatschrift handelt, ist der Text bis zu 20mal zu schreiben. Dabei ist darauf zu achten, dass für jede Wiederholung des Textes ein neues Blatt vorhanden ist. Im vorliegenden Fall sind das Überweisungsvordrucke in ausreichender Zahl. Das zuvor beschriftete Papier wird so abgelegt, dass ein Abschreiben vom Vorblatt verhindert wird.

Bei der Schriftprobenabnahme von Unterschriften ist so zu verfahren, dass erst die eigene Unterschrift der tatverdächtigen Person mehrfach geschrieben wird. Später wird dann die Unterschrift aus dem Tatschreiben diktiert. Der Bericht zur Schriftprobenabnahme wird neben den Personalien der schreibenden, tatverdächtigen Person auch Angaben zum ausgeübten Beruf und der schulischen Bildung haben.

In den Richtlinien für die Schriftprobenbeschaffung ist vorgesehen, dass außerdem die Reihenfolge der Schriftproben dokumentiert wird. Wird von den Empfehlungen der Richtlinie abgewichen, dann ist dies in dem Bericht festzustellen. Besondere Verhaltensweisen des Schreibers, wie z. B. das Schreiben mit der linken Hand, sind zu erwähnen. Der Zeitpunkt der Schriftprobenabnahme, die Dauer und der Name des eingesetzten Beamten sind in dem Bericht zu erwähnen. Die im Rahmen der Schriftprobenabnahme erhaltenen Unterlagen und der Bericht sind ein wichtiger Teil des objektiven Beweises. Das Ergebnis des späteren Gutachtens zur Schriftvergleichung wird wesentlich durch die korrekte Schriftprobenabnahme bestimmt.

1.3.3 Der Untersuchungsantrag

Der kriminalpolizeiliche Sachbearbeiter wird sich vor der Erstellung eines Untersuchungsantrages überlegen, welchen Beweis er mit der Untersuchung des vorhandenen Schriftmaterials (z. B. Tatschreiben, unbefangenes Schriftmaterial, Schriftprobenmaterial) führen will. Diese Zielrichtung wird in der Formulierung des Untersuchungsantrages deutlich erkennbar, verständlich und nachvollziehbar sein.

Im vorliegenden Beispiel könnte der Untersuchungsauftrag lauten: „Es wird um die Erstattung eines Schriftvergleichgutachtens gebeten. Dabei ist festzustellen, ob die handschriftlichen Eintragungen in dem als Tatschrift bezeichneten Überweisungsvordruck von M. oder B. stammen."

Außerdem wird der Untersuchungsantrag erforderliche Angaben enthalten, z. B. zum Delikt, zur möglichen Tatzeit und dem Tatort, Sicherstellungszeit und -ort des beigefügten Schriftmaterials. Hinweise auf weitere wichtige Informationen zum beigefügten Untersuchungsmaterial einschließlich der Schriftprobenabnahme, Hinweise auf weitere beabsichtigte Untersuchungen und darauf, ob das Material beschädigt werden darf, ergänzen die Unterlagen. Angaben zu einer zeitlichen Dringlichkeit und Angaben zum Sachbearbeiter mit dessen Erreichbarkeit sind hinzuzufügen. Fehlt dem Sachbearbeiter die erforderliche fachliche Kenntnis zur Formulierung des Untersuchungsantrages, wird eine Kontaktaufnahme mit der nächsten kriminaltechnischen Untersuchungsstelle oder einem Schriftsachverständigen empfohlen. Der Versand des Untersuchungsmaterials hat so zu erfolgen, dass eine Beschädigung oder Beeinträchtigung vermieden wird.

1.4 Der Schriftsachverständige

In der Bundesrepublik Deutschland sind speziell ausgebildete Personen als freie Schriftsachverständige tätig. Zusätzlich verfügen beispielsweise Polizeibehörden über ausgebildete Gutachter, die als so genannte Behördengutachter in diesem Bereich eingesetzt werden.

Michel schreibt (a.a.O, S. 16), dass in der Bundesrepublik Deutschland etwa 100 Schriftsachverständige hauptberuflich oder regelmäßig nebenberuflich tätig sind. Eine annähernd gleich große Zahl von Personen arbeitet gelegentlich als Schriftsachverständiger. Fraglich erscheint dabei, inwieweit die gelegentlich tätigen Sachverständigen über ausreichende Sachkunde und Erfahrung verfügen, um ein fundiertes, gerichtsverwertbares Gutachten zu erstellen. *Michel* hebt (a. a. O., S. 17) den Schriftsachverständigen mit einer wissenschaftlichen Grundausbildung hervor, gleichzeitig betont er jedoch auch, dass derzeitig eingesetzte, nicht akademische Sachverständige auch für die Schriftvergleichung geeignet sind. Er betont auch, dass beispielsweise auf dem Gebiet der Schriftvergleichung langfristig und sorgfältig eingearbeitete Kriminalbeamte eine gründliche Arbeit leisten. Eine Gefährdung für die Gutachtertätigkeit sieht *Michel* dann, wenn der Schriftsachverständige zusätzlich im graphologischen Bereich tätig ist (a. a. O., S. 16). In diesen Fällen wird eine Schriftdeutung im Gutachten vorgenommen. Dies ist eine für den Schriftsachverständigen nicht durchführbare und aus *Michels* Sicht realitätsfremde Arbeit für den Bereich der Schriftvergleichung.

In vielen Landeskriminalämtern in der Bundesrepublik Deutschland, im Bundeskriminalamt, im Zollkriminalinstitut und im Posttechnischen Zentralamt in Darmstadt sind Schriftsachverständige tätig und werden für Gutachtenerstellungen auf diesem Spezialgebiet herangezogen.

Einen nur für Schriftsachverständige vorgesehenen Studiengang an einer Hochschule gibt es bisher nicht. An der Universität Mannheim werden Lehrveranstaltungen zum Thema Schriftvergleichung im Rahmen des Psychologiestudiums angeboten. Dadurch bleibt dem zukünftigen Schriftsachverständigen nur die Möglichkeit, sich selbst durch das Eigenstudium und einen praktischen Ausbilder die erforderlichen Kenntnisse für diese Tätigkeiten zu verschaffen. Das Bundeskriminalamt hat für die bei Behörden eingesetzten Schriftsachverständigen eine für den staatlichen Exekutivbereich geschaffene Ausbildungs- und Prüfungsordnung unter Einbeziehung der Ländervertreter entwickelt.

Während der Ausbildung und der anschließenden Schriftsachverständigentätigkeit bieten regelmäßig stattfindende internationale Fachkongresse und Workshops Gelegenheit, Erfahrungen auszutauschen und von neuen Untersuchungsmöglichkeiten zu erfahren.

Immer trifft das Gericht die Entscheidung, welcher Schriftsachverständige oder welche Behörde mit der Untersuchung beauftragt wird. Häufig folgen die Entscheidungsträger auch der Empfehlung des kriminalpolizeilichen Mitarbeiters. Die gründliche und fachlich fundierte Ausbildung sowie die Erfahrung des Schriftsachverständigen auf seinem Spezialgebiet ist eine wesentliche Voraussetzung für die spätere juristische Akzeptanz des vorgelegten Gutachtens.

1.5 Die Entwicklung der individuellen Handschrift

In der Bundesrepublik Deutschland beginnt die Ausbildung der Handschrift des Kindes in der Regel in der Grundschule. Hier wird dem Kind von ausgebildeten Personen, z.B. Lehrern, die geordnete Darstellung von Bildern in Form von Buchstaben vermittelt. Dabei reproduziert der junge Mensch grundsätzlich das erlernte Darstellen von Buchstaben. *Michel* bezieht sich auf verschiedene Untersuchungen zu der Schreibentwicklung in der kindlichen Entwicklungsphase (a.a.O. S. 30 ff.). Dabei kommt er zu dem Ergebnis, dass bereits in Grundschulklassen manchmal und sogar in der Vorschulzeit eine z. T. erkennbare, eigene Darstellungsform entwickelt wird, die durch den neutralen Beobachter erkennbar ist. Während der Schulzeit entwickelt jeder Mensch eine für ihn eigene und im Einzelfall auch durch einen Nicht-Schriftsachverständigen erkennbare, individuelle Schreibform. Während der Entwicklungszeit vom Kind zum Jugendlichen werden in unterschiedlichen Schulformen vom jungen Menschen umfangreiche handschriftliche Arbeiten erstellt. Dabei festigt sich das individuelle Schriftbild der einzelnen Person immer mehr. Eine einmal erworbene und über Jahre fortgesetzte Schreibform wird nach Darstellung von *Michel* in den weiteren Lebensjahren beibehalten. Der Erwachsene reduziert in der Regel seine handschriftliche Leistung nach Abschluss der Ausbildung. In der weiteren Lebenszeit wird die einmal erlernte und dann immer wieder geschriebene, individuelle Schriftform beim Schreibvorgang beibehalten. *Michel* stellt dar, dass die Handschrift keine nur durch das ausführende Organ Hand gestaltete motorische Fähigkeit ist (a.a.O., S. 43 ff.). Vielmehr liegt auch eine Steuerung des Schreibvorgangs durch das Gehirn vor. Selbst wenn eine Person, die üblicherweise mit der rechten Hand das Schreibgerät führt, zur Verstellung der Schrift auf einmal mit der linken Hand schreibt, können noch individuelle Schreibformen der Ursprungsschrift festzustellen sein. Eine Beeinflussung des Schriftbildes z. B. durch das Schreibgerät, die Körperhaltung des Schreibers und andere umweltbedingte Faktoren sind denkbar und werden vom Schriftsachverständigen bei der Untersuchung berücksichtigt. Eine durch das Alter bedingte Veränderung wird von *Michel* als möglich betrachtet, jedoch muss es nicht bei jedem Menschen zu einer aus Altersgründen veränderten Schriftführung kommen. *Michel* nimmt zu der

Schrift ausländischer Personen Stellung (a.a.O., S. 219). Dabei kommt er zu dem Ergebnis, dass in anderen Ländern ein anderes Schriftbild vorhanden ist. Durch Besucher oder in Deutschland arbeitende Personen können solche ausländischen Schriftbilder auch für den hiesigen Schriftsachverständigen im Rahmen von Untersuchungen auftreten. Nach *Michel* beruht die Einmaligkeit der Handschrift auf der Gestaltungsmöglichkeit und -breite der dargestellten Merkmale in der individuellen Schrift.

1.6 Das Gutachten

Im siebten Abschnitt der Strafprozessordnung wird der Begriff des Sachverständigen erläutert. Der § 93 StPO nennt das Schriftgutachten und den dazu erforderlichen Sachverständigen. Wird der Schriftsachverständige für eine Behörde tätig, muss er sein Gutachten nicht persönlich vor Gericht vertreten. Im § 256 StPO wird die Möglichkeit der Verlesung eines Gutachtens einer Behörde genannt. Die Gliederungsform eines Schriftvergleichgutachtens zeigt Parallelen zur Gliederung von Gutachten aus anderen Fachbereichen, beispielsweise zu einem Gutachten über den Vergleich von daktyloskopischen Spuren. Daher ist die vorgestellte Form des Schriftgutachtens in der Grundstruktur auch in anderen kriminalistischen Fachbereichen anzutreffen.

Der Sachverständige erhält bei der Arbeit für eine Justizbehörde/Polizeibehörde einen konkreten Untersuchungsauftrag. Dieser Auftrag ist so zu formulieren, dass er eindeutig, verständlich und nachvollziehbar ist. Im Gutachten wird dieser Auftrag wiederholt und als Grundlage der Untersuchung betrachtet. In der weiteren Darstellung des Gutachtens sind die zur Untersuchung vorhandenen Gegenstände einzeln aufzulisten und einer Eignungsbetrachtung für die vorgesehene Gutachtertätigkeit zu unterziehen. Es wird von der so genannten Materialkritik gesprochen.

Das Gutachten ist in allen Teilen so zu formulieren, dass ein Nichtfachmann die vorgenommenen Untersuchungen und das dadurch erreichte Ergebnis nachvollziehen und verstehen kann. Sind weitere Unterlagen für die Gutachtenerstellung erforderlich, so enthält der siebte Abschnitt der StPO Rechtsgrundlagen, die die Beschaffung dieser Gegenstände regeln. Es handelt sich dabei um Anknüpfungs- und Befundtatsachen. Im Gutachten ist die Einbeziehung dieser zusätzlichen Beweismittel zu nennen. Die weiteren Ausführungen im Gutachten beschreiben die vom Schriftsachverständigen angewandten Methoden, die im vorliegenden Fall für die Untersuchung ausgewählt worden sind. Es wird die physikalisch-technische Untersuchung und die eigentliche Befundanalyse der Tathandschrift beschrieben. Im Fall eines Zweit- oder Drittgutachtens haben die zusätzlich eingesetzten Schriftsachverständigen dadurch die Möglichkeit, den bisher gewählten Untersuchungsweg und das dabei erzielte Ergebnis nachzuvollziehen. Der Schriftsachverständige stellt das Ergebnis seiner Befunde der Schriftvergleichung vor. Er entscheidet im Einzelfall wie ausführlich die einzelnen Abschnitte des Gutachtens formuliert werden, insbesondere, ob im Einzelfall Fotos oder Zeichnungen zur Verdeutlichung der Gutachtenausführungen mit vorgestellt werden. Schließlich wird der Schriftsachverständige das Gesamtergebnis der von ihm vorgenommenen Schriftvergleichung formulieren. Die von den Schriftsachverständigen gewählten Formulierungen unterscheiden sich dabei in der gewählten Form. Dabei sind die Wahrscheinlichkeitsgrade, „mit an Sicherheit grenzender Wahrscheinlichkeit", „mit sehr hoher Wahrscheinlichkeit", „mit hoher Wahrscheinlichkeit", „wahrscheinlich" und „nicht entscheidbar" zu verwenden. Weitergehende oder anders formulierte Ergebnisse sind nicht auszuschließen. Eine geringere Stufe der Wahrscheinlichkeit bedeutet dabei nicht, dass Zweifel bestehen. Es ist möglich, dass das vorhandene Schriftmaterial keine konkretere Aussage zulässt. Bezogen auf den Beispielsachverhalt wird das Endergebnis lauten: „Eine Urheberschaft von Herrn M. an den fraglichen Eintragungen und der Unterschrift auf dem Überweisungsvordruck kann im vorliegenden Fall mit an Sicherheit grenzender Wahrscheinlichkeit als erwiesen betrachtet werden. Eine Urheberschaft von Herrn B. an den fraglichen Schriften auf dem Überweisungsvordruck ist auf Grund der Befunde der Schrift vergleichenden Analyse auszuschließen."

Weiterführende Literatur:

Ackermann, R. / Clages, H. / Roll, H.: Handbuch der Kriminalistik. Kriminaltaktik für Praxis und Ausbildung. 2., aktualisierte Auflage. Boorberg Verlag, Stuttgart 2003.

Biedermann, A. / Taroni, F.: Befundbewertung in der forensischen Handschriftenuntersuchung. Notwendigkeit eines logischen Ansatzes. In: Kriminalistik 06/05, S. 369.

Böhle, K. / Wildensee, P.: Forensische Handschriftenuntersuchung. Bemerkungen über den Wissenschaftlichkeitsanspruch. In: Kriminalistik 02/05, S. 106.

Burghard, W. / Hamacher, H. W. / Herold, H. / Howorka, H. / Kube, E. / Schreiber, M. / Stümper, A. (Hrsg.): Kriminalistik Lexikon. 3., völlig neu bearbeitete und erweiterte Auflage. Kriminalistik-Verlag, Heidelberg 1996.

Groß, H. / Geerds, F.: Handbuch der Kriminalistik. Wissenschaft und Praxis der Verbrechensbekämpfung. Band 1: Die Kriminalistik als Wissenschaft. Die Technik der Verbrechen. Kriminaltechnik. 10., völlig neu bearbeitete Auflage. Schweitzer Verlag, Berlin 1977.

Hecker, M.: Forensische Handschriftenuntersuchung. Eine systematische Darstellung von Forschung, Begutachtung und Beweiswert. 1. Auflage. Kriminalistik-Verlag, Heidelberg 1993.

Hecker, M.: Handschriften. In: Kriminalistik – Handbuch für Praxis und Wissenschaft. Kube, E. / Störzer, U. / Timm, K. (Hrsg.). Band 1, Kapitel 18. Boorberg Verlag, Stuttgart [u. a.] 1992.

Heindl, R.: System und Praxis der Daktyloskopie und der sonstigen technischen Methoden der Kriminalpolizei. 3., neu bearbeitete und vermehrte Auflage. de Gruyter Verlag, Berlin 1927.

Howorka, H.: Forensische (gerichtliche) Handschriften- und Maschinenschriftenuntersuchung. In: Kriminalisten-Fachbuch – Kriminalistische Kompetenz. Eine Verbindung aus Kriminalwissenschaft, kommentiertem Recht und Kriminaltaktik für Studium und Praxis. Loseblattwerk in 2 Ordnern, Stand: 2000. Band 1, Kapitel KT 15. Schmidt-Römhild Verlag, Lübeck 2000.

Köller, N. / Nissen, K. / Rieß, M. / Sadorf, E.: Probabilistische Schlussfolgerungen in Schriftgutachten. Zur Begründung und Vereinheitlichung von Wahrscheinlichkeitsaussagen im Sachverständigengutachten. In: Polizei und Forschung, Band 26. 1. Auflage. Luchterhand Verlag, München 2004.

Kube, E. / Störzer, U. / Timm, K. (Hrsg.): Kriminalistik – Handbuch für Praxis und Wissenschaft. Band 1. 1. Auflage. Boorberg Verlag, Stuttgart [u.a.] 1992.

Michel, L.: Gerichtliche Schriftenvergleichung. Eine Einführung in Grundlagen, Methoden und Praxis. 1. Auflage. de Gruyter Verlag, Berlin [u.a.] 1982.

Seibt, A.: Forensische Handschriftenuntersuchung. Wahrscheinlichkeit als Hypothesenvergleich. In: Kriminalistik 03/05, S. 175.

Seibt, A.: Forensische Schriftvergleichung und Schriftpsychologie. In: Kriminalistik 04/04, S. 267.

Walder, H.: Kriminalistisches Denken. 6., völlig überarbeitete Auflage. Kriminalistik-Verlag, Heidelberg 2002.

Weihmann, R.: Kriminalistik. Für Studium und Praxis. 8. Auflage. Verlag Deutsche Polizeiliteratur, Hilden 2005.

Weihmann, R.: Lehr- und Studienbriefe Kriminalistik / Kriminologie. Band 2, Kriminaltechnik I. 1. Auflage. Verlag Deutsche Polizeiliteratur, Hilden 2005 und Band 3, Kriminaltechnik II. 1. Auflage. Verlag Deutsche Polizeiliteratur, Hilden 2005.

Zirk, W. / Vordermaier, G.: Kriminaltechnik und Spurenkunde. Lehrbuch für Ausbildung und Praxis. FH-Schriftenreihe Polizei. 1. Auflage. Boorberg Verlag, Stuttgart, Weimar, Dresden [u.a.] 1998.

2 Die Stimme

2.1 Die Stimme als individuelles Verhalten

Bereits bei der Geburt wird das Stimmorgan des Neugeborenen zum ersten Mal mit lautem Schreien aktiviert. Dabei wird der Säugling dazu gebracht, die eigene Stimme in Form von lautem Schreien hörbar zu produzieren. Manchmal wird mit einem leichten Schlag auf das Gesäß nachgeholfen. Die an der Geburt beteiligten Personen erfahren dadurch, dass eine vitale Reaktion des neuen Erdenbürgers vorliegt und die Stimme grundsätzlich hörbar vorhanden ist. Dieser erste Schrei wird in den weiteren Lebensjahren des Kindes durch bewusste Einflussnahme der in der Umgebung anwesenden Menschen weiterentwickelt. Ziel ist es dabei, dass das Kind neben einem Schrei auch eine nachvollziehbare Reihe von Lauten erzeugen kann, die für andere Personen verständlich sind. Diese auch als Sprache bezeichnete Ausdrucksweise ermöglicht eine Verständigung mit anderen Menschen. In Verbindung mit weiteren Organen des menschlichen Körpers, wie z. B. dem Gehirn, den Augen, den Händen, sind dabei eine intensive Verständigung und ein Austausch mit anderen Menschen möglich.

Mit zunehmendem Alter und der Weiterentwicklung der an dem Sprechvorgang zusammenwirkenden Organe kann es gelingen, andere Sprachen, Dialekte oder sogar Stimmen anderer Personen sehr ähnlich klingend nachzusprechen. Die Stimme des Menschen verändert sich im Verlauf des Lebens unter anderem ein wenig in der Stimmlage, bleibt jedoch in der ursprünglichen Ausdrucksform erhalten. Dadurch ist ein Wiedererkennen des Sprechers durch Verwandte oder bekannte Personen allein durch das Hören der Stimme möglich. Dieser Vorgang wird täglich bei der Benutzung des Telefons oder anderer nicht visueller Kommunikationswege bewiesen. Ein Anrufer nennt bei dem Telefongespräch nicht seinen Namen, sondern lediglich allgemeine Informationen. Wenn der Angerufene die Stimme des Anrufers von anderen persönlichen Kontakten her kennt, dann wird er selbst eine Identifizierung des Anrufers vornehmen und vielleicht im Verlauf des Telefongespräches darauf eingehen.

Die menschliche Stimme kann in ihrer individuellen Form auch auf unterschiedliche Tonträger aufgezeichnet werden. Bei einer späteren realen Wiedergabe der Aufnahme ohne technische äußere Veränderungen ist ein Wiedererkennen der Stimme auch durch den Laien möglich. Dies ist z. B. bei dem Kauf einer CD-Aufnahme eines Sängers festzustellen. Beim Abhören der Aufnahme wird die Stimme des Interpreten wieder erkannt und gerne gehört.

Eine Beeinträchtigung oder Umgestaltung der Stimme eines Menschen kann dann einsetzen, wenn eine Veränderung oder Beeinflussung der am Sprechvorgang mitwirkenden Organe bewusst oder unbewusst durchgeführt wird. Als Beispiel für eine solche Beeinflussung wird der Täter eines Banküberfalls genannt, der zur Tarnung eine Strumpfmaske aufgesetzt hat und zusätzlich ein Tuch über den Mund zieht, damit seine Stimme möglichst unerkannt bleibt. Der Patient, der auf Grund einer Erkrankung im Kehlkopfbereich operiert worden ist, wird nach Abschluss der Behandlung möglicherweise mit einer verändert klingenden Stimmlage sprechen. Bei dem älteren Menschen, der im Rahmen einer Zahnbehandlung erstmals eine Prothese im Ober- und Unterkieferbereich erhalten hat, ist insbesondere zu Beginn der Tragezeit die Stimme in einer etwas von der früheren Sprechweise abweichenden Klangform zu hören.

2.2 Die Aufzeichnung der Stimme

Polizeiliche Ermittlungen werden wesentlich durch die vorgeschriebene Beweisführung im Strafverfahren bestimmt. Dabei handelt es sich bei der Bearbeitung des Personal- und Sachbeweises um die überwiegende Ermittlungstätigkeit. Der folgende Sachverhalt stellt ein praxisnahes Beispiel für die Identifizierung einer menschlichen Stimme dar:

Die 25 Jahre alte M. aus Polen studiert seit fünf Jahren Germanistik in der Stadt K. in der Bundesrepublik Deutschland. Sie wohnt mit ihrem Freund T. aus der Ukraine zusammen, der als Kraftfahrer arbeitet. Da sich beide gerade in finanziellen Schwierigkeiten befinden, überlegen sie eine Möglichkeit, schnell und unkompliziert in den Besitz von Geld zu kommen. T. hat den Einfall, dass sich durch eine anonyme Erpressung der Flughafengesellschaft der Stadt K. Geld beschaffen lässt, ohne dass aus seiner Sicht dadurch eine Person direkt geschädigt wird.

Am Flughafen arbeiten viele renommierte Fluggesellschaften. T. und M. schreiben einen kurzen Text auf ein Stück Papier, um den Inhalt dieser Information dann bei einem anonymen Telefongespräch vorzulesen. Da M. eine sehr tief klingende Stimme hat, beschließen die beiden Personen, dass M. den Anruf durchführen soll. Von einer nahe gelegenen Telefonzelle aus ruft M. an einem Sonntagvormittag in der Zentrale der Flughafengesellschaft an. Dort nimmt der Mitarbeiter S. das Gespräch entgegen. Als er merkt, dass es sich um eine Erpressung handelt, schaltet er ein angeschlossenes Tonbandgerät ein und nimmt die Äußerungen der M. auf (In vielen größeren Unternehmen und Einrichtungen mit Publikumskontakt ist die Aufzeichnung von Anrufen heute schon möglich.). In dem von M. einseitig geführten Gespräch wird mit der Zerstörung eines Flugzeugs durch eine Bombe gedroht. Dies könnte durch die Zahlung eines Betrages in Höhe von 50 000,- Euro verhindert werden. Weitere Zahlungsanweisungen werden für die nächsten Stunden angekündigt. Der Mitarbeiter der Flughafengesellschaft verständigt sofort die Unternehmensleitung und die Polizei.

Beim nächsten Anruf von M. kann mit Hilfe einer technischen Einrichtung die Telefonzelle lokalisiert werden, von der aus der Anruf durchgeführt wurde. Es wird ein weiterer Anruf mit konkreten Geldübergabeanweisungen von M. durchgeführt. Hierbei gelingt die Festnahme der Anruferin. Bei den weiteren kriminalpolizeilichen Ermittlungen leugnet die festgenommene Frau, die fraglichen Anrufe mit den Drohungen zum Nachteil des Flughafens und der dort befindlichen Menschen geführt zu haben. Da sie sich nicht vorstellen kann, dass eine Identifizierung ihrer Stimme durch die Polizei möglich ist, erklärt sie sich mit der Tonaufzeichnung ihrer Stimme einverstanden.

Dem Ermittlungssachbearbeiter liegt eine Aussage der M. vor, die eine Tatbeteiligung leugnet. Außerdem wurden die Stimmaufzeichnungen aus dem Flughafengebäude von der bisher unbekannten Anruferin an den Sachbearbeiter weitergegeben und stehen für Auswertezwecke zur Verfügung. Der ermittelnde Mitarbeiter der Polizei entschließt sich, das Tonband mit der bisher unbekannten Stimme der Anruferin aus dem Flughafen für weitere Untersuchungen bei der Bearbeitung des objektiven Beweises zu nutzen.

2.3 Die Ermittlungstätigkeit zum objektiven Beweis der Stimme

Durch die Aufnahme der Stimme einer unbekannten Person im Flughafen hat bereits eine erste sichernde Tätigkeit durch den Flughafenmitarbeiter S. stattgefunden. Die Weitergabe dieses möglichen Beweismittels –Tonband mit Stimmaufzeichnung – an die Mitarbeiter der Polizei muss für ein Beweisverfahren lückenlos und nachvollziehbar dokumentiert werden. Außerdem ist dieser Vorgang in den Ermittlungsakten nachlesbar zu erfassen. Der Ermittlungssachbearbeiter wird nach einer Besprechung mit der Staatsanwaltschaft eine Untersuchungsstelle für das vorhandene Tonband auswählen und einen Kontakt mit einem dort eingesetzten Mitarbeiter oder Sachverständigen durchführen. Ziel des Gespräches ist es, Untersuchungsmöglichkeiten und Grenzen bei der Beweiserhebung der Tonbandaufzeichnungen zu erfahren, Angaben zur Dauer der Untersuchungen zu erfahren und weitere Anregungen für noch durchzuführende, erforderliche Maßnahmen zu erhalten.

2.3.1 Untersuchungsstellen für forensische Sprechererkennung

Die Untersuchung von aufgenommenen Stimmen wird im polizeilichen Ermittlungsbereich als forensische Sprechererkennung bezeichnet. Bei der Bearbeitung dieses Aufgabengebietes ist umfangreiches Spezialwissen erforderlich. Fachkenntnisse und eine besondere Ausbildung zum Beispiel auf dem Gebiet der Phonetik und Signalverarbeitung erleichtern die Arbeit. Zusätzlich zu diesem Untersuchungsbereich mit dem Ziel der Sprechererkennung beschäftigen sich die Mitarbeiter der Untersuchungsstellen im polizeilichen Bereich auch noch mit der allgemeinen Auswertung von Tonträgern.

Mehrere Landeskriminalämter (Bayern, Berlin, Brandenburg und Nordrhein-Westfalen) haben für dieses Aufgabengebiet Untersuchungsstellen eingerichtet und beschäftigen anerkannte Sachverständige. Auch das BKA verfügt über eine Untersuchungsstelle für die forensische Sprechererkennung und beschäftigt dort mehrere Sachverständige. Neben den von der Polizei unterhaltenen Einrichtungen gibt es noch einige, wenige Privatgutachter, die Untersuchungen zur Sprechererkennung durchführen.

2.3.2 Aufgaben der Untersuchungsstellen

Die Hauptaufgabe der Untersuchungsstellen Sprechererkennung besteht in der Identifizierung von Sprechern anhand ihrer Stimme, Sprache und Sprechweise. Dabei erfolgt häufig eine Stimmenanalyse, das heißt, es werden Merkmale des Sprechers herausgearbeitet und ein Stimmprofil erstellt. Möglicherweise ist dabei zunächst eine Bearbeitung der Aufnahme erforderlich, um Störgeräusche zu reduzieren und die eigentliche Tatstimme dadurch besser zu hören.

Eine weitere wesentliche Aufgabe besteht im Stimmvergleich. Dabei liegt die Aufzeichnung einer Täterstimme vor. Zusätzlich ist eine tatverdächtige Person bekannt, von der für Vergleichszwecke mit dem Einverständnis der Person ebenfalls eine Aufzeichnung der Stimme angefertigt wurde. Es ist auch denkbar, dass bereits durch andere polizeiliche Maßnahmen, wie beispielsweise eine richterlich angeordnete Telefonüberwachung, Stimmvergleichsmaterial vorliegt. In diesem Fall werden die Sachverständigen auf Anforderung einen Stimmenvergleich beider Aufnahmen durchführen, um eine Identifizierung der Stimme vorzunehmen oder einen Ausschluss festzustellen.

Außerdem ist eine fachliche Mitwirkung der Sachverständigen bei einer Stimmwahlgegenüberstellung denkbar. Dieser Vorgang ist mit einer so genannten visuellen Wahlgegenüberstellung vergleichbar, nur dass in diesem Fall der Zeuge die Personen nicht sieht, sondern nur die Stimmen hört. Erkennt der Zeuge dabei eine Stimme auf Grund seiner Wahrnehmung, dann hat das die gleiche Bedeutung wie bei einer persönlichen Gegenüberstellung die visuelle Wiedererkennung.

Die forensische Sprechererkennung beschäftigt sich auch mit der so genannten akustischen Qualitätsverbesserung. Zu diesem Zweck wird die Anhörbarkeit und Analysierbarkeit der Sprachaufzeichnungen bearbeitet. Es wird z. B. durch digitale Sprachsignalverarbeitung in Form von Filtern eine bessere Qualität erreicht. Ebenso kann eine phonetische Textanalyse durchgeführt werden. Dabei ist das Ziel, dass der Wortlaut einer akustisch schwer verständlichen Stimme soweit bearbeitet und analysiert wird, dass das gesprochene Wort verstanden und protokolliert werden kann.

Die Untersuchungsstelle beschäftigt sich auch mit der Prüfung von Aufzeichnungsgeräten, wenn die Frage zu beantworten ist, ob eine bestimmte Tonaufzeichnung mit diesem Gerät erfolgt ist. Denkbar ist in diesen Fällen, dass besondere, beim Aufzeichnungsvorgang entstandene Impulse verifiziert werden und möglicherweise einem bestimmten Gerät zugeordnet werden können.

Bei den Untersuchungsstellen besteht auch die Möglichkeit, nicht sprachliche akustische Untersuchungen durchzuführen. So kann der beim Abspielen eines Diktiergerätes entstehende Ton Rückschlüsse auf den Gerätetypen ermöglichen. Es ist möglich, dass die Aufzeichnung des Anrufbeantworters als Hintergrundgeräusch beispielsweise das Läuten einer Glocke oder das Bremsgeräusch eines Zuges enthält. In der bearbeiteten Form kann dieses akustische Ereignis eine Konkretisierung des Ausgangspunktes des Anrufes zur Folge haben.

2.3.3 Der Untersuchungsantrag

Der Untersuchungsantrag für eine forensische Untersuchung auf dem Gebiet der Sprechererkennung wird grundsätzlich die in jedem Antrag erforderlichen allgemeinen Informationen nennen. Namen, Vornamen, Geburtsdatum, Anschrift der geschädigten und der tatverdächtigen Person sind dabei ebenso zu nennen, wie das vorliegende Untersuchungsmaterial, der Zeitpunkt der Sicherstellung und dabei festgestellte, besondere akustische Situationen. Wurde eine Stimmvergleichsaufnahme einer tatverdächtigen Person hergestellt, dann ist hierzu auch der Ort, die Zeit und die dazu eingesetzte Technik einschließlich des Aufnahmegerätes und des Aufnahmematerials zu beschreiben.

Für eine Stimmvergleichsaufnahme ist nur vollständig unbenutztes Tonträgermaterial zu verwenden, damit für die spätere Untersuchung aus diesem Bereich keine Beeinträchtigungen oder Störungen zu erwarten sind.

Ein wesentlicher Teil des Untersuchungsantrages ist der Untersuchungsauftrag. Hier wird der ermittelnde Sachbearbeiter eindeutig die gewünschte Arbeit des Sachverständigen präzisieren und das Ziel der Untersuchung nennen. In dem vorliegenden Sachverhalt lautet die Fragestellung: Ist die übersandte Tonaufzeichnung aus dem Büro der Flughafengesellschaft für weiterführende Stimmvergleichsuntersuchungen zur Sprecheridentifizierung geeignet?

Wenn in einem ersten Gutachten zum oben genannten Sachverhalt die Eignung des Untersuchungsmaterials festgestellt wird, dann ist mit Einverständnis von Frau M. eine Stimmvergleichsaufnahme anzufertigen. Ergeben sich Hinweise auf einen männlichen Sprecher, wird der Ermittlungsbeamte die Verdachtslage gegen T. prüfen und von ihm eine freiwillige Stimmvergleichsaufnahme herstellen. Liegt diese Stimmvergleichsaufzeichnung vor, wird ein neuer Untersuchungsantrag mit folgendem Untersuchungsauftrag gestellt: Ist Frau M. die Sprecherin der Anrufe bei der Flughafengesellschaft?

Zum Verständnis für den Sachverständigen sollte der Untersuchungsantrag eine Kurzdarstellung des Ereignisses enthalten. Es ist auch denkbar, die Ermittlungsakte zusammen mit dem Untersuchungsantrag an den Sachverständigen zu schicken, damit für die Untersuchung wichtige Informationen berücksichtigt werden können. Nach Einsichtnahme kann der Sachverständige die Ermittlungsakte bereits vor Erstellung des Gutachtens zurückschicken.

Nach Fertigstellung des Untersuchungsantrages wird der Ermittlungssachbearbeiter diesen unterschreiben, damit dadurch der Auftraggeber erkennbar ist. Die Erreichbarkeit des Sachbearbeiters ist im Untersuchungsantrag zu nennen.

Viele Sachverständige aus dem Bereich der Sprechererkennung raten dazu, dass der Ermittlungssachbearbeiter vor dem Versand des Untersuchungsantrages eine telefonische Kontaktaufnahme mit ihnen durchführt. Bei diesem Gespräch können allgemeine Hinweise zum Bereich Sprechererkennung und Stimmidentifizierung gegeben werden. Hinweise für den Ablauf und die Durchführung einer Stimmvergleichsaufnahme ergänzen die Angaben und erleichtern die weiteren Untersuchungsarbeiten.

2.4 Der Sachverständige für Sprechererkennung

Die Gutachtertätigkeit im Bereich der Sprechererkennung setzt eine umfangreiche, fachbezogene, wissenschaftliche Ausbildung in verschiedenen Studienbereichen voraus. Studiengänge wie insbesondere die Phonetik, aber auch Kenntnisse im Bereich der Akustik und der Signalverarbeitung sind für dieses Aufgabengebiet notwendig. Ein genau vorgeschriebener und für die Tätigkeit in diesem polizeilichen Spezialbereich erforderlicher wissenschaftlicher Ausbildungsweg ist bisher nicht vorgesehen, wird aber im Rahmen der Qualitätssicherung empfohlen und insbesondere bei Behörden zunehmend eingefordert.

Die während des Studiums erworbenen Kenntnisse werden von dem zukünftigen Spezialisten bei der Tätigkeit im Bereich der Sprechererkennung eingebracht. Eine Einarbeitung in dieses Spezialgebiet wird von erfahrenen Mitarbeitern des Aufgabengebietes begleitet. Dabei wird das vorhandene Wissen mit zusätzlichen, erforderlichen Kenntnissen für die Tätigkeit im Bereich Sprechererkennung weiter professionalisiert. Der umfangreiche, lange Studienweg und die erforderliche qualifizierte, technische Ausstattung für eine Untersuchung können mit ein Grund dafür sein, dass bisher nur das BKA und vier Bundesländer mit den personellen und logistischen Untersuchungsmöglichkeiten für eine Sprechererkennung ausgestattet sind.

Im privatwirtschaftlichen Bereich gibt es nur vereinzelte Personen, die diese Untersuchungen durchführen. Für den Sachverständigen auf diesem Gebiet ist die ständige Information über neue technische Entwicklungen bei Tonträgern, Audio-Technik oder digitaler Signalverarbeitung ebenso wichtig wie die Erfassung und das Hören von unterschiedlichen Dialekten im deutschen Sprachraum. Nur so können Veränderungen in der Aufnahmetechnik frühzeitig festgestellt werden und durch Dialekt geprägte Stimmen leichter zugeordnet werden. Gleichzeitig stellt der nationale (im Rahmen der Arbeitsgemeinschaft Sprechererkennung der AG Kripo) und internationale (im Rahmen der ENFSI) Austausch mit anderen Sachverständigen gleichartiger Untersuchungsstellen eine wichtige Aufgabe dar.

Die ständige Umsetzung des Qualitätsmanagements auch im kriminaltechnischen Bereich der Polizei zeigt zudem bei der Sprechererkennung den hohen fachlichen Standard, der von allen hier arbeitenden Spezialisten in der Bundesrepublik Deutschland eingehalten wird. Insbesondere die Durchführung von so genannten Ringversuchen unterstützt diese gründliche Arbeit. Dabei wird Untersuchungsmaterial von allen nationalen polizeilichen Spezialdienststellen gleichermaßen untersucht, ähnlich wie es auch in anderen forensischen Laboren üblich ist – z. B. bei der DNS-Untersuchung –. Die Ergebnisse werden nach Abschluss der Arbeiten verglichen. Bei Abweichungen erfolgt eine Prüfung, die letztendlich einen für alle Stellen gleichen Standard zur Folge hat.

Bei Berücksichtigung der geringen Zahl von Fachleuten und der umfangreichen, erforderlichen Logistik erscheint es verständlich, dass beantragte Untersuchungen im Bereich Sprechererkennung nur in gravierenden Ausnahmefällen, z. B. in Fällen der Schwerstkriminalität, unverzüglich bearbeitet werden können. Die Wartezeit auf Untersuchungen für das Aufgabengebiet Sprechererkennung in Ermittlungsverfahren aus dem Bereich von Vergehenstatbeständen kann bis zu einem Jahr betragen. In Fällen der so genannten einfachen Kriminalität, bei denen eine Sprechererkennung erfolgen soll, kann es sogar vorkommen, dass eine Bearbeitung aus Kapazitätsgründen abgelehnt wird. Dann nennen die Mitarbeiter der Untersuchungsstelle jedoch andere Spezialisten aus dem privatwirtschaftlichen Bereich, die diese Aufgabe übernehmen können.

Der Sachverständige für Sprechererkennung ist ständig damit beschäftigt, die Möglichkeiten und Grenzen seines Arbeitsgebietes bei den Ermittlungssachbearbeitern oder der Justiz in Vorträgen und Referaten bekannt zu machen. Er beschreibt dabei optimale Voraussetzungen für Tonaufzeichnungen im Beweisverfahren und zeigt die Bedeutung dieses Beweismittels für das Strafverfahren auf. Außerdem erstellt der Fachmann Informationsschriften, die dem Ermittlungssachbearbeiter wichtige Hinweise dazu liefern können, ob eine bestimmte Stimmaufzeichnung für die weiterführende Untersuchung im Ermittlungsverfahren geeignet ist. Der Versand dieser Mitteilungen erfolgt häufig auf elektronischem Weg und erreicht den interessierten Sachbearbeiter über die dienstinternen Kommunikationswege, die beispielsweise durch das Intranet der Polizei zur Verfügung stehen. Schließlich wirken die Spezialisten der Sprechererkennung – häufig neben ihren Aufgaben in Forschung und Entwicklung – auch bei der Heranführung und Ausbildung neuer Gutachter für dieses Aufgabengebiet mit.

2.5 Die Entstehung der Sprache

Die Stimme des Menschen erklingt für den Laien aus dem Mundraum der sprechenden Person. Wie die Laute geformt und an welcher Stelle im Körper sie gebildet werden, ist insbesondere der Gruppe der Spezialisten und interessierten Personen bekannt.

In seinem Buch „The Acoustics of Crime" beschreibt *H. Hollien* die Entstehung der Sprache durch eine Beeinflussung des Atemstroms (a. a. O., S. 52 ff.). Er nennt dabei u. a. die beweglichen Stimmbänder im Bereich des Kehlkopfes. Diese werden durch Luft aus der Luftröhre in Schwingungen gebracht und tragen zur Entstehung des Tons der Stimme bei. *Hollien* führt beispielsweise weiter aus, dass bei einem ungleichmäßigen Ablauf dieses Schwingungsvorgangs als Folge eine rau klingende Stimme zu hören ist. Eine weitere, auffällig klingende Wahrnehmung ist nach den Ausführungen von *Hollien* z. B. das so genannte Näseln, eine Klangempfindung, wie sie beim Sprechen durch die Nase zu hören ist (a. a. O., S. 52 ff.). Ursächlich hierfür kann ein abgesenktes Gaumensegel oder in seltenen Fällen beispielsweise eine Wucherung im Bereich des Nasenraums sein.

Der Schluckvorgang kann ebenfalls auf die Stimmproduktion einwirken. *H. J. Künzel* beschreibt in seinem Beitrag „Personenerkennung anhand ihrer Stimme" die für einen Stimmklang ursächliche Anatomie (a.a.O., S. 823). Er nennt hierbei Hohlräume des Mundes, der Nase und des Rachens oberhalb des Kehlkopfes, die als Resonanzraum dienen. Weiter führt *Künzel* aus, dass gerade die hier entstehenden Stimmklangmerkmale für die Individualisierung eines Sprechers genutzt werden. Zur Entstehung der Sprache erläutert *Künzel* weiter, dass diese durch ein allgemeines Zusammenwirken einzelner Organe, wie z.B. Lippen, Zähne, Zunge, Unterkiefer oder einfach durch das kurzfristige Verschließen des Mundraumes in Verbindung mit dem zuvor beschriebenen Luftstrom produziert werden kann. Das individuelle Zusammenwirken dieser Organe führt im Ergebnis des Ablaufes zu der hörbaren Sprache des Sprechers (a.a.O., S. 824).

In dem Beitrag „Sprechererkennung, Tonträgerauswertung und Autorenerkennung" führen *Gfroerer* und *Baldauf* aus, dass zwei weitere Teilbereiche der Stimmproduktion für die Sprechererkennung genutzt werden (a.a.O., S. 3 ff.). Sie nennen die Sprechstimmlage des Sprechers und die Melodik der Stimme. Die Messung erfolgt dabei als Grundfrequenz der Stimme und deren Variation. Durch die Nutzung von empirisch gewonnenem Vergleichsmaterial kann hierbei eine Häufigkeitsverteilung für bestimmtes Stimmverhalten genannt werden. Dieser Abgleich einer Messung mit der typischen Verteilung eines stimmlichen Merkmals in der Bevölkerung hilft dem Sachverständigen bei Beurteilung des Untersuchungsvorgangs im Hinblick auf die Individualität der Stimme.

Künzel nennt weitere Möglichkeiten der sprecherspezifischen Unterscheidung (a.a.O. S. 829 ff.). Es handelt sich dabei um so genannte organische und erworbene, sprechertypische Merkmale. Organische Merkmale bei Sprechern führt Künzel danach z.B. auf vererbte Gegebenheiten zurück, wobei die erworbenen Merkmale sich beispielsweise auf die im Lebensumfeld bestehenden Bedingungen erstrecken. Damit kann das soziale Umfeld ebenso gemeint sein, wie die gesellschaftliche Stellung und die beruflich bedingte sprachliche Ausdrucksweise.

2.6 Das Gutachten

Das Gutachten beschäftigt sich mit dem im Untersuchungsantrag genannten Untersuchungsauftrag und wird dabei zu einem Untersuchungsergebnis kommen. *Künzel* nennt hierzu (a.a.O., S. 833 f.) die Stimmenanalyse und den Stimmvergleich als die am häufigsten beantragten Untersuchungen.

Im hier genannten Beispiel ist die Prüfung der Auswertbarkeit der vorliegenden Aufnahmen aus dem Büro der Flughafengesellschaft für eine weiterführende Analyse einerseits und die Identifizierung der Anruferin andererseits Ziel der Untersuchung. Nach der optischen Überprüfung des Untersuchungsmaterials wird der Fachmann für den Bereich Sprechererkennung die Stimmaufzeichnung abhören und dabei feststellen, ob eine Eignung für die weiterführende Untersuchung gegeben ist.

Im Rahmen einer so genannten Materialkritik wird in dem Gutachten die Brauchbarkeit des Untersuchungsmaterials im Anschluss an die Wiederholung des Untersuchungsauftrages nachvollziehbar aufgeführt. Im weiteren Verlauf wird der Gutachter im vorliegenden Fall den Versuch unternehmen, mit Hilfe der Aufzeichnungen aus dem Büro der Flughafengesellschaft eine Stimmenanalyse durchzuführen.

Künzel führt dazu aus (a.a.O., S. 833), dass verschiedene Befunde der Anruferstimme aus den Bereichen Stimme, Sprache und Sprechweise erhoben werden. Gleiches wird anschließend mit der Stimmvergleichsaufzeichnung der tatverdächtigen M. durchgeführt. Es ist möglich, dass im Rahmen der hier erhobenen Befunde eine Aussage z. B. zum Geschlecht, dem möglichen Alter, der Herkunft, dem Bildungsniveau und einer Berufszugehörigkeit getroffen werden. Die beiden erhobenen Analysen werden verglichen und helfen dem Sachverständigen bei der Meinungsbildung für die Erstellung des Gutachtens. Wenn die aufgezeichnete Stimme dabei eine dialektale Färbung erkennen lässt, kann das für den Untersuchenden hilfreich bei der weiteren Bearbeitung sein, denn diese Besonderheit grenzt die Identität des Sprechers ein.

O. Köster beschreibt in seiner Veröffentlichung „Datenbank regionaler Umgangssprachen (DRUGS)" die Möglichkeit, dass Gutachter auf regional geordnete Stimmaufzeichnungen aus dem gesamten deutschen Sprachraum in einer Datenbank zurückgreifen sollten, um schnell und zuverlässig einen Dialekt zu erkennen (Das BKA verfügt z.B. über eine solche Dialektdatenbank und aktualisiert diese ständig.). Dabei ist es von Vorteil, auch regional übliche Sprachanwendungen mit zu erfassen. Sollte der Sprecher in einer Fremdsprache reden, die der Spezialist selbst nicht sprechen kann, werden nach Aussage von Gfroerer (a.a.O., S.4) einige wichtige Aspekte vom Gutachter nicht beurteilt werden können. Dazu zählen dann beispielsweise der Dialekt und Angaben zum besonderen Sprachgebrauch in sozialen Gruppen. Gfroerer führt weiter aus, dass in einem solchen Fall eine zurückhaltende Aussage des untersuchenden Spezialisten die Folge sein kann; in der Regel wird in solchen Fällen ein Sachkundiger der jeweiligen Fremdsprache (etwa ein Sprachwissenschaftler oder als Ersatz ein Dolmetscher) hinzugezogen.

Zusätzlich zu den vorgenommenen Wahrnehmungen der Stimme durch den Spezialisten für Sprechererkennung werden die Stimmaufzeichnungen mit Hilfe eines Spektrums dargestellt. Dabei wird die Stimme per Signalverarbeitung in ihre spektralen Komponenten zerlegt und diese in einem Diagramm abgebildet. Hier ergibt sich ein farbiges Zeit-Frequenz-Bild, bei dem der spezielle Stimmklang durch Form und Farbe der Struktur visualisiert wird. Dieses Abbild der Stimme kann zusätzlich bei der Entscheidung des Sachverständigen mit einbezogen werden.

Je nach Situation des Einzelfalles wird der Sachverständige für Sprechererkennung alle hier dargestellten Aspekte berücksichtigen. In seinem Gutachten werden dabei die erfolgten Untersuchungen genannt und im Einzelfall auch erläutert. Abschließend wird das Ergebnis des Gutachtens für den Auftraggeber schriftlich niedergelegt. Im Falle eines Stimmenvergleichs mündet das Gutachten in der Feststellung einer Identitätswahrscheinlichkeit.

Gfroerer nennt dabei verschiedene Wahrscheinlichkeitsgrade (a.a.O., S. 7): Ein Stimmenvergleich kann nicht entscheidbar enden (non liquet) oder aber – je nach Sicherheit der Erkenntnisse – eine Identität mit überwiegender, hoher, sehr hoher oder an Sicherheit grenzender Wahrscheinlichkeit feststellen; die Rangskala gilt ebenso umgekehrt für die Feststellung einer Nicht-Identität. Der Auftraggeber der Untersuchung – ein Ermittlungssachbearbeiter oder die Staatsanwaltschaft – wird das Ergebnis des Gutachtens als Sachbeweis in das vorliegende Ermittlungsverfahren einbringen. Je nach Wahrscheinlichkeitsaussage sind möglicherweise weitere Beweiserhebungen erforderlich.

Im vorliegenden Beispielsachverhalt ist ein Untersuchungsergebnis mit einer Stimmenidentifizierung und einem hohen Wahrscheinlichkeitsgrad denkbar, weil die allgemeinen Voraussetzungen bei den Anrufsituationen und während der Stimmvergleichsaufzeichnung gut waren. Außerdem steht die tatverdächtige Person für weitere Aufnahmen zur Verfügung.

Weiterführende Literatur:

Bundeskriminalamt (Hrsg.): Sprechererkennung und Tonträgerauswertung. Beilage zum Bundeskriminalblatt (BKBl.) Nr. 112 vom 13.6.2001 (VS-NfD).

Eisenberg, U.: Visuelle und auditive Gegenüberstellung im Strafverfahren. Empirische und rechtliche Zusammenhänge. In: Kriminalistik 07/95, S. 458.

Gfroerer, S.: Kriminalwissenschaftliche Möglichkeiten der Sprechanalyse. In: Entführung – Kriminalistische Aspekte der Ermittlungsführung und operativer Maßnahmen. Forschungsbericht, S. 170-189. Polizeiführungsakademie, Münster-Hiltrup 1998.

Gfroerer, S. / Baldauf, C.: Sprechererkennung, Tonträgerauswertung und Autorenerkennung. In: Kriminalisten-Fachbuch – Kriminalistische Kompetenz. Eine Verbindung aus Kriminalwissenschaft, kommentiertem Recht und Kriminaltaktik für Studium und Praxis. Loseblattwerk in 2 Ordnern, Stand: 2000. Band 1, Kapitel KT 14. Schmidt-Römhild Verlag, Lübeck 2000.

Hollien, H.: Forensic Voice Identification. Academic Press (AP), New York 2002.

Hollien, H.: The Acoustics Of Crime. The New Science Of Forensic Phonetics. Applied Psycholinguistics and Communication Disorders. Series Editor: *R. W. Rieber*. Plenum Press, New York 1990.

Köster, O.: Die Datenbank regionaler Umgangssprachen (DRUGS). Ein neues Datenbank-Expertensystem für die forensische Sprechererkennung. In: Kriminalistik 01/01, S. 46.

Künzel, H. J.: Die Erkennung von Personen anhand ihrer Stimme. In: Kriminalistik – Handbuch für Praxis und Wissenschaft. *Kube, E. / Störzer, U. / Timm, K.* (Hrsg.). Band 1, Kapitel 19. 1. Auflage. Boorberg Verlag, Stuttgart 1992.

Künzel, H. J.: Forensische Sprechererkennung. In: Aktuelle Methoden der Kriminaltechnik und Kriminalistik. Vorträge und Diskussionen der Arbeitstagung des Bundeskriminalamtes vom 8.-11.11.1994. BKA-Forschungsreihe, Band 52. 1. Auflage. Bundeskriminalamt, Wiesbaden 1995.

Pfister, B.: Personenidentifikation anhand der Stimme. Ein computergestütztes Verfahren und seine Grenzen im praktischen Einsatz. In: Kriminalistik 04/01, S. 287.

Rose, P.: Forensic Speaker Identifikation. Forensic Science Series. Taylor & Francis Inc., New York 2002.

Weihmann, R.: Kriminalistik. Für Studium und Praxis. 8. Auflage. Verlag Deutsche Polizeiliteratur, Hilden 2005.

Weihmann, R.: Lehr- und Studienbriefe Kriminalistik / Kriminologie. Band 2, Kriminaltechnik I. 1. Auflage. Verlag Deutsche Polizeiliteratur, Hilden 2005 und Band 3, Kriminaltechnik II. 1. Auflage. Verlag Deutsche Polizeiliteratur, Hilden 2005.

Zirk, W. / Vordermaier, G.: Kriminaltechnik und Spurenkunde. Lehrbuch für Ausbildung und Praxis. FH-Schriftenreihe Polizei. 1. Auflage. Boorberg Verlag, Stuttgart, Weimar, Dresden [u.a.] 1998.

3 Der Finger- und Handflächenabdruck

3.1 Die besondere Beschaffenheit der menschlichen Haut

Die menschliche Haut umschließt als äußere Hülle die Muskeln, Knochen und andere zum Leben notwendige Organe des Individuums bereits von der Zeit in der Embryonalphase an und bleibt solange bestehen, bis der Tod die lebensnotwendigen Funktionen des Menschen beendet. Dabei hat es die Natur so eingerichtet, dass die Haut als ein elastisches Gebilde während der Entwicklung des Menschen mitwächst und dabei auch die Größe verändert.

Bei einem Säugling beträgt die Oberfläche des Körpers und damit die Fläche der Haut weniger als 0,5 Quadratmeter, der erwachsene Mensch kann über bis zu 1,6 Quadratmeter an Körperoberfläche und damit auch an Haut verfügen. Die Aufgaben der Haut sind dabei unterschiedlich verteilt. Einerseits hat die Haut eine Schutzfunktion und sorgt dafür, dass Fremdkörper nicht uneingeschränkt auf den menschlichen Körper einwirken, andererseits befinden sich in der Haut auch sensible Organe, die beispielsweise sinnliche Wahrnehmungen erkennen. Wärme und Kälte werden dabei zum Beispiel von der Haut ebenso wahrgenommen, wie Feuchtigkeit und Druck. Poren und Drüsen in der Haut sorgen dafür, dass eine ausgleichende Regulierung stattfindet und der Mensch sich im Idealfall wohl fühlt. Die Umgebung wird als angenehm wahrgenommen.

Die Haut setzt sich aus drei Schichten zusammen, die aus der Oberhaut, der Lederhaut und dem Unterhautfettgewebe bestehen. Die Oberhaut wird dabei aus mehrschichtigen Epithelzellen gebildet und kann an einigen Stellen bis zu 1 Millimeter dick sein. Innerhalb der Oberhaut regeneriert sich die Haut durch die Bildung neuer Zellen in einer Zeit von etwa 30 Tagen. Alte, abgestorbene Zellen werden abgestoßen und durch die nachwachsenden Zellen ersetzt.

Die Aufgabe der Lederhaut besteht darin, der Haut insgesamt eine Festigkeit zu geben. Das geschieht mit Hilfe elastischer Fasern, die in der Lederhaut vorhanden sind. In der Lederhaut sind auch Drüsen und Haarwurzeln eingebettet. Diese Organe sorgen für eine Ausscheidung für den Körper unbrauchbarer Substanzen, die auf diesem Weg über Poren in der Haut aus dem Körper ausgeschieden werden.

Das Unterhautfettgewebe versorgt die Haut mit Blut und damit auch mit Sauerstoff. Im Falle einer Hautverletzung kann über den Blutaustritt eine Infektion zunächst verhindert werden.

Bei genauer Betrachtung der Haut kann der Beobachter feststellen, dass sich die Erscheinungsform der Hautoberfläche an den Innenseiten der Hände und Fingerglieder und an den Fußunterseiten sowie den Zehunterseiten vom übrigen Körper unterscheidet. Hier ist eine leistenartige Beschaffenheit der Haut festzustellen, während im Bereich der gesamten übrigen Hautoberfläche eine fast glatte Beschaffenheit vorhanden ist. Dieser glatte Teil der Haut wird als Felderhaut bezeichnet, die leistenartige Beschaffenheit wird durch Papillarleisten gebildet. Die Papillarleiste, die im Querschnitt betrachtet einen wellenförmigen Verlauf zeigt, hat an den erhabenen Stellen auf einer Länge von etwa einem Zentimeter fünf bis sieben Poren, aus denen Substanzen ausgeschieden werden, die für den Körper nicht mehr benötigt werden.

Das Gebilde der Papillarleisten ist bei jedem Menschen individuell gestaltet, nicht vererblich und nach bisher erfolgten, empirischen Untersuchungen auch noch nie wiederholt aufgetreten. Die Vielfalt der Natur sorgt dafür, dass in diesem Bereich der Haut jeder Mensch eine individuelle Erscheinungsform besitzt.

Bei genauer Betrachtung der mit Papillarleisten ausgestatteten Hautbereiche ist insbesondere an den Innenseiten der Fingerendglieder eine zum Teil gleichartig erscheinende Verlaufsform der Papillarleisten feststellbar. Diese stellen sich dem Betrachter in verschiedenen Grundformen dar.

Ein solches Grundmuster hat eine wirbelartige Gesamtverlaufsform. An den beiden unteren seitlichen Bereichen ist je ein deltaförmiges Aussehen feststellbar. Es handelt sich dabei um das so genannte Wirbelmuster.

Eine andere Verlaufsform stellt sich als ein schleifenartiges Papillarleistengebilde dar, wobei die Papillarleisten an der linken Seite des Fingerendgliedes beginnen, bis zur Mitte verlaufen und dann nach einem schleifenartigen Bogen zurück zur linken Seite dieses Fingerteils verlaufen. Auf der dem so genannten Schleifenkopf abgewandten Seite ist ein Papillarleistenverlauf in einer Deltaform feststellbar. Hierbei handelt es sich um das Grundmuster der Schleife rechts.

Als weiteres Grundmuster ist eine Verlaufsform der Papillarleisten zu nennen, bei der diese an der rechten Seite beginnen und ebenfalls bis zur Mitte des Fingerendgliedes verlaufen, hier dann nach einer schleifenförmigen Wendung zurück zur rechten Ausgangsseite des Fingerendgliedes verlaufen. Auch bei diesem so genannten Grundmuster ist auf der dem Schleifenkopf abgewandten Seite ein Papillarleistenverlauf in Form eines Deltas zu erkennen. Diese Verlaufsform des Grundmusters wird als Schleife links bezeichnet.

Schließlich gibt es noch eine Grundform, bei der die Papillarleisten von der linken Fingerendgliedseite aus in einem leichten Bogen im Bereich des Zentrums dieses Fingerteils verlaufen, um dann weiter zur rechten Seite dieses Fingerendgliedes zu verlaufen. Es wird hier von einem so genannten Bogenmuster gesprochen, weil die Verlaufsform der Papillarleisten wie ein Bogen aussieht.

Diese Grundmuster der Papillarleisten an den Fingerendgliedern von Menschen ermöglichen eine Unterscheidung. Eine individuelle Wiedererkennung eines Menschen ist danach noch nicht möglich. Hierzu müssen die einzelnen Papillarleisten genauer betrachtet werden. Dazu wird ein optisches Hilfsmittel eingesetzt, wie beispielsweise eine Lupe, um die einzelne Papillarleiste und deren Verlauf genau zu erkennen. Bei dieser Betrachtungsweise kann festgestellt werden, dass die einzelne Papillarleiste an einem Fingerendglied unterschiedliche Erscheinungsformen zeigen kann. Einige sind beispielsweise nur wenige Millimeter lang, andere erscheinen punktförmig, wieder andere teilen sich, um dann im weiteren Verlauf wieder aufeinander zu treffen und als eine Papillarleiste weiter zu verlaufen. Diese besonderen Erscheinungsformen der Papillarleisten werden als anatomische Merkmale oder auch Minuzien bezeichnet.

Bereits 1888 stellt der Londoner Anthropologe *Francis Galton* im Rahmen einer von ihm durchgeführten Forschungsarbeit fest, dass Papillarleisten unveränderlich, einmalig und klassifizierbar sind. Diese Untersuchungen werden 1896 von Sir *Edward Henry* in einer verbesserten Klassifizierungsmethode weiterentwickelt, dem Galton-Henry-System. Nach umfangreichen Erprobungsphasen wird das Galton-Henry-System zunächst in Britisch Indien und 1901 auch in England als Identifizierungsmöglichkeit für Menschen eingeführt. Im Jahr 1903 wird zunächst in Dresden diese damals neue Methode zur Wiedererkennung von Personen eingeführt und in der folgenden Zeit auch in anderen deutschen Städten angewandt.

3.2 Die technische Erfassung von Finger- und Handflächenabdrücken

Nach der Feststellung und Untersuchung, dass die Erscheinungsform der Hautoberfläche des Menschen an einigen Körperstellen in individueller Form vorhanden ist und dadurch auch für eine Wiedererkennung geeignet ist, erfolgt 1892 in Argentinien der Versuch, Fingerabdrücke in einer Sammlung zusammenzutragen. Der Polizist *Vucetich* ist eine der ersten Personen, die den Versuch durchführt, eine Sammlung von Fingerabdrücken auf manuellem Weg zu schaffen. Dies geschieht mit dem Ziel, die einmal aufgenommenen Fingerabdrücke zu einem späteren Zeitpunkt für eine individuelle Wiedererkennung zu verwenden.

Die Aufnahme des Fingerabdruckes ist dabei so durchzuführen, dass die sichtbare Oberfläche der Haut in diesen erhabenen Bereichen mit einer optisch erkennbaren und für die Haut verträglichen Farbe dünn bedeckt wird. Eine Möglichkeit der Durchführung ergibt sich, wenn mit Hilfe einer Rolle beispielsweise schwarze Fingerabdruckfarbe auf einem Glas ausgerollt und gleichmäßig verteilt wird. Anschließend werden die für den Fingerabdruck gewünschten Bereiche der Fingerendglieder einmal ohne zu starken Druck durch diese Farbe gerollt, idealerweise von einer Fingerseite zur anderen, beginnend an dem Nagelbett des Fingernagels bis zur anderen Fingerseite und dem dort vorhandenen Nagelbett. Das jetzt mit Farbe bedeckte Fingerendglied wird dann in gleicher Abrollweise auf einem dafür vorgesehenen Papierbogen an einer definierten Stelle abgerollt.

Der damals von *Vucetich* durchgeführte Vorgang wird in der Folgezeit in gleichartiger Weise in anderen Ländern der Welt realisiert. Auch in Deutschland wird dieses Verfahren im Rahmen polizeilicher Identifizierungstätigkeiten eingesetzt und als erkennungsdienstliche Behandlung bezeichnet. Diese manuell geführte Sammlung wird im Lauf der Zeit verbessert und genauso in vielen anderen Ländern ebenfalls als ein Arbeitsmittel polizeilicher Ermittlungstätigkeit eingeführt. Im Jahr 1914 findet in Monaco ein internationaler Polizeikongress statt. Dabei wird von den Teilnehmern beschlossen, dass ein internationales Verbrecherregistrierungsverfahren auf der Basis der Erfassung von Fingerabdrücken in ganz Europa eingeführt wird.

In Deutschland erfolgt zunächst die Aufnahme von Fingerabdrücken solcher Personen, die sich nach der Begehung einer Straftat oder in besonderen Fällen auch schon bei dem vorliegenden Verdacht einer Straftat diesem Verfahren unterziehen müssen. Der Gesetzgeber hat dafür erforderliche rechtliche Grundlagen im repressiven und präventiven Bereich geschaffen. Im Jahr 1976 wird die bis zu diesem Zeitpunkt manuell geführte Sammlung durch ein halbautomatisches Verarbeitungssystem, das so genannte Bund-Länder-System abgelöst. Dabei werden die aufgenommenen Fingerabdrücke durch dafür ausgebildete Personen betrachtet und nach einem zuvor festgelegten, verbindlichen Verfahren in einer individuellen Formel erfasst. Diese Formel wird dann in einen zentralen Computer eingegeben und mit allen bereits dort gespeicherten Informationen verglichen. Bei einer Übereinstimmung erfolgt eine Überprüfung der angezeigten Formel und gleichzeitig auch des damit bezeichneten Fingerabdruckes durch eine dafür speziell ausgebildete Person. Stimmen bei dieser Prüfung alle festgestellten Verlaufsformen der beiden Fingerabdrücke überein, ohne dass dabei eine Abweichung festgestellt wird, ist die den Fingerabdruck verursachende Person identifiziert.

Die Bezeichnung Bund-Länder-System lässt sich aus der gemeinsamen, arbeitsteiligen Tätigkeit ableiten. Die Polizeidienststellen in den Ländern sind für die Aufnahme der Fingerabdrücke im Rahmen polizeilicher Tätigkeiten zuständig und verantwortlich, während das Bundeskriminalamt die Eingabe und Recherchetätigkeit bei der Suche nach Personen durchführt. Insgesamt wird dieses Verfahren auch als Personenrecherche bezeichnet.

Im Jahr 1993 wird das Bund-Länder-System durch das Automatisierte Fingerabdruckidentifizierungssystem (AFIS) abgelöst. Dabei ist die manuelle Erstellung einer Formel eines Fingerabdruckes nicht mehr erforderlich. Dieses neue System erfasst bis heute selbstständig den gesamten Fingerabdruck und erkennt auch die einzelnen individuellen Verlaufsformen der Papillarleisten. Auf einem Bildschirm kann die eingebende Person mögliche Korrekturen manuell an den Stellen des Fingerabdruckes vornehmen. Dies ist beispielsweise dann erforderlich, wenn durch äußere Einwirkungen bei der Aufnahme des Abdruckes Teilbereiche für das System unklar und undeutlich erkennbar sind und dadurch vom System nicht oder nicht eindeutig erkannt werden. Seit mehr als drei Jahren können auch Handflächenabdrücke durch das System automatisiert bearbeitet und erkannt werden.

3.3 Die Finger- und Handflächenspur am Tatort

Wird eine Person nach einer Straftat erkennungsdienstlich behandelt, dann werden in der Regel von dieser Person Finger- und Handflächenabdrücke auf dafür vorgesehenen Vordrucken zum Abdruck gebracht, um diese später für polizeiliche Zwecke zu verwenden. Durch die Beschaffenheit der Hautoberfläche besteht jedoch auch die Möglichkeit, dass ein Mensch – gewollt oder ungewollt – Abdrücke oder Eindrücke der Papillarleistengebilde der Haut an oder in Gegenständen zurücklässt, ohne dass hierzu eine polizeiliche Anweisung erteilt worden ist.

Ein Abdruck entsteht in der Regel dann, wenn die unbekleideten Hautteile mit Papillarleisten, beispielsweise der Handinnenseite, einen festen Untergrund berühren. Ein Eindruck kann zum Beispiel dann entstehen, wenn Papillarleisten in einen weichen Untergrund hineingedrückt werden, wie es bei Fensterkitt der Fall sein kann.

Folgender Sachverhalt zeigt eine Möglichkeit für die Identifizierung einer Person durch Finger- und Handflächenabdruckspuren:

Der 25-jährige, allein lebende F. wohnt in einfachen sozialen Verhältnissen und geht keiner geregelten Arbeit nach. Für seinen täglichen Konsum alkoholischer Getränke reichen seine finanziellen Mittel nicht. Deshalb überlegt er, an einem Abend im April nach Geschäftsschluss in sein Stamm-Lokal „Zum fröhlichen Wirt" einzubrechen. Er beabsichtigt, das dort stehende Geldspielgerät aufzubrechen und das darin befindliche Geld zu entwenden. Der erbeutete Geldbetrag soll zum Kauf weiterer Getränke dienen. Für diese Straftat nimmt F. einen Schraubendreher, einen Hammer und ein Handtuch mit.

Er schleicht sich in den frühen Morgenstunden von der Rückseite an das Wirtshaus heran. Der erste Versuch, mit dem Schraubendreher den Fensterrahmen aufzuhebeln, misslingt. Danach wickelt F. das Küchenhandtuch um den Hammer und schlägt dann einen Teil der Toilettenfensterscheibe ein. Der Lärm der zerspringenden Fensterscheibe wird durch das Küchenhandtuch gedämpft. Einige spitze Glassplitter bleiben im Fensterrahmen zurück und werden von F. mit seinen unbekleideten Händen aus dem Rahmen gezogen und von ihm auf dem Boden vor dem Fenster abgelegt. Jetzt öffnet F. durch Betätigung des Griffes das Fenster und kann durch diese Öffnung in die Toilettenräume eindringen.

Von hier gelangt er ungehindert in den Schankraum und zu dem dort stehenden Geldspielgerät. Im Schankraum trinkt er aus einem unbenutzten Glas ein Bier. Nach dem dritten Glas Bier fühlt er sich gestärkt, um das Geldspielgerät mit Hilfe seiner mitgebrachten Werkzeuge gewaltsam zu öffnen. Mit dem Hammer und Schraubendreher wirkt er solange auf die Schlösser des Geldspielgerätes ein, bis diese schließlich keine Schließwirkung mehr zeigen und das Gerät aufgeklappt werden kann. F. nimmt den aus Plastik bestehenden Geldauffangbehälter mit den darin befindlichen Hartgeldstücken aus dem Gerät und schüttet das Geld in das mitgebrachte Handtuch. Dieses verknotet er an den vier Ecken und kann das Geld jetzt einfach transportieren. Nach weiteren drei Gläsern Bier verlässt F. das Lokal mit dem erbeuteten Geld durch das aufgebrochene Fenster. Dabei vergisst er sein Werkzeug im Lokal. Kurz bevor F. seine Wohnung erreicht, wird er im Rahmen einer Kontrolle von Polizisten angehalten. Er war auf Grund seines verdächtigen Verhaltens aufgefallen. Da er keine Angaben zu seiner Person macht und auch die Herkunft des Geldes nicht erklärt, wird er für eine Personalienfeststellung mit zur Polizeidienststelle genommen.

3.3.1 Die Sicherung der Finger- und Handflächenspuren am Tatort

Der Inhaber des Lokals wird nach Feststellung der Straftat die nächste Polizeidienststelle verständigen. Von dort werden Mitarbeiter der Polizei in das Lokal geschickt, die über eine spezielle Ausbildung für die Aufnahme von Tatorten verfügen. Ein wesentlicher Teil der Spurensicherungsarbeit der Polizisten besteht im vorliegenden Fall darin, dass alle festgestellten Veränderungen im Lokal in dem vorgefundenen Zustand dokumentiert werden. Dies geschieht einerseits mit Hilfe der Fotografie und andererseits durch eine Beschreibung der festgestellten Situation. Die dabei ermittelten Informationen sind Teil des polizeilichen Ermittlungsverfahrens.

Nach dieser Arbeit werden die Mitarbeiter der Polizei den Versuch unternehmen, sichtbare und latente Finger- und Handflächenspuren an den Stellen zu entdecken, die möglicherweise vom Täter berührt worden sind. Zunächst werden die eingesetzten Polizisten versuchen, diese Spuren nur mit ihren Augen zu entdecken. Dabei schauen sie aus unterschiedlicher Richtung auf die Oberfläche der Bereiche, die vom Täter berührt worden sind. Führt dies nicht zum Erfolg, dann kann zusätzlich eine Taschenlampe zur Ausleuchtung des möglichen Spurenbereiches eingesetzt werden. In diesem Fall wird mit dem Kunstlicht aus unterschiedlichen Winkeln die mögliche Berührungsstelle angeleuchtet, um diese dadurch zu erkennen.

Führt auch diese Vorgehensweise nicht zum Erfolg oder werden Spuren nur in geringem Ausmaß erkennbar, dann ist der Einsatz von weiteren Spurensicherungsmitteln zur Kontrastierung möglich. Dabei werden Einstaubmittel in Form von Russpulver oder magnetischem Pulver auf den möglichen vom Täter berührten Bereich aufgebracht. Im Idealfall bleiben Teile des Einstaubmittels an den dort aus den Poren der menschlichen Haut abgelagerten Substanzen – zum Beispiel Schweiß, Alphaaminosäure – haften. Dadurch wird die Spur eines Finger oder Handflächenabdruckes mit dem Auge erkennbar. Anschließend wird eine fotografische Dokumentation dieser festgestellten Spur vorgenommen. Um die Größe dieser Spur für spätere Überprüfungen zu erfassen, wird in der Regel eine Maßeinheit mit fotografiert, wie beispielsweise der Teil eines Zollstocks oder ein bekanntes Geldstück. Dieses kann jederzeit für einen Größenvergleich herangezogen werden.

Da bei der polizeilichen Arbeit heute überwiegend mit digitalen Fotokameras gearbeitet wird, ist eine sofortige Prüfung der Bildqualität möglich. Der die Spuren sichernde Polizist kann sich davon überzeugen, dass er diese Spur in einem auf dem Bild deutlich erkennbaren Aussehen dargestellt hat. Anschließend wird eine Spurensicherungsfolie über die erkannte und eingestaubte Spur gelegt. Diese wird angedrückt, ohne im Bereich der Klebefolie eine so genante Blasenbildung zu hinterlassen, und dann abgezogen. An der Klebeseite der Folie ist jetzt der eingestaubte Teil der Finger- oder Handflächenspur zu erkennen. Dieser Teil der Folie wird nun auf die Rückseite einer Tatortspurensicherungskarte blasen- und knickfrei aufgeklebt. Die Vorderseite der Karte wird mit erforderlichen Informationen ausgefüllt. Neben dem Tatort, der möglichen Straftat, dem vermutlichen Tatzeitraum werden ebenso Angaben zur Person und Zeit der Spurensicherung auf dieser Seite der Karte eingetragen.

3.3.2 Auswertungsmöglichkeiten - Spurenrecherche

Die so gesicherten Finger- oder Handflächenabdruckspuren werden zusammen mit einem Spurensicherungsbericht an die nächste Auswertungsstelle für Finger- und Handflächenspuren geschickt. In den meisten Kreispolizeibehörden handelt es sich dabei um die Kriminaltechnische Untersuchungsstelle. In einigen Ländern ist auch ein Direktversand an das zuständige Landeskriminalamt möglich.

Dort wird von Sachverständigen für Daktyloskopie (Aus dem griechischen abgeleitet von den Worten „daktylus" der Finger und „skopein" schauen) das auf der Tatortspurenkarte gesicherte Finger- und Handflächenabdruckspurenmaterial betrachtete und auf eine Auswertungsmöglichkeit hin untersucht. Die Sachverständigen für Finger- und Handflächenabdrücke gehen dabei nach einer Empfehlung vor, die von der AG Kripo vorgelegt worden ist. Diese Empfehlung sieht vor, dass eine daktyloskopische Spur dann für Identifizierungszwecke geeignet ist, wenn in dem Abdruck mindestens 12 individuelle Merkmale erkennbar sind, die mit einem möglichen Vergleichsabdruck abgeglichen werden können. Diese zwölf Merkmale müssen in Form und Lage zueinander übereinstimmen. Eine Abweichung von dieser Empfehlung ist dann möglich, wenn mindestens acht individuelle Merkmale und das so genannte Grundmuster festgestellt werden und eindeutig erkennbar sind. Für eine spätere Identifizierung müssen alle festgestellten Merkmale und das Grundmuster mit der vorhandenen Vergleichsspur in Form und Lage zueinander übereinstimmen.

In dem vorliegenden Beispiel wird angenommen, dass die beispielsweise an dem Geldauffangbehälter des Geldspielgerätes gesicherten Finger- und Handflächenabdruckspuren ausreichende individuelle Merkmale für eine spätere Identifizierung enthalten. Diese Spuren werden dann an das zuständige Landeskriminalamt weitergeleitet, um dort im Rahmen einer Spurenrecherche in das bereits erwähnte AFIS eingespeichert zu werden. In den Fällen eines Direktversands von der bearbeitenden, Spuren sichernden Dienststelle an das zuständige Landeskriminalamt erfolgt die Eingabe in das Automatisierte Fingerabdruckidentifizierungssystem direkt.

Im Rahmen dieser so genannten Spurenrecherche wird von dem elektronischen Datensystem mit einer Onlineverbindung zum Bundeskriminalamt die eingegebene Information der Finger- und Handflächenspur mit dem dort vorhandenen daktyloskopischen Bestand von erkennungsdienstlich behandelten Personen verglichen. Stellt das Datensystem eine Übereinstimmung fest, dann wird diese auf dem Bildschirm der eingebenden Stelle angezeigt. Dort erfolgt durch den zuständigen Sachbearbeiter eine persönliche Prüfung. Das bedeutet, dass die gesicherte Tatortspur aus dem Lokal mit dem Finger- und Handflächenabdruckbogen der vom Datensystem als Verursacher genannten Person jetzt auch durch einen Spezialisten verglichen wird. Stimmen dabei die festgestellten individuellen Merkmale der am Tatort gesicherten Fingerabdruckspur mit dem im Rahmen einer erkennungsdienstlichen Behandlung erlangten daktyloskopischen Material in Form und Lage zueinander überein, dann ist die Identität des Spurenlegers am Tatort und der erkennungsdienstlich behandelten Person gegeben.

Damit ist noch nicht bewiesen, dass es sich bei dieser Person auch um den Täter des Einbruchsdiebstahls handelt. Es kann lediglich bewiesen werden, dass die Person den Geldauffangbehälter des Spielgerätes berührt hat. Der Beweis einer Täterschaft muss im Rahmen weiterer Vernehmungen und Ermittlungen durch die zuständige Dienststelle der Polizei ermittelt werden.

Obwohl auch heute viele Straftäter die polizeilichen Auswertungsmöglichkeiten auf dem Gebiet der Finger- und Handflächenspuren kennen, nimmt die Zahl der identifizierten daktyloskopischen Tatortspuren zu und führt beispielsweise zu einer höheren Aufklärungsquote bei der Bearbeitung von Einbruchsdelikten.

3.3.3 Der Untersuchungsantrag

Der Untersuchungsantrag für die Untersuchung einer daktyloskopischen Spur wird grundsätzlich die in jedem Antrag erforderlichen allgemeinen Informationen nennen. Namen, Vornamen, Geburtsdatum, Anschrift der geschädigten und der tatverdächtigen Person werden dabei ebenso genannt, wie das vorliegende Untersuchungsmaterial, wenn diese Informationen bekannt sind. Der Zeitpunkt der Sicherstellung und dabei festgestellte besondere Situationen sollten auch genannt werden. Wurden im Rahmen der Spurensicherungsmaßnahmen Vergleichsfinger- und Handflächenabdrücke von Personen aufgenommen, sollte dies auch vermerkt werden. Das daktyloskopische Vergleichsmaterial ist dem Untersuchungsantrag als Anlage beizufügen.

In einem kurzen Sachverhalt sollte das festgestellte Ereignis dargestellt werden, damit die Untersuchungsstelle einen Überblick erhält und das übersandte Untersuchungsmaterial sachgerecht bearbeiten kann. Wenn beispielsweise der sichergestellte Hammer und Schraubendreher jeweils in einer Papiertüte verpackt wurden, dann ist dies von dem Antragsteller zu vermerken, damit die Untersuchungsstelle nicht die von den Sicherstellungskräften beschaffte Verpackung mit auf daktyloskopische Spuren untersucht.

Der Untersuchungsantrag soll den Untersuchungsauftrag enthalten, damit die Untersuchungsstelle eine verständliche, nachvollziehbare und eingrenzbare Tätigkeit ausführen kann. Fehlt der Untersuchungsauftrag und arbeitet die Untersuchungsstelle einschließlich des Sachverständigen für Daktyloskopie ohne konkreten Auftrag, dann kann nicht ausgeschlossen werden, dass das erzielte Untersuchungsergebnis möglicherweise im späteren Gerichtsverfahren abgelehnt wird. Der Grund hierfür könnte sein, dass der Sachverständige durch seine Arbeit ohne Auftrag selbstständig ermittelt hat und dadurch die Gefahr der Befangenheit besteht.

Der Untersuchungsauftrag hat eine Formulierung zu enthalten, die die Identifizierung des Spurenlegers als Ziel formuliert. Der Spurenleger ist nicht in jedem Fall der Täter. Daher sollten Sätze vermieden werden, die beispielsweise lauten: Durch die Untersuchung soll festgestellt werden, ob der F. der Täter ist! Die Untersuchungsstelle kann feststellen, ob der F. Spurenleger ist oder nicht, die Frage der Täterschaft muss durch den eingesetzten Sachbearbeiter im Rahmen von Vernehmungen und Ermittlungen geklärt werden. Der Untersuchungsantrag ist vom zuständigen Ermittlungssachbearbeiter zu unterzeichnen, damit auf diesem Weg nachvollziehbar ist, wer die Untersuchung mit welchem Ziel angeordnet hat. Eine Kopie des Untersuchungsantrages ist zur Ermittlungsakte zu nehmen, damit auch zu einem späteren Zeitpunkt dem Richter, Staatsanwalt und Verteidiger die durchgeführte Ermittlungshandlung nachvollziehbar vorliegt und eine mögliche Identifizierung eines Spurenlegers auf diesem Weg verdeutlicht wird.

3.4 Identifizierungsmöglichkeiten - Personenrecherche

Die bestehenden Gesetze im Bund und in den Ländern sehen verschiedene Möglichkeiten vor, die es der Polizei und anderen Behörden ermöglichen, Finger- und Handflächenabdrücke von Personen aufzunehmen und für repressive und präventive Zwecke zu nutzen.

In den meisten Polizeibehörden erfolgt die Entscheidung über die Aufnahme von Finger- und Handflächenabdrücken einer Person – erkennungsdienstliche Behandlung – durch den zuständigen Sachbearbeiter. Nach der schriftlichen Anordnung der Maßnahme und Bezeichnung der Rechtsgrundlage wird entweder durch den jeweiligen Mitarbeiter selbst oder durch Mitarbeiter einer dafür ausgebildeten Dienststelle die erkennungsdienstliche Behandlung durchgeführt. In einigen Ländern ist dieser Vorgang bereits durch eine modernere Live-Scan-Erfassung ersetzt. Dabei wird der Finger- und Handflächenabdruck durch eine Scannereinrichtung elektronisch aufgenommen. Die in Hardcopyform oder elektronisch erfassten Abdrücke der Finger- und Handflächen werden nach einer Prüfung auf Brauchbarkeit und Auswertbarkeit über das zuständige Landeskriminalamt an das Bundeskriminalamt geleitet und dort in das AFIS eingegeben.

Im Rahmen dieser Eingabe erfolgt eine Prüfung, ob die vorliegenden Abdrücke bereits in dem System gespeichert sind. Gleichzeitig wird der vom Gesetz vorgeschriebene Löschungstermin dieser Eintragung mit erfasst. Damit ist sichergestellt, dass die Finger- und Handflächenabdrücke nur solange für Auswertungszwecke zur Verfügung stehen, wie es rechtlich zulässig ist. Vom Zeitpunkt der Speicherung an können dann die Finger- und Handflächenabdrücke im Rahmen der Personen- und Spurenrecherche identifiziert und einer konkreten Person zugeordnet werden, wenn geeignetes Vergleichsmaterial vorgelegt wird.

3.5 Der Sachverständige für Daktyloskopie

Die Rechtsprechung in der Bundesrepublik Deutschland geht im Rahmen der objektiven Beweisführung davon aus, dass für die verschiedenen kriminaltechnischen Bereiche Spezialisten die polizeilichen Arbeitsschritte nachvollziehbar und verständlich bearbeiten, so auch für das Tätigkeitsgebiet der Daktyloskopie.

Der Weg vom kriminaltechnischen Sachbearbeiter bis hin zum Sachverständigen für Daktyloskopie beinhaltet eine mehrjährige praktische und theoretische Schulung mit einigen schwierigen Leistungsnachweisen, die den ständigen, gleich bleibend hohen Qualitätsstandard dokumentieren. Im Gegensatz zu den beispielsweise öffentlich bestellten Sachverständigen ist der Sachverständige für Daktyloskopie grundsätzlich im Polizeibereich tätig und arbeitet als Behördengutachter.

Der Ausbildungsweg sieht zunächst eine praktische Einweisungszeit in einer Kreispolizeibehörde oder einem Landeskriminalamt vor. Dabei wird der Auszubildende mit den Aufgaben und Tätigkeiten der Daktyloskopie vertraut gemacht. Ein erster, so genannter Einführungslehrgang beim Bundeskriminalamt vertieft das bis zu diesem Zeitpunkt erworbene Wissen und bildet das Basiswissen für die sich anschließende, vertiefende Ausbildung in der Behörde eines Bundeslandes.

In der Folgezeit ist eine mehrmonatige Grundausbildung beim BKA zu absolvieren, um dadurch bereits wesentliche Ausbildungsinhalte für die spätere Tätigkeit als Sachverständiger zu erlernen. Unter anderem wird dabei auch der Identitätsnachweis im Bereich der Daktyloskopie thematisiert, damit der spätere Sachverständige die erforderlichen Kenntnisse für diesen Bereich erlernt. Nach einer weiteren mehrmonatigen Verwendung des zukünftigen Sachverständigen in der Behörde eines Landes folgt eine abschließende Ausbildung und Prüfung beim BKA. Hier sind von dem Auszubildenden mehrere Probegutachten und Prüfungsgutachten zu erstellen und vor einer Prüfungskommission so zu vertreten, wie es üblicherweise im Rahmen einer Gerichtsverhandlung durchgeführt wird. Die Simulation einer fiktiven Gerichtsverhandlung, bei der der zukünftige Sachverständige für Daktyloskopie schwierige Fachfragen der Kommission zu beantworten hat, bildet den Abschluss der Prüfung.

Die Zusammenarbeit im Rahmen der Ausbildung zwischen den Ländern und dem Bund, sowie der häufige Wechsel der Ausbildungsstellen in dieser Zeit, tragen wesentlich zu einer aktuellen und nachhaltigen Wissensvermittlung bei. Die abschließende, zentrale Ausbildung unter Leitung des Bundeskriminalamtes stellt eine einheitliche Qualifizierung der Sachverständigen für Daktyloskopie sicher. Gleichzeitig wird dadurch eine geeignete Grundlage für die regelmäßig durchgeführten nationalen und internationalen Tagungen und Symposien geschaffen.

3.6 Das Gutachten

Nach erfolgter Untersuchung der daktyloskopischen Spuren wird auch mit Hilfe der Untersuchungsstelle möglicherweise der Spurenleger identifiziert, wenn einerseits eine tatverdächtige Person zuvor benannt worden oder andererseits eine Spurenrecherche im AFIS mit Erfolg durchgeführt worden ist. Um dieses Ergebnis auch vor Gericht verwenden zu können, wird in den meisten Fällen eine fachlich nachvollziehbare und verlässliche Bestätigung erwartet, die grundsätzlich durch einen Sachverständigen für Daktyloskopie erstellt wird. Dies kann in Form eines Untersuchungsbefundes, eines Untersuchungsberichtes oder eines Gutachtens erfolgen.

Der Untersuchungsbefund nennt nur das Ergebnis der Untersuchung, während in dem Untersuchungsbericht auch einzelne Angaben zur durchgeführten Untersuchung vorhanden sind.

Umfassende Angaben sind in einem Gutachten enthalten. Das Gutachten nennt den Gegenstand der Untersuchung und den konkreten Auftrag, der im Untersuchungsantrag genannt worden ist. Weiter werden Angaben zur Methodik und dem erfolgten Untersuchungsgang vorgelegt. Das Gutachten zeigt dann die Grundlagen der Begutachtung auf. Angaben zur Bewertung und dem Ergebnis werden in einem weiteren Teil des Gutachtens vorgelegt. In den meisten Fällen wird noch eine Bilddokumentation hinzugefügt. Dabei wird eine Aufnahme der am Tatort gesicherten daktyloskopischen Spur gezeigt. Auf einem gleichartig aufgenommenen Lichtbild des identifizierten Fingerabdruckes wird dieser Abdruck aus dem Bestand der erkennungsdienstlichen Behandlung des Spurenlegers gezeigt. In beiden Abbildungen werden die festgestellten, identischen und individuellen Merkmale markiert und mit Zahlen gekennzeichnet. Diese einzelnen Merkmale sind im Gutachten beschrieben und so durch den Betrachter nachvollziehbar.

Mit Hilfe von vorhandenen Computerprogrammen ist die Erstellung solcher Vergleichsaufnahmen heute leicht und schnell möglich. Die abschließende Prüfung wird auch zukünftig dem Sachverständigen für Daktyloskopie vorbehalten bleiben. Die Arbeitserleichterung durch die Technik, insbesondere auf dem Sektor der daktyloskopischen Identifizierung, nimmt ständig zu, wird jedoch die abschließende persönliche Prüfung durch den sachverständigen Menschen nicht ersetzen. Dadurch wird die allgemeine juristische Akzeptanz der vorgelegten Gutachten im Bereich der Daktyloskopie verständlich. Dies spricht für eine qualitativ hochwertige Ausbildung, eine gründliche Arbeit und von Erfahrung geprägte Tätigkeit.

Weiterführende Literatur:

Beleke, N. (Hrsg.): Kriminalisten-Fachbuch – Kriminalistische Kompetenz. Eine Verbindung aus Kriminalwissenschaft, kommentiertem Recht und Kriminaltaktik für Studium und Praxis. Loseblattwerk in 2 Ordnern, Stand: 2000. Schmidt-Römhild Verlag, Lübeck 2000.

Bundeskriminalamt (Hrsg.): Aktuelle Methoden der Kriminaltechnik und Kriminalistik. Vorträge und Diskussionen der Arbeitstagung des Bundeskriminalamtes vom 8.-11.11.1994. BKA-Forschungsreihe, Band 52. Bundeskriminalamt, Wiesbaden 1995.

Burghard, W. / Hamacher, H. W. / Herold, H. / Howorka, H. / Kube, E. / Schreiber, M. / Stümper, A. (Hrsg.): Kriminalistik Lexikon. 3., völlig neu bearbeitete und erweiterte Auflage. Kriminalistik-Verlag, Heidelberg 1996.

Groß, H. / Geerds, F.: Handbuch der Kriminalistik. Wissenschaft und Praxis der Verbrechensbekämpfung. Band 1: Die Kriminalistik als Wissenschaft. Die Technik der Verbrechen. Kriminaltechnik. 10., völlig neu bearbeitete Auflage. Schweitzer Verlag, Berlin 1977.

Heindl, R.: System und Praxis der Daktyloskopie und der sonstigen technischen Methoden der Kriminalpolizei. 3., neu bearbeitete und vermehrte Auflage. de Gruyter Verlag, Berlin 1927.

Kommission KWT/ED der AG Kripo / Projektgruppe „Anleitung Tatortarbeit-Spuren" (Hrsg.): Anleitung „Tatortarbeit-Spuren" (Ehemaliger Leitfaden der Polizei 385 Tatortarbeit-Spuren). Eingestellt im Intranet der Polizei NRW, Ordner „Kriminalität". Innenministerium NRW, Düsseldorf 2003.

Meyer, H. / Wolf, K. / Müller, R.: Kriminalistisches Lehrbuch der Polizei; Arbeitsbuch für Wach-, Wechsel- und Ermittlungsdienst. 8. Auflage. Verlag Deutsche Polizeiliteratur, Hilden 2003.

Ochott, G.: Identifizierung durch Daktyloskopie. In: Kriminalistik – Handbuch für Praxis und Wissenschaft. Kube, E. / Störzer, U. / Timm, K. (Hrsg.). Band 1, Kapitel 17. 1. Auflage. Boorberg Verlag, Stuttgart 1992.

Spornitz, U.: Anatomie und Physiologie. Lehrbuch und Atlas für Pflege- und Gesundheitsfachberufe. 4., vollständig überarbeitete Auflage. Springer Verlag, Heidelberg 2004.

Tietze, S. / Witthuhn, K.: Papillarleistenstruktur der menschlichen Handinnenfläche und Bestimmung des spurenverursachenden Papillarleistenbereichs bei Handflächenspuren. Polizei + Forschung, BKA-Schriftenreihe. 1. Auflage. Luchterhand Verlag, Neuwied [u.a.] 2001.

Walder, H.: Kriminalistisches Denken. 6., völlig überarbeitete Auflage. Kriminalistik-Verlag, Heidelberg 2002.

Weihmann, R.: Kriminalistik. Für Studium und Praxis. 8. Auflage. Verlag Deutsche Polizeiliteratur, Hilden 2005.

Weihmann, R.: Lehr- und Studienbriefe Kriminalistik / Kriminologie. Band 2, Kriminaltechnik I. 1. Auflage. Verlag Deutsche Polizeiliteratur, Hilden 2005 und Band 3, Kriminaltechnik II. 1. Auflage. Verlag Deutsche Polizeiliteratur, Hilden 2005.

Wieser, O. / Schöninger, C. (Übersetzer): Anatomie. Wunderwerk Mensch, Knochenbau, Muskulatur, Organe, Nervensysteme. Titel des italienischen Originals: Atlante de anatomia. Dt. Erstausgabe, Neuauflage. Kaiser Verlag, Klagenfurt 2002.

Zirk, W. / Vordermaier, G.: Einbruchdiebstahl und Beweisführung; Ermittlung, Fahndung, Dokumentation. Schriftenreihe Polizei aktuell. 1. Auflage. Boorberg Verlag, Stuttgart [u.a.] 2001.

Zirk, W. / Vordermaier, G.: Kriminaltechnik und Spurenkunde. Lehrbuch für Ausbildung und Praxis. FH-Schriftenreihe Polizei. 1. Auflage. Boorberg Verlag, Stuttgart, Weimar, Dresden [u.a.] 1998.

ohne Autor:

Regionales Fingerabdruckidentifizierungssystem „Dermalog". In: Kriminalistik 02/05, S. 102.

4 Der Ohrabdruck

4.1 Die Anatomie des menschlichen Ohrs

Grundsätzlich hat jeder Mensch zwei Ohren, die bei der Betrachtung durch den Laien ein gleichartiges Aussehen haben. Die äußerlich sichtbaren Bereiche der Ohren sind ein wesentlicher Teil des sich im Inneren des Schädels fortsetzenden Organs. Neben der Aufgabe des Hörens dient das Ohr auch als Gleichgewichtsorgan.

Eine besondere Bedeutung des Ohres für den Menschen lässt sich auch daraus ableiten, dass es für dieses Organ einen eigenen Facharztbereich gibt, den Hals-Nasen-Ohrenarzt. Das menschliche Ohr ist etwa vom vierten Lebensmonat an in seiner ursprünglichen Form ausgewachsen und verändert sich nur in der Größe angepasst an das Lebensalter. Dabei sind Veränderungen nicht berücksichtigt, die durch den Menschen verursacht werden, wie beispielsweise Löcher für Ohrringe oder eingesetzte Fremdkörper, wie es beim Piercen erfolgt.

Für den kriminaltechnischen Aspekt sind überwiegend die Flächen des so genannten äußeren Ohres von Bedeutung. Das äußere Ohr besteht aus der von einem Betrachter erkennbaren, überwiegend aus Knorpelmaterial zusammengehaltenen Ohrmuschel und dem äußeren Gehörgang. Dieser Teil des äußeren Ohrs ist mit einer glatten Hautschicht überzogen. Der bei einer stehenden Person in der Regel nach unten verlaufende und überwiegend nicht mit Knorpelgewebe durchsetzte Teil des Ohres wird als Ohrläppchen bezeichnet und enthält überwiegend Fettgewebe.

Aus dem medizinischen Arbeitsbereich sind die einzelnen Teile des äußeren Ohres mit einheitlichen Fachbegriffen belegt, die die am Kopf vorhandenen, erhabenen und tiefer liegenden Flächen des Ohres bezeichnen. So wird beispielsweise die teilweise zum Ohrmittelteil hin gebogene, knorpelartige Hautleiste, die den Ohrrand beginnend am Schädel im oberen Bereich des Ohres bis zum Ansatz des Ohrläppchens umgibt, als Außenleiste bezeichnet. Der im äußeren Ohrzentrum und oberhalb des Gehörgangs liegende halbrunde Teil des sichtbaren Ohrs hat die Bezeichnung Ohrmuschel. Der Bereich des Ohrknorpels, an dem die Verbindung zum Schädel vorhanden ist, wird beispielsweise als Ohrbasis bezeichnet. Weitere Bezeichnungen für einzelne äußere Bereiche des sichtbaren Ohrs sind vorhanden.

Die Ausprägung der erhabenen und tiefer liegenden Knorpelteile des Ohres ist bei den Menschen nicht gleichmäßig vorhanden. Unterschiede in der Ohrgröße und der Ausprägung einzelner Knorpel sind möglich. Bei einem erwachsenen Menschen kann die Ohrlänge durchaus bis zu etwa acht Zentimeter betragen.

Der Haarwuchs einzelner Haare im und am Ohr ist ebenfalls bei jedem Menschen unterschiedlich stark ausgeprägt. Insbesondere im Bereich des Zugangs zum Gehörgang sind beim Menschen verstärkt Haare festzustellen. Die Aufgabe dieser Haare besteht auch darin, Fremdkörper wie beispielsweise kleine Tierchen oder Staub von dem Eindringen in den Gehörgang abzuhalten und so die Gesundheit des Menschen zu schützen. Es ist möglich, dass aus dem Gehörgang Flüssigkeit oder trockene Substanz austritt, die als Ohrsekret bezeichnet wird. Dieses Material kann menschliches Zellmaterial enthalten, das für weiterführende kriminaltechnische Untersuchungen geeignet ist, beispielsweise für eine DNA-Bestimmung.

Die kriminaltechnisch wichtigen und für eine Identifizierung bedeutsamen anatomischen Bereiche des Ohres, ihre Beschaffenheit und Bedeutung für die polizeiliche Praxis, werden nur vereinzelt in Aus- und Fortbildungsveranstaltungen thematisiert.

4.2 Der Ohrabdruck am Tatort

Die Arbeitsweise von Straftätern ist verschieden und wird sich wiederholen, wenn eine oder mehrere Taten ohne Feststellung und Festnahme des Täters begangen worden sind. Der Straftäter ist sich seiner Sache sicher und glaubt auch bei zukünftig gleichartig begangenen Taten unentdeckt zu bleiben. Insbesondere im Bereich der Eigentumskriminalität bevorzugen die Diebe eine Tatzeit, bei der keine Bewohner in der Wohnung oder dem Haus angetroffen werden, um eine Identifizierung der eigenen Person zu verhindern. Gerade in einem Mehrfamilienhaus hat sich die Möglichkeit des Lauschens an der Wohnungstür als eine denkbare Prüfung für die Anwesenheit von Bewohnern durch den potenziellen Einbrecher herausgestellt. Es ist ein lautloses und je nach Köperhaltung auch unauffälliges Verhalten des Straftäters.

Die meisten Personen, die an der Tür lauschen verhalten sich so, dass sie den Kopf leicht nach vorne und zu der Körperseite hin neigen, auf der sie mit einem Ohr an der Tür lauschen möchten. Um eine optimale Geräuschwahrnehmung aus dem hinter der Tür liegenden Bereich zu erhalten, wird das Ohr in der Regel möglichst dicht und flächendeckend an die Tür gelegt. In manchen Fällen wird das Ohr dabei sogar mit einem etwas stärkeren Druck gegen Wand oder Tür gepresst. Bei diesem Vorgang kommt es zu einem Kontakt der Haut, die sich als äußerste Schicht über dem Knorpelgewebe des Ohrs befindet, und der Lauschoberfläche, beispielsweise der Tür. Dabei werden an der Ohrhaut befindliche Fremdsubstanzen ebenso auf die berührte Oberfläche übertragen wie auch eigene Absonderungen der Haut des Lauschers. Hierbei handelt es sich in der Regel um Substanzen, die aus vorhandenen Poren ausgeschieden werden.

Anders als beispielsweise an der Handinnenfläche, wo der Mensch mit einer Leistenhautschicht ausgestattet ist, verfügt das Ohr über eine Haut mit glatter Oberfläche, die als so genannte Felderhaut bezeichnet wird. Im Gegensatz zur Leistenhaut, die bei einer Berührung häufig ein linienförmiges Abbild hinterlässt, ist bei einem Kontakt der Felderhaut mit dem Untergrund nur eine überwiegend glatte Fläche in den Bereichen zu erkennen, wo es zu einer Berührung mit einem Untergrund gekommen ist. Häufig sind solche Kontaktstellen zwischen Ohrhaut und Untergrund sogar latent und für das menschliche Auge nicht ohne Hilfsmittel wahrnehmbar. In solchen Fällen muss eine Kontrastierung mit einem dafür geeigneten Mittel erfolgen, zum Beispiel Russpulver oder magnetisches Pulver.

Es ist durchaus denkbar, dass ein Lauscher nicht nur an einer Stelle der Tür oder der Wand das Ohr an der Oberfläche zum Hören angelegt hat. Insofern wird bei der Spurensuche an einem Tatort eine großflächige Spurensuche notwendig sein, um Ohrabdruckspuren festzustellen. Dabei kann die Auffindung einer Ohrabdruckspur in einer Höhe von etwa 0,80 Meter bis etwa 1,80 Meter durchaus als realistisch betrachtet werden. Bei der Feststellung von mehreren Ohrabdruckspuren sollte dabei nicht sofort angenommen werden, dass auch mehrere Personen an der Tür gelauscht haben. Es ist durchaus möglich, dass die lauschende Person den Standort und die Position an der Tür verändert hat, weil an anderer Stelle eine bessere Hörmöglichkeit angenommen wird. Dabei kann auch nicht ausgeschlossen werden, dass sich die lauschende Person in die Hocke oder eine tiefer gebückte Haltung begeben hat. Auch wenn nur Fragmente der äußeren Ohrform an der Tür oder der Wand zum Abdruck gekommen sind, sollte eine geeignete Dokumentation und Sicherung erfolgen. Über eine mögliche Auswertbarkeit einer Ohrdruckspur sollte keinesfalls im Rahmen der Tatortarbeit vor der Sicherung der Spur beraten werden. Dies sollte den dafür ausgebildeten Spezialisten überlassen bleiben. Sie werden die Prüfung der Auswertbarkeit der Ohrabdruckspuren in dafür vorgesehenen und entsprechend ausgestatteten Untersuchungsräumen mit Einbeziehung optimaler Beleuchtungsmöglichkeiten und optischer Hilfsmittel vornehmen.

Ein Sachverhalt aus der Praxis verdeutlicht beispielhaft die Tatbegehung von Tätern unter dem Aspekt von Ohrabdruckspuren:

Der 17-jährige K. lebt mit seinen Eltern und Geschwistern am Rande einer Großstadt. Nach dem erfolgreichen Abschluss der Hauptschule besucht er eine weiterführende Schule. Um sein Taschengeld aufzubessern, hat er sich mit seinen gleichaltrigen Klassenkameraden C. und P. darauf spezialisiert, nach dem Schulbesuch Wohnungen in anderen Stadtteilen aufzubrechen und Geld sowie leicht transportierbare Wertgegenstände zu entwenden. Zu diesem Zweck betreten die Jugendlichen nur Wohnhäuser, bei denen die Haustüren unverschlossen sind. Dadurch wird ein freier Zugang in das Treppenhaus ermöglicht. In den meisten Fällen bleibt einer der Jugendlichen im Treppenhaus im Erdgeschoss stehen, um bei einer möglichen Entdeckung durch Hausbewohner die beiden Komplizen frühzeitig durch Husten, Lachen und lautes Reden zu warnen. Die beiden anderen Täter begeben sich zu der Wohnung, die im obersten Geschoss des Hauses liegt. Hier hören beide an der Wohnungstür, um mögliche Geräusche in dem dahinter liegenden Bereich wahrzunehmen. Während eine der beiden Personen lauscht, beobachtet die andere Person den umliegenden Bereich des Treppenhauses, um im Falle einer Überraschung durch andere Hausbewohner den an der Tür Horchenden sofort zu warnen. Nach dieser Vorgehensweise führen die drei Jugendlichen auch am heutigen Tag eine gleichartige Straftat in einem anderen Stadtteil aus. Sie betreten ein Mehrfamilienhaus. C. bleibt in der Nähe der Hauseingangstür stehen. K. und P. gehen im Treppenhaus nach oben. In der zweiten Etage befindet sich eine Wohnung. K. und P. bleiben dort stehen.

Um alle Bereiche der Treppenhausumgebung zu beobachten, stehen sich die beiden Personen dort gegenüber. Bei dem wechselseitigen Lauschen hört eine der beiden Personen mit dem linken Ohr mehr an der linken Türseitenfläche, während die andere Person mit dem rechten Ohr mehr an der rechten Türseitenfläche hört. Bei manchen Einbrüchen hatte sich der K. direkt vor die Tür gehockt, so als wenn er sich den Schuh zubinden wollte und dann in dieser Stellung an der Tür gehorcht. Im Falle einer Entdeckung wäre diese Haltung nachvollziehbar für ein Schließen der Schnürsenkel und würde keinen Verdacht erregen. Auch heute hört K in dieser Stellung an der Wohnungstür. Erst als nach längerer Zeit keine Geräusche aus der Wohnung zu hören sind, öffnet P. die Tür mit Hilfe eines Schraubendrehers und eines Brecheisens. Die anschließende Durchsuchung der Wohnung wird von einem der beiden Täter durchgeführt, während der andere Jugendliche vor der Wohnungstür bleibt, um zu warnen, wenn sich Bewohner des Hauses überraschend nähern. Nach wenigen Minuten verlassen alle drei Personen das Haus mit der Beute. Da es sich nicht um sperrige Beutestücke handelt und die drei Personen auch keine Taschen oder Beutel bei sich tragen, haben sie bisher keinen Verdacht erregt.

Bei einem weiteren Einbruchsdelikt am selben Tag werden die drei Jugendlichen durch einen Hausbewohner beim Verlassen des Hauses beobachtet. Im Rahmen einer anschließenden Fahndung durch die Polizei werden die drei Personen anhand der Beschreibung durch den Hausbewohner an einer nahe gelegenen Bushaltestelle angetroffen und festgenommen. Sie bestreiten, die Straftat begangen zu haben.

4.2.1 Die Suche nach und Sicherung von Ohrabdruckspuren

Im Rahmen der Spurensuche nach Ohrabdruckspuren sollte durch die eingesetzten Spurensicherungsmitarbeiter sorgfältig und gründlich gearbeitet werden. Der Spurensicherer wird sowohl den Zugangsbereich des Tatortes als auch mögliche Lauschplätze, wie beispielsweise ein Fenster oder eine zur Tatzeit abgesenkte Jalousie bei der Spurensuche, berücksichtigen. In einigen Fällen sind Ohrabdruckspuren bereits bei Betrachtung in einem seitlichen Winkel zur Abdruckspur erkennbar, in anderen Fällen hilft auch ein Beleuchten mit einer mobilen Leuchtquelle im Schräglicht, um eine Ohrabdruckspur zu erkennen.

Nach der Feststellung der Spur sollte geprüft werden, ob eine fotografische Dokumentation der Ohrabdruckspur ohne weitere Bearbeitung möglich ist oder ob weitere Maßnahmen zum besseren optischen Erkennen der Ohrabdruckspur getroffen werden müssen. Dies könnte beispielsweise durch den Einsatz von Einstaubmitteln geschehen, die sich an die Ablagerungen der Abdruckspur binden und die zuvor latente Ohrabdruckspur dadurch kontrastieren und für das menschliche Auge erkennbar machen.

Vor einer Sicherung der einzelnen Ohrabdruckspur sollte der Umgebungsbereich weiträumig nach weiteren Ohrabdruckspuren oder möglichen daktyloskopischen Spuren abgesucht werden. Es kann nicht ausgeschlossen werden, dass der Lauscher sich mit den Handflächen oder den Fingergliedern abgestützt hat und dabei auch daktyloskopische Spuren gelegt hat, wenn die Hände unbekleidet waren. Erst wenn der mögliche Spurenbereich weiträumig, gründlich abgesucht ist, sollte mit der eigentlichen Dokumentation und Sicherung begonnen werden.

Bezogen auf das hier genannte Beispiel bedeutet es, dass die gesamte Fläche der zum Hausflur hin liegenden Türseite nach Ohrabdruckspuren und daktyloskopischen Spuren abgesucht wird, möglicherweise auch unter Zuhilfenahme von Einstaubmitteln. Werden dabei Ohrabdruckspuren erkannt, sollte die Spurensicherung weiter fortgesetzt werden. Hierzu ist zunächst eine fotografische Dokumentation erforderlich, die einerseits mit einem verfügbaren Maßstab aufgenommen wird. Andererseits ist es erforderlich, dass die topografische Lage der Spur dabei in der Form und Lage der Auffindung fotografiert wird. Wichtig ist auch die Erfassung der Höhe der Spurenlage. Idealerweise wird diese vom begehbaren Boden aus bis zur Mitte des erkennbaren Abdruckes der Hörmuschel gemessen. Diese Aufnahmen sollen einmal die Gesamtsituation zeigen und in Detailaufnahmen den eigentlichen Ohrabdruck dokumentieren.

Eine Skizze der Auffindesituation wird die Dokumentation ebenso ergänzen wie eine Beschreibung dieser Feststellung in den Ermittlungsunterlagen. Dadurch wird für das spätere Strafverfahren der Fotograf und Zeichner sowie der Zeitpunkt der Spurensicherung nachvollziehbar erkennbar sein. Dies ist eine wesentliche Grundvoraussetzung für eine mögliche Identifizierung. Je besser die Spurensicherungsarbeit geleistet wird, umso größer sind die Chancen für eine auswertbare Spurenuntersuchung.

Wenn mehrere Ohrabdruckspuren in unterschiedlicher Höhe an der Tür festgestellt werden, sind zunächst alle Spuren sichtbar zu machen und an der Tür zu markieren. Eine Vergabe von so genannten Spurennummern für jede einzelne Ohrabdruckspur erleichtert später eine mögliche Rekonstruktion oder den Nachweis, welche Person an welcher Stelle der Tür gelauscht hat.

Nach dieser Spurensicherungstätigkeit, die in Ruhe und ohne Eile durchgeführt wird, erfolgt die eigentliche Sicherung der Spur. Dies geschieht mit Hilfe der aus dem Bereich der Daktyloskopie bekannten Spurensicherungsfolie. Diese wird in der erforderlichen Breite über die Ohrabdruckspur gelegt und dann fest, blasenfrei und ohne Falten in der Folie auf die Spur aufgedrückt. Eine anschließende Markierung des Messpunktes, der Messrichtung zum Boden und zur seitlichen Begrenzung der Türfläche auf der Skizzenseite der Tatortspurenkarte dokumentiert wichtige Informationen für die spätere Auswertung. Anschließend wird die Folie von einer Seite abgezogen und auf die Rückseite einer dafür vorgesehenen Tatortspurenkarte aufgeklebt.

Die üblichen Angaben, wie beispielsweise Hinweise zum Spurensicherer, Tag, Uhrzeit und Ort der Sicherung werden ebenso eingetragen, wie das festgestellte Delikt. Zusammen mit einem Ermittlungs- oder Spurensicherungsbericht wird die so gesicherte Spur im weiteren Ermittlungsverfahren an die nächste zuständige Auswertungsstelle für Ohrabdruckspuren geschickt.

4.2.2 Untersuchungsstellen für Ohrabdruckspuren

Im Bereich der deutschen Polizei gibt es grundsätzlich keine in allen Polizeibehörden gleichartige und verbindliche Einrichtung für die Untersuchung und Bewertung von Tatort-Ohrabdruckspuren. Vereinzelt werden bei einigen Polizeibehörden spezielle Tatort-Ohrabdruckspurensammlungen geführt und für Auswertungszwecke genutzt. Beispielsweise bei der Polizeibehörde Köln wird seit mehr als zehn Jahren eine Tatort-Ohrabdruckspurensammlung geführt und für vergleichende Untersuchungen herangezogen.

Einen speziell für diese Aufgabe polizeilich ausgebildeten Sachverständigen für die Ohrabdruckspur gibt es nicht. Die Landeskriminalämter verfügen nur zum Teil über Spezialisten, die für dieses besondere Aufgabengebiet ausgebildet sind. Das Bundeskriminalamt hat in seinem Zuständigkeitsbereich eine Personenidentifizierungszentrale eingerichtet. Hier werden auch anthropologische Gutachten erstellt. Dabei werden unter anderem die Erscheinungsformen von Ohren und Ohrabdruckspuren von ausgebildeten Spezialisten betrachtet und in die vergleichenden Untersuchungen mit einbezogen.

Bei den Polizeibehörden wird die Auswertung in der Regel von Sachverständigen für Daktyloskopie durchgeführt, soweit dort bei einem Sachverständigen für den Bereich Ohrabdruckspur zumindest eine Grundkenntnis des Themas vorhanden ist. Die erforderlichen Informationen erlangt der Sachverständige für Daktyloskopie durch ein Selbststudium der für dieses Thema vorhandenen Literatur. Außerdem sind die ständige Verbindung mit anderen Personen, die bereits Gutachten zu dem Aufgabengebiet Tatort-Ohrabdruckspuren erstellt haben und die intensive, permanente Arbeit mit Tatort-Ohrabdruckspuren hilfreich.

Ist in der Polizeibehörde keine für diesen Zweck ausgebildete Person vorhanden, werden die gesicherten Tatort-Ohrabdruckspuren an die nächste Polizeibehörde versandt, die über ausgebildete Fachkräfte für dieses Gebiet verfügt. Eine weitere Möglichkeit bieten verschiedene Universitäten, die Spezialisten aus dem Bereich der Anthropologie beschäftigen. So verfügt beispielsweise die Johann Wolfgang von Goethe Universität Frankfurt über eine derartige Einrichtung. Je nach zeitlicher Verfügbarkeit werden von den dort tätigen Wissenschaftlern auf Anforderung der Staatsanwaltschaft oder des Ermittlungssachbearbeiters auch Gutachten zu Tatort-Ohrabdruckspuren erstellt und vor Gericht vertreten.

Schließlich gibt es noch die Möglichkeit, Spezialisten im benachbarten Ausland anzusprechen. Beispielsweise werden Tatort-Ohrabdruckspuren durch das Dutch National Police Selection and Training Institute / College for Criminal Investigation and Crime Control auf Antrag untersucht und begutachtet. Bei der Inanspruchnahme durch eine deutsche Ermittlungsstelle sollte zuvor die rechtliche Akzeptanz des beantragten Gutachtens geprüft werden. Die Entscheidung über die Beantragung eines Gutachtens sollte bei einer nichtdeutschen Untersuchungsstelle der Staatsanwaltschaft vorbehalten bleiben. Trotz der an vielen Tatorten festgestellten und gesicherten Tatort-Ohrabdruckspuren, die in späteren Strafverfahren zu rechtskräftigen Verurteilungen von Angeklagten führten, ist die Akzeptanz bis heute noch nicht so groß, wie beispielsweise bei der Tatort-Fingerspur als Beweismittel. Wünschenswert wäre eine intensive polizeiliche Ausbildung für den Bereich der Tatort-Ohrabdrucksammlung und deren Auswertung.

Die im Beispielsachverhalt genannten Tatort-Ohrabdruckspuren, die an der Eingangstür der Wohnung gesichert worden sind, werden zunächst an die kriminaltechnische Untersuchungsstelle der zuständigen Polizeibehörde geschickt, um von dort nach Möglichkeit Angaben zur Auswertbarkeit dieser Spuren zu erhalten.

4.2.3 Der Untersuchungsantrag

Im Rahmen eines polizeilichen Ermittlungsverfahrens wird die am Tatort gesicherte Ohrabdruckspur grundsätzlich zusammen mit einem Spurensicherungsbericht und einer Strafanzeige an den zuständigen Sachbearbeiter für das zugrunde liegende Delikt gesandt. Dabei ergibt sich durch die Lage des Tatortes die Zuständigkeit der Polizei und der Staatsanwaltschaft.

In dem hier genannten Sachverhalt handelt es sich um einen Wohnungseinbruchsdiebstahl, der in vielen Polizeibehörden von einer dezentral eingesetzten Organisationseinheit der Polizei bearbeitet wird, wie beispielsweise einer Polizeiinspektion. Der Sachbearbeiter wird alle am Tatort gesicherten und für eine Beweisführung geeigneten Spuren in der vorliegenden Form betrachten und dann die Spuren heraussuchen, deren Beweiswert in diesem Ermittlungsverfahren besonders groß ist.

Wenn im vorliegenden Sachverhalt unterstellt wird, dass K., C. und P. bereits als tatverdächtige Personen von einem Hinweisgeber genannt worden sind, wird der Sachbearbeiter auch die Tatort-Ohrabdruckspuren an die Auswertungsstelle seiner Polizeibehörde schicken, um von dort zu erfahren, ob diese Spuren für das weitere Ermittlungsverfahren für eine Identifizierung der tatverdächtigen Personen geeignet sind. Zu diesem Zweck wird der Sachbearbeiter einen formatierten oder frei formulierten Untersuchungsantrag erstellen. Dazu werden die in jedem Untersuchungsantrag grundsätzlich erforderlichen allgemeinen Angaben genannt. Es handelt sich dabei beispielsweise um Angaben betreffend Straftat, Tatort, Tatzeit, tatverdächtige Personen, Geschädigte, Zeit und Ort der Spurensicherung, Person, die die Spurensicherung am Tatort durchgeführt hat und den Hinweis, ob die mit dem Untersuchungsantrag übersandte Spur bei der weiterführenden Arbeit des Sachverständigen beschädigt werden darf oder nicht. Anschließend wird der Sachbearbeiter eine Kurzdarstellung des Sachverhalts im Untersuchungsantrag formulieren, damit die beauftragten Personen einen Eindruck von der Tatortsituation erhalten. Als Ergänzung zum Antrag ist es empfehlenswert, wenn eine Kopie des Spurensicherungsberichtes und Fotoaufnahmen der gesicherten Tatort-Ohrabdruckspuren mit übersandt werden.

Ein wichtiger Teil des Untersuchungsantrages ist die Formulierung des Untersuchungsauftrages. Hier wird der Sachbearbeiter konkret darstellen, was durch die Untersuchung erreicht werden soll. Ein Hinweis auf die Anwendung bestimmter Untersuchungsmethoden und -mittel soll unterbleiben, weil sonst die Arbeitsmöglichkeit des Sachverständigen eingeschränkt wird. Der Auftrag ist so konkret zu formulieren, dass die mit der Untersuchung beauftragten Personen direkt und ohne Fragen erkennen, was erwartet wird.

Für den vorliegenden Sachverhalt könnte der Untersuchungsauftrag lauten: Es wird um Untersuchung der übersandten Tatort-Ohrabdruckspuren gebeten, um feststellen, ob es sich dabei um Ohrabdruckspuren von einer Person oder von verschiedenen Personen handelt. Außerdem soll festgestellt werden, ob die übersandten Spuren für eine spätere Ohrabdruck-Vergleichsuntersuchung geeignet sind, die möglicherweise zur Identifizierung des oder der Verursacher/s der Tatort-Ohrabdruckspuren führen können.

Wenn der Sachbearbeiter Angaben zur möglichen Körpergröße des oder der Lauscher/s wünscht, ist dieser Untersuchungswunsch hier zu benennen. Dabei ist zu berücksichtigen, dass eine exakte Angabe zur Größe des Lauschers von der Untersuchungsstelle nicht genannt werden kann, weil die Kopf- und Körperhaltung der Person nicht bekannt ist. Sofern in der hier zuständigen Polizeibehörde eine Tatort-Ohrabdruckspurensammlung geführt wird, wird der Untersuchungsantrag weiter ergänzt: Sind die übersandten Tatort-Ohrabdruckspuren für eine vergleichende Untersuchung brauchbar, wird um einen Vergleich der für eine Identifizierung geeigneten übersandten Tatort-Ohrabdruckspuren mit den in der Tatort-Ohrabdruckspurensammlung vorhandenen Spuren gebeten. Diese Untersuchung dient der Feststellung, ob Tatzusammenhänge mit anderen Straftaten feststellbar sind.

Der zuständige Sachbearbeiter für den polizeilichen Ermittlungsbereich ergänzt den Untersuchungsantrag weiter, indem er nach Abschluss der kriminaltechnischen Untersuchung um Aufnahme der Tatort-Ohrabdruckspuren in die gleichnamige Sammlung der Polizeibehörde bittet. Diese Information im Untersuchungsbereich verdeutlicht allen Personen, die am weiteren Verfahren der Ermittlungen und der gerichtlichen Prozessführung beteiligt sind, dass es auch zu einem späteren Zeitpunkt zu einer Identifizierung des oder der Spurenleger kommen kann, falls diese/r im Rahmen der Untersuchung bisher nicht ermittelt worden ist/sind. Abschließend sollte der Untersuchungsantrag durch den zuständigen Sachbearbeiter persönlich unterschrieben werden, damit für jeden Leser der Ermittlungsakte erkennbar ist, wer vorliegend welchen Auftrag mit welcher Ermittlungszielrichtung gegeben hat.

4.3 Der Ohrabdruck als Teil der erkennungsdienstlichen Behandlung

Die erkennungsdienstliche Behandlung ist in den Rechtsvorschriften des Bundes und der Länder für den präventiven und repressiven Bereich geregelt. Die Aufnahme und Erfassung von Ohrabdrücken ist dabei nicht wörtlich genannt, kann jedoch aus einzelnen Rechtsnormen abgeleitet werden. Wenn beispielsweise der § 81b StPO den Begriff der „Messungen und ähnlichen Maßnahmen" nennt, sind damit auch Ohrabdrücke gemeint, die nach dieser Norm für das aktuelle Ermittlungsverfahren von tatverdächtigen Personen genommen werden können. Dies könnte beispielsweise dann der Fall sein, wenn ein Vergleich mit einer Tatort-Ohrabdruckspur beabsichtigt ist. Der Wortlaut dieser Norm beinhaltet weiter die Aussage „...für die Zwecke des Erkennungsdienstes..." und erfasst damit auch, dass für zukünftige mögliche Straftaten Ohrabdrücke im Rahmen der erkennungsdienstlichen Behandlung genommen und in einer dafür vorgesehenen Sammlung erfasst werden können, wenn alle weiteren Ausführungen dieser Norm erfüllt sind. Eine Vertiefung und Prüfung der möglichen weiteren Rechtsnormen bleibt dem einzelnen Sachbearbeiter vorbehalten.

Rechtsgrundlage für die erkennungsdienstliche Behandlung der Personen K., C. und P. ist § 81b StPO, 1. Alternative – für die Durchführung des Strafverfahrens. Diese Norm wird der Sachbearbeiter auch in dem Antrag für die erkennungsdienstliche Behandlung nennen, um damit für alle mit diesem Vorgang befassten Personen die Rechtsgrundlage für die Durchführung der Maßnahme transparent zu gestalten. Außerdem wird er hier vermerken, welche erkennungsdienstlichen Maßnahmen konkret durchzuführen sind, wie im vorliegenden Fall beispielsweise die Abnahme von Vergleichsohrabdrücken. Es wird weiter zu prüfen sein, ob hier auch die Voraussetzung der zweiten Alternative des § 81b StPO vorliegt. Dafür müsste für die drei Personen eine negative Kriminalitätsprognose gestellt werden. Wenn eine negative Kriminalitätsprognose vorliegt, dann ist im Hinblick auf die Ohrabdrücke der drei Personen auch eine längere Aufbewahrung und Auswertung mit zukünftig gesicherten Ohrabdruckspuren zulässig.

Die praktische Abnahme der Abdrücke der Ohren ist bisher für den polizeilichen Bereich nicht verbindlich, schriftlich fixiert. Die Durchführung der Maßnahme ist mit großer Sorgfalt vorzunehmen, weil das dabei hergestellte erkennungsdienstliche Material in Form von Vergleichsohrabdrücken Grundlage für die folgende kriminaltechnische Arbeit sein wird.

Von K., C. und P. werden nach dem vorgelegten Antrag auf erkennungsdienstliche Behandlung Ohrabdrücke genommen. In den meisten Polizeibehörden erfolgt die Durchführung dieser Maßnahme durch Dienststellen mit kriminaltechnischer Aufgabenstellung.

Eine in der Polizeibehörde Köln praktizierte und mit Erfolg angewandte Durchführungsform soll hier vorgestellt werden. Danach werden die Ohren der erkennungsdienstlich zu behandelnden Personen zunächst unter Anlegung einer Maßeinheit so fotografiert, dass das aufgenommene Ohr vollständig auf dem später herzustellenden Bild zu sehen sein wird. In einem weiteren Schritt wird die Person gebeten, nacheinander die Ohren auf eine glatte Fläche zu drücken, beispielsweise an eine lackierte Tür. Dieser Vorgang soll mehrfach wiederholt werden, wobei der Ohrdruck dabei verschieden stark ausgeübt wird. Beginnend mit einem nur leichten Druck soll das Ohr an die Tür gepresst werden, dann ein weiteres Mal mit einem etwas stärkeren Druck und schließlich ein drittes Mal mit einem starken Druck. Dabei wird darauf geachtet, dass die Kopfhaltung und damit die Ohrneigung etwa den gleichen Winkel zur Körperlängsachse hat, wie der Tatort-Ohrabdruck, der bei der Vergleichs-Ohrabdrucknahme später für die weitere kriminalpolizeiliche Tätigkeit genutzt wird.

Handelt es sich bei der erkennungsdienstlich zu behandelnden Person um einen Brillenträger, sollte der Vorgang einmal mit Brille und einmal ohne Brille durchgeführt werden. Zur Verbesserung des späteren Sichtbarmachens der Abdrücke der Ohren können diese vor Beginn der Maßnahme mit einer transparenten Creme sehr dünn eingerieben werden. Die Sicherung dieser drei Ohrabdrücke erfolgt dann wie bei einer Tatort-Ohrabdruckspur. Die Höhe der Spur wird an dem Spurenträger markiert und notiert. Dann erfolgt ein Einstauben des Ohrabdruckes, um diesen besser erkennen zu können. Schließlich wird der Ohrabdruck mit einer Spurensicherungsfolie blasenfrei überklebt. Die Folie wird dann abgezogen und auf einen dafür vorgesehenen Untergrund – beispielsweise eine Tatortspurenkarte – wiederum blasenfrei und ohne Falten in der Folie aufgeklebt.

Es bietet sich an, mehrere verschiedene Abdrücke mit jedem Ohr durchzuführen und diese auch zu sichern, damit für die spätere Vergleichsuntersuchung genügend brauchbares erkennungsdienstliches Material vorhanden ist. Anschließend sollen mit Hilfe eines mobilen Spiegels oder einer tragbaren Glasscheibe weitere Ohrabdrücke genommen werden. Dazu wird der Spiegel an das Ohr der Person gedrückt und wieder zurückgenommen. Der jetzt vorhandene Ohrabdruck wird mit einem Adhäsionsmittel eingestaubt, mit einer Spurensicherungsfolie blasen- und faltenfrei überklebt, dann abgezogen und auf einen dafür vorgesehenen Untergrund aufgeklebt. Auch bei diesem Vorgang ist ein dünnes Auftragen von Creme im Ohrbereich denkbar, um den Ohrabdruck besser mit Adhäsionsmittel kontrastieren zu können.

In einem weiteren Arbeitsschritt werden die Ohren mit einer für die Haut verträglichen Farbe eingefärbt. Hierzu eignet sich zum Beispiel schwarze Druckerfarbe, wie sie üblicherweise bei der herkömmlichen erkennungsdienstlichen Behandlung zum Einschwärzen der Finger- und Handflächenbereiche genutzt wird. Anschließend wird mit Hilfe einer Tatortspurenkarte oder einer anderen geeigneten, unbeschrifteten Papieroberfläche der Ohrabdruck auf diese Fläche gedrückt. Dieser Vorgang wird mehrfach wiederholt, um ausreichend Material für die weitere Vergleichsbearbeitung zu erhalten. Auch bei diesem Vorgang der Ohrabdrucknahme wird mit unterschiedlichem Druck gearbeitet. Ist ein Ohr oder sind beide Ohren mit einem oder mehreren Schmuckstücken ausgestattet, so werden mehrere Abdrücke mit und ohne Schmuck durchgeführt, wenn dieser ohne Schwierigkeiten entfernt werden kann. Die so erhaltenen Unterlagen mit den Ohrabdrücken sind in geeigneter Form zu beschriften. Außerdem kann zur zweifelsfreien Zuordnung und Identifizierung noch der Abdruck des Zeigefingers der rechten Hand der Person auf einer der Tatortspurenkarte mit dem Ohrabdruck abgerollt werden von der dieser Ohrabdruck genommen wurde. Dabei ist zu berücksichtigen, dass auch die jetzt vorhandenen Vergleichsabdrücke der Ohren Gegenstand eines gerichtlichen Verfahrens sein können. Das Datum der erkennungsdienstlichen Behandlung ist hierbei ebenso auf den erkennungsdienstlichen Unterlagen zu vermerken, wie der Name der durchführenden Person. Der Name der erkennungsdienstlich behandelten Person wird ebenfalls genannt. Das so erhaltene erkennungsdienstliche Material wird nach der Prüfung auf Brauchbarkeit an den zuständigen Sachbearbeiter weitergesandt.

Im vorliegenden Fall wird der Sachbearbeiter das erkennungsdienstliche Material – Ohrabdrücke von K., C. und P. – und die am Tatort gesicherten Ohrabdruckspuren mit einem Untersuchungsantrag an die kriminaltechnische Auswertungsstelle schicken, um auf diesem Weg im Rahmen einer Vergleichsuntersuchung den Ohrabdruckspurenleger zu identifizieren.

4.4 Auswertungsmöglichkeiten von Ohrabdruckspuren

Der mit der Auswertung beauftragte Sachverständige wird sich zunächst die übersandten Tatort-Ohrabdruckspuren betrachten. Dabei ist zu beobachten, ob der gesamte Bereich des Ohres zum Abdruck gekommen ist, oder nur Fragmente des Ohrabdruckes zu erkennen sind. Weiterhin wird darauf geachtet, ob Auffälligkeiten in dem Abdruck erkennbar sind, wie beispielsweise Fragmente von Abdrücken der Ohren, von Ohrringen oder Hinweise auf gepiercte Bereiche. Dies könnte im Rahmen einer Vergleichsuntersuchung eher zu einer Identifizierung führen, wenn bei dem Vergleichsohrabdruck gleichartige Erscheinungen erkennbar sind.

Eine Vermessung und Beschreibung der sichtbaren, erkennbar zum Abdruck gekommenen Teile des Ohrabdruckes ergänzen diese Arbeitsschritte. Dabei werden die durch den Ohrabdruck sichtbaren Bereiche nach den erkennbaren, zum Abdruck gekommenen Flächen bewertet. Häufig sichtbare Abdruckbereiche werden dabei anders gewertet als beispielsweise solche Abdruckflächen der Ohrabdruckspur, die nur selten zum Abdruck kommen. Nach Abschluss dieser Bewertungsbetrachtung ist der Sachverständige zu einem Ergebnis kommen, das von der Bewertung nicht auswertbar bis hin zur Aussage für eine Identifizierungsuntersuchung geeignet lauten kann. Dieses Ergebnis ist dem Sachbearbeiter schriftlich mitzuteilen und wird dadurch zum Gegenstand der Ermittlungsakte. Wenn im vorliegenden Beispielsachverhalt anzunehmen ist, dass die am Tatort gesicherten Ohrabdruckspuren für eine Vergleichsuntersuchung geeignet sind, wird vom Sachbearbeiter ein Vergleichsuntersuchungsantrag gestellt.

4.5 Das Gutachten

Die Gutachtenerstellung wird von dem beauftragten Sachverständigen der kriminaltechnischen Untersuchungsstelle der Polizeibehörde oder einem Anthropologen durchgeführt. Im Gutachten ist zunächst der Auftrag des Sachbearbeiters als Grundlage der Tätigkeit des Sachverständigen zu wiederholen. Im hier genannten Sachverhalt handelt es sich dabei um den Vergleich der am Tatort gesicherten Ohrabdruckspuren mit den zwischenzeitlich hergestellten Vergleichsabdrücken der Ohren der Personen K., C. und P.

In einem weiteren Teil des Gutachtens werden die am Tatort gesicherten Ohrabdruckspuren einzeln genannt. In gleicher Weise werden die für Zwecke des Vergleichs aufgenommenen Abdrücke der Ohren erwähnt. Es folgt eine Aussage zur Auswertbarkeit und Qualität des vorliegenden Untersuchungsmaterials, daran schließt sich eine Darstellung der durchgeführten Untersuchung an. Hier beschreibt der Sachverständige die an der Tatort-Ohrabdruckspur und dem jeweils vorliegenden Ohrvergleichsabdruck festgestellte identische Erscheinungsform. Parallel dazu erstellt der Sachverständige einen Bildteil zum Gutachten. In diesem Teil des Gutachtens wird er eine Abdruckspur vom Tatort und einen Ohrvergleichsabdruck von einem der Tatverdächtigen gegenüberstellen und die identischen Bereiche beider Abbildungen markieren. Dadurch verdeutlicht sich auch einem wenig sachkundigen Betrachter, worauf der Gutachter das Ergebnis seiner Untersuchung bezieht. Diese abschließende Aussage wird in dem schriftlichen Teil des Gutachtens dargestellt.

Der Sachverständige trifft dabei eine Wahrscheinlichkeitsaussage, die sich auf festgestellte Übereinstimmungen zwischen der Tatort-Ohrabdruckspur und Vergleichs-Ohrabdruckspur bezieht. Die Aussage zum Ergebnis des Gutachtens kann beispielsweise einen Ausschluss nennen, dass die Person, von der der Vergleichsabdruck genommen wurde, als Spurenleger der am Tatort gesicherten Ohrabdruckspur ausgeschlossen werden kann. Bei vielen Übereinstimmungen ist eine Aussage denkbar, die den K., P. oder C. als Spurenleger der Tatort-Ohrabdruckspur identifiziert. Die Aussage könnte lauten, dass der Vergleichsohrabdruck, der von der Person K. genommen worden ist, mit an Sicherheit grenzender Wahrscheinlichkeit der Tatort-Ohrabdruckspur 1 zugeordnet werden kann. Denkbar sind auch abgeschwächte Aussagen, die möglicherweise den Hinweis enthalten, dass nicht ausgeschlossen werden kann, dass der Vergleichsohrabdruck der Person K. wahrscheinlich der Tatort-Ohrabdruckspur zugeordnet werden kann. Der Sachverständige leitet das Gutachten nach Fertigstellung an den Sachbearbeiter weiter, damit es dort dem Ermittlungsvorgang beigefügt und im Rahmen einer späteren Gerichtsverhandlung als Sachbeweis eingebracht werden kann.

Soweit erforderlich und von dem zuständigen Gericht gewünscht, wird der Gutachter das Ergebnis in einer Gerichtsverhandlung vertreten. Die Akzeptanz von Ohrabdruckspuren im Rahmen der gerichtlichen Beweisführung ist in zunehmendem Maße vorhanden, wie rechtskräftige Verurteilungen auf der Grundlage einer solchen Beweissituation zeigen.

Weiterführende Literatur:

Beleke, N. (Hrsg.): Kriminalisten-Fachbuch – Kriminalistische Kompetenz. Eine Verbindung aus Kriminalwissenschaft, kommentiertem Recht und Kriminaltaktik für Studium und Praxis. Loseblattwerk in 2 Ordnern, Stand: 2000. Schmidt-Römhild Verlag, Lübeck 2000.

Bürgin, C.: Verräterische Täter-Ohren. In: Kriminalistik 05/97, S. 369.

Burghard, W. / Hamacher, H. W. / Herold, H. / Howorka, H. / Kube, E. / Schreiber, M. / Stümper, A. (Hrsg.): Kriminalistik Lexikon. 3., völlig neu bearbeitete und erweiterte Auflage. Kriminalistik-Verlag, Heidelberg 1996.

Händel, K.: Streiflichter-Bericht zur 61. Jahrestagung der Deutschen Gesellschaft für Rechtsmedizin. In: Kriminalistik: 01/83, S. 53.

Heindl, R.: System und Praxis der Daktyloskopie und der sonstigen technischen Methoden der Kriminalpolizei. 3., neu bearbeitete und vermehrte Auflage. de Gruyter Verlag, Berlin 1927.

Hirschi, F.: Identifizierung von Ohrabdrücken. In: Kriminalistik 02/70, S. 75.

Jung, W.: Über das Ohr zum Täter. Identifizierung durch Ohrabdrücke. In: Kriminalistik 10/84, S. 482.

Kommission KWT/ED der AG Kripo / Projektgruppe „Anleitung Tatortarbeit - Spuren" (Hrsg.): Anleitung „Tatortarbeit-Spuren" (Ehemaliger Leitfaden der Polizei 385 Tatortarbeit-Spuren). Eingestellt im Intranet der Polizei NRW, Ordner „Kriminalität". Innenministerium NRW, Düsseldorf 2003.

Oepen, I.: Moderne Personen- und Spurenlegeridentifizierung. Der Identifizierungswert des menschlichen Ohres. Protokoll zur Arbeitstagung an der Polizeiführungsakademie in Münster vom 13.-15.10.1976.

Schott, C. / Peschke, M.: Hand und Kopf. Neuere anthropologische Untersuchungen zur Identifizierung von Personen. In: Kriminalistik 04/89, S. 205.

Vogel, G. / Angermann, H.: dtv-Atlas zur Biologie. Band 2. 1. Auflage. Deutscher Taschenbuchverlag, München 1981.

Walder, H.: Kriminalistisches Denken. 6., völlig überarbeitete Auflage. Kriminalistik-Verlag, Heidelberg 2002.

Weihmann, R.: Lehr- und Studienbriefe Kriminalistik / Kriminologie. Band 2, Kriminaltechnik I. 1. Auflage. Verlag Deutsche Polizeiliteratur, Hilden 2005 und Band 3, Kriminaltechnik II. 1. Auflage. Verlag Deutsche Polizeiliteratur, Hilden 2005.

Wigger, E.: Kriminaltechnik – Leitfaden für den Kriminalisten. BKA-Schriftenreihe, Band 50. 1. Auflage. Bundeskriminalamt, Wiesbaden 1980.

Wissenschaftlicher Rat der Dudenredaktion (Hrsg.): Duden – Bildwörterbuch der deutschen Sprache. Der Duden in 12 Bänden, Band 3. 5. Auflage. Dudenverlag, Mannheim [u. a.] 2000.

5 Das Gebiss

5.1 Die Zähne des Menschen von der Geburt bis zum Tod

Ähnlich wie bei den Papillarleisten der Haut an der Handinnenseite und der Fußunterseite, die sich bereits vom dritten Embryonalmonat an bilden, werden noch während der Embryonalphase die Voraussetzungen sowohl für die Milchzähne als auch für die bleibenden Zähne geschaffen.

Während ein junger Mensch heranwächst entwickeln sich zunächst die ersten Zähne, auch Milchzähne genannt, etwa vom sechsten Lebensmonat an. Hierbei handelt es sich in der Regel um zwanzig Zähne, die sich gleichmäßig auf den Ober- und Unterkiefer verteilen. Dabei sind jeweils vier Schneidezähne vorhanden, an die sich auf beiden Seiten ein Eckzahn anschließt. Daneben wachsen noch zwei Backenzähne. Etwa nach sechs Lebensjahren wachsen die bleibenden Zähne durch. Die ersten Zähne – Milchzähne – fallen aus oder werden gezogen, um so Platz für die nachfolgenden bleibenden Zähne zu schaffen.

Die Aufgaben der Zähne des Menschen sind vielfältig. Einerseits dienen die Zähne beispielsweise zum Teilen und Zerkleinern der aufgenommenen Nahrung, andererseits ist das Gebiss insgesamt ein wesentlicher Teil des für die Sprache notwendigen Resonanzbereiches. Außerdem tragen die Zähne in ihrer vorhandenen gewachsenen Anlage wesentlich zur Prägung des Gesichtsausdruckes bei. So wird die Gesichtsform einer Person mit weit vorstehenden Schneidezähnen im Oberkiefer ein anderes Aussehen haben, als jemand, dessen Zähne in gerader Linie gewachsen sind. Das Verhalten während der Kindheit kann zur individuellen Zahn- und Kieferstellung mit beitragen. Wenn ein Kind beispielsweise lange am Daumen lutscht, besteht die Möglichkeit, dass es dadurch zu einer besonderen Stellung der Zähne im vorderen Teil des Ober- und Unterkiefers kommt. Auch die Form der Zahnbögen, also die Bereiche, in denen sich die Zähne befinden, bildet sich bei den Menschen möglicherweise unterschiedlich in Form und Lage aus.

Die Zahl der sich später bildenden, bleibenden Zähne ist größer als die der Milchzähne. Es wachsen in der Regel 32 Zähne im Gebiss des heranwachsenden Menschen. Im Ober- und Unterkiefer sind jeweils 4 Schneidezähne vorhanden. Diese Zähne sind in der Mitte des Gebisses angeordnet. Sie sind so geschaffen, dass die eine scharfe Kante bildenden Zahnspitzen der Schneidezähne bei einem Zusammenführen des Ober- und Unterkiefers in der Regel aufeinander treffen und dadurch für das Durchtrennen von in diesem Bereich befindlichen Gegenständen, zum Beispiel Nahrungsmitteln, geeignet sind. An die Schneidezähne schließt sich im Ober- und Unterkiefer jeweils ein Eckzahn an, der eine überwiegend spitz zulaufende Form hat. Auf Grund einer langen Zahnwurzel eignen sich die Eckzähne gut zum Zerreißen und Zerkleinern der aufgenommenen Nahrung. Neben den Eckzähnen sind auf jeder Seite des Gebisses im Ober- und Unterkiefer zwei kleine Backenzähne vorhanden, die auch Prämolaren genannt werden. Aufgabe dieser Zähne ist die Zerkleinerung der aufgenommenen Nahrung. Das Gebiss ist dann mit den sich anschließenden drei Mahlzähnen auf jeder Seite im Ober- und Unterkiefer ausgestattet. Die Mahlzähne, die auch die Bezeichnung Molaren haben, werden zum Zermahlen der Nahrung genutzt. Der hinterste Backenzahn wird auch als so genannter Weisheitszahn bezeichnet und bricht in der Regel erst nach dem achtzehnten Lebensjahr in die Mundhöhle durch. Es ist auch möglich, dass diese Zähne bei einzelnen Menschen nicht sichtbar werden, weil sie nicht angelegt sind oder der Kiefer in diesem Bereich nicht den erforderlichen Platz bietet.

Sind alle bleibenden Zähne in der dargestellten Form und Stellung gewachsen, können diese grundsätzlich bis zum Tod im Kiefer verbleiben. Äußere Einflüsse durch mit der Nahrung aufgenommene Substanzen oder mechanische Einflüsse, die sich z. B. beim Sturz auf den harten Boden ergeben können, sind in der Lage, zu Veränderungen der Zähne beizutragen. Der Zahnarzt wird in diesen Fällen durch eine Zahnbehandlung die natürlich vorhandene äußere Beschaffenheit des Zahnes verändern und dadurch eine wesentliche Grundlage für die Individualisierung des speziellen Gebisses schaffen.

5.1.1 Der Aufbau des menschlichen Zahns

Der Aufbau des menschlichen Zahns lässt sich in drei Bereiche unterscheiden. Der sichtbare Teil des Zahns ragt aus dem Zahnfleisch heraus und wird als Zahnkrone bezeichnet. Für das menschliche Auge in der Regel nicht sichtbar ist der so genannte Zahnhals, der bei gesunden Mundverhältnissen vom Zahnfleisch umgeben wird. Je nach Einzelfall kann es zur Rückbildung des Zahnfleisches kommen, wodurch der Zahnhals teilweise sichtbar wird. Bei einem gesunden und normal gewachsenen Zahn ist auch die Zahnwurzel nicht sichtbar. Sie befindet sich in den dafür im Ober- und Unterkiefer vorgesehenen, so genannten Zahnfächern. Die Zahnfächer und das Zahnfleisch geben dem gesunden Zahn Halt und Festigkeit. Die Zahnkrone ist vom Zahnschmelz überzogen, einer sehr harten Substanz, die den Zahn vor äußeren Einflüssen schützen soll. Dieser Schutz des Zahns kann beispielsweise durch den Einfluss von Nahrungsmitteln, im Mund befindlichen Bakterien oder auf Grund von mangelnder Mundhygiene angegriffen und beschädigt werden. Als Folge kann ein zahnärztlicher Eingriff erforderlich werden. Bei einer solchen ärztlichen Tätigkeit kann auch hier die natürliche Erscheinungsform des Zahns durchaus verändert werden, wodurch der Zahn eine individuelle Erscheinungsform erhält.

Unter dem Zahnschmelz befindet sich das Zahnbein, das die größte Masse des Zahns bildet und nahezu den gesamten Innenbereich des Zahns bildet. Der innere Bereich des Zahns enthält eine Zahnhöhle, in der Blutgefäße und Nerven vorhanden sind. Im Bereich der Zahnwurzel ist der Zahn von dem so genannten Zahnzement umgeben. Die Erscheinungsform der Zähne, insbesondere der obere Teil – Zahnkronen – und die im Knochenbereich liegende Wurzel – Zahnwurzeln – hat je nach Bezeichnung und Aufgabe des Zahns ein unterschiedliches Aussehen. Die Schneidezähne beispielsweise haben im Bereich der Krone spitz, quadratisch oder tropfenförmig zusammenlaufende Formen, die Wurzeln der Schneidezähne erscheinen in einer zentriert zusammenlaufenden Form. Die Eckzähne verfügen über die längsten, relativ spitz in den Zahnfächern vorhandenen Wurzeln. Die Zahnkronen der Eckzähne haben eine spitz nach oben zusammenlaufende Form. Die sichtbare Kaufläche der neben den Eckzähnen befindlichen Backenzähne ist in einer etwas unebenen Erscheinungsform vorhanden, die Wurzeln dieser Zähne verlaufen fast spitz in den Zahnfächer hinein. Die sich daran anschließenden Mahlzähne haben eine noch flacher erscheinende Oberfläche, wobei jeder dieser Zähne bis zu drei spitz zulaufende Wurzelformen aufweisen kann.

Diese hier geschilderte differenzierte Erscheinungsform der Zähne ermöglicht es dem Fachmann bereits bei der Betrachtung eines aufgefundenen einzelnen Zahns eine erste Einschätzung vorzunehmen, um welchen Zahn es sich konkret handelt. Der im Dentalbereich unerfahrene Mitarbeiter der Polizei sollte sich beispielsweise bei der Auffindung eines einzelnen Zahns an einem Tatort auf Grund fehlender Ausbildung und Kenntnisse auf diesem Spezialgebiet einer Einschätzung enthalten, um welchen Zahn es sich konkret handelt. Es sollte immer die Meinung eines forensischen Spezialisten oder eines

Zahnarztes eingeholt werden, da die auf diesem Weg erhaltene Information auch für ein späteres Gerichtsverfahren uneingeschränkt Verwendung finden wird.

5.1.2 Das Zusammenwirken der Zähne

Die 32 bleibenden Zähne des erwachsenen Menschen sind grundsätzlich im Ober- und Unterkiefer in einer nahezu immer gleichen Form fest gewachsen. Bei der Bewegung des Unterkiefers wird die Zahnstellung von einer Komplettberührung der im Ober- und Unterkieferbereich vorhandenen Zähne bis hin zu einer Stellung geführt, die eine mehrere Zentimeter messende Entfernung zeigt. Beispielsweise bei der Nahrungsaufnahme eines Täters an einem Tatort – Biss in einen Apfel – kommen nicht alle Zähne gleichzeitig und gleichermaßen zum Einsatz. Zunächst beißt der Täter mit den Schneidezähnen und den Eckzähnen im Ober- und Unterkiefer in den harten Außenbereich des Apfels und setzt diesen Schneide- und Reißvorgang so lange fort, bis sich ein Stück des Apfels löst.

Die Zunge transportiert dieses aus dem Ganzen gelöste Stück Obst in den Bereich der Backen- und Mahlzähne, damit hier eine Zerkleinerung des Apfelstückes erfolgen kann. Nach einer Vermischung mit Speichel und weiterer Zerkleinerung wird die jetzt breiige Masse dann durch einen Schluckvorgang in die Speiseröhre befördert und der weiteren im Körper vorgesehenen Verdauung zugeführt. Diese Darstellung des Bisses in den Apfel zeigt, dass in der Regel nur der angebissene und am Tatort zurückgelassene Apfel die Möglichkeit einer vielleicht auswertbaren Bissspur beinhaltet. Die bei diesem Vorgang benutzten und am Apfel vorhandenen Zahnabdruckspuren und mögliche Riefenspuren im Apfel werden sich überwiegend auf die Schneide- und Eckzähne des Ober- und Unterkiefers beschränken.

Eine andere Situation ergibt sich, wenn der Bewegungsvorgang des Ober- und Unterkiefers nicht mit der Zielrichtung geführt wird, eine Teilung und Verspeisung durchzuführen. Es ist auch möglich, in einen Gegenstand hineinzubeißen, ohne mit den Schneidezähnen eine Durchtrennung vorzunehmen. Wenn beispielsweise in die Haut eines Menschen oder eines Tieres hineingebissen wird, erfolgt dies in der Regel so, dass ein größeres Stück leicht dehnbarer Haut und Gewebe in den Bereich zwischen Ober- und Unterkiefer der beißenden Person geführt wird. Bei dem Zusammenpressen des Kiefers einschließlich der Zähne werden Haut und Gewebe zusammengedrückt und die Oberflächen der Zahnkronen drücken sich in die weiche Hautsubstanz. Je nach Beschaffenheit dieses Materials wird im Oberhautbereich, der Lederhaut oder im Unterhautfettgewebe durch diesen möglicherweise sehr massiv ausgeführten Druck eine Veränderung der Haut im Bereich der Bissfläche verursacht, die oft schon mit dem bloßen Auge erkennbar ist. Je nach Dehnbarkeit des von den Zähnen berührten Materials kann eine Bissspur mit einer nahezu identischen Abdruckspur des Ober- und Unterkiefers auf der Haut der gebissenen Person erkennbar sein. Als Beispiel ist hier der Biss in den Unterarm eines Kindes im Rahmen einer Misshandlung zu nennen. Möglich ist auch der Biss in die weibliche Brust im Rahmen eines Sexualdeliktes.

Ein Täter wird beispielsweise bei einem Tankstellenüberfall während der Tat von einer Videokamera aufgenommen. Auf einigen Bildern sind die während des Sprechens nicht von den Lippen bedeckten Zähne zu erkennen. Bei dem Sprechvorgang wird je nach Verhalten des Sprechers und abhängig von den gesprochenen Worten eine Veränderung der Gesichtshaut auch im Bereich des Mundes erfolgen. Das kann bedeuten, dass zeitweise die vorne befindlichen Zähne nicht mehr von den Lippen und dem benachbarten Gewebe bedeckt sind. In diesem Fall hängt es einerseits von der Qualität der Aufnahmen und der

Vergrößerungen der vorhandenen Bilder ab, ob hier von einem Spezialisten Aussagen zum Zahnstatus erfolgen können. Andererseits ist eine Aussage des Zahnmediziners dann eher zu erhalten, wenn die fragliche Person in dem sichtbaren Zahnbereich beispielsweise eine auffällige Zahnlücke, extreme Zahnfehlstellungen (z. B. Engstand, Drehungen o. Ä.) hat oder von außen erkennbaren Zahnschmuck trägt.

5.1.3 Die Zahnbezeichnung durch den Fachmann

Da der Zahnstatus grundsätzlich bei allen Menschen in gleicher Form vorhanden ist, abgesehen von wachstumsbedingten Ausnahmen, werden die einzelnen Zähne im zahnmedizinischen Bereich nach einem Zahnschema bezeichnet. Weltweit gibt es hierfür unterschiedliche Schemata. Nachfolgend wird das in der Bundesrepublik Deutschland am häufigsten genutzte Muster Fédération Dentaire Internationale (FDI) für die Zahnbezeichnung dargestellt.

Um eine Fehlinterpretation zu vermeiden, ist bei einem aus dem Ausland übersandten Gebissbefund einer Person in jedem Fall durch den polizeilichen Sachbearbeiter ein Zahnmediziner hinzuzuziehen, damit zunächst das verwendete Muster erkannt und eine weitere Interpretation des Befundes vorgenommen werden kann.

Die Zähne im Ober- und Unterkiefer lassen sich durch eine gedachte vertikale und eine horizontale Linie teilen, so dass vier Bereiche mit jeweils acht Zähnen vorhanden sind. Jeder dieser vier Bereiche erhält zunächst eine Bezeichnung mit den Zahlen von eins bis vier. Der Bereich im Oberkiefer rechts wird mit eins, der Oberkieferbereich links mit zwei, der Unterkieferbereich links mit drei und der Unterkieferbereich rechts mit der Bezeichnung vier versehen.

Weiter werden die einzelnen Zähne in diesen Bereichen mit Zahlen von eins bis acht bezeichnet. Es ergibt sich dabei folgende Reihenfolge: Die beiden Schneidezähne des jeweiligen Bereiches erhalten von der Mitte aus gezählt die Zahlenbezeichnung eins und zwei, der dann folgende Eckzahn trägt die Nummer drei, die beiden dann folgenden, so genannten kleinen Backenzähne, werden mit vier und fünf bezeichnet und die drei so genannten großen Backenzähne erhalten die Zahlenbezeichnungen sechs, sieben und acht.

Für den Zahnstatus von Kindern mit den ersten Zähnen, den Milchzähnen, werden die einzelnen Zähne ebenfalls mit Zahlen bezeichnet. Für die vier Bereiche gilt die Zahl fünf für den Oberkieferbereich rechts, die Zahl sechs für den auf der linken Seite liegenden Oberkieferbereich, die Zahl sieben für den Unterkieferbereich links und die Zahl acht für den Unterkieferbereich rechts. Das Milchgebiss umfasst insgesamt 20 Zähne; d.h. pro Kiefer und Seite: zwei Schneidezähne, einen Eckzahn und zwei Backenzähne. Die in den einzelnen Bereichen vorhandenen Zähne lassen sich von der Mitte des Kiefers aus jeweils mit der Zahl eins beginnend benennen. Wird beispielsweise der bleibende Eckzahn im Bereich des rechten Oberkiefers angesprochen, ergibt sich die Bezeichnung „eins - drei". Der Zahnmediziner spricht die Zahlen jedoch nicht in der hier geschriebenen Form „dreizehn" aus, sondern nennt die Zahl in einzelnen Bezeichnungen; „eins" für den Bereich des Kiefers, nämlich oben rechts und „drei" für den dritten Zahn dieses Bereiches, den Eckzahn. Durch diese verbindliche Festlegung ist es auch bei internationalen zahnmedizinischen Informationen möglich, dass die Bezeichnungen für Zähne überall in analoger Bezeichnung vorhanden sind. Jede Person mit zahnmedizinischen Kenntnissen kann bei einer Mitteilung des Zahnstatus auf Grund der Zahlenmitteilung erkennen, welche Zähne beispielsweise als vorhanden oder fehlend eingetragen sind. Gleichzeitig wird bei dieser einheitlichen Bezeichnung verdeutlicht, welcher Zahn fehlt oder welcher Zahn im Rahmen einer medizinischen Versorgung durch eine Füllung oder Krone verändert worden ist und dadurch wesentlich mit zu einer Identifizierung beitragen kann. Denn bei einer schriftlichen Erfassung des Zahnstatus durch einen Zahnmediziner, wird dieser zusätzlich zu dem festgestellten, vorhandenen Zahn eine Abkürzung zu der ebenfalls festgestellten Zahnbehandlung vornehmen. Beispielsweise stellt er beim Eckzahn im rechten Unterkiefer eine Wurzelfüllung fest, dann würde dies dokumentiert: „vier - drei" für die Stellung des Zahns im Gebiss und „WF" für die festgestellte Behandlung „Wurzelfüllung". Im Rahmen von internationalen Identifizierungseinsätzen führte auch dieser einheitliche zahnmedizinische Sprachgebrauch zu einer wesentlichen Arbeitserleichterung.

5.2 Anwendungsmöglichkeiten zahnmedizinischer Erkenntnisse

Bei der Bearbeitung von polizeilichen Ermittlungsvorgängen werden überall dort zahnmedizinische Erkenntnisse hilfreiche Informationen für das Verfahren liefern, wo der oder die Täter mit einzelnen Zähnen oder Teilen des Gebisses Spuren hinterlassen haben, die bei einer fachgerechten Sicherung und Auswertung Hinweise zur Identifizierung des Spurenlegers ergeben. Die Aufgabe des Ermittlers ist es dabei, die am Tatort gesicherten Zahnabdruck- oder Gebissspuren einer weiteren Auswertung zuzuführen, die eine spätere Identifizierung der hier mit den Zähnen tätig gewordenen Person beweist. Weiterhin ist es möglich, dass der polizeiliche Ermittler bei der Auffindung einer unbekannten, toten Person ohne Ausweispapiere den Versuch unternimmt, mit Hilfe des Zahnstatus Hinweise auf die Identität der Person zu erhalten. Auch in diesem Fall wird es möglicherweise wesentlich von der eigenen Fachkenntnis und Anwendungsmöglichkeit zahnmedizinischer Kenntnisse abhängen, wie hilfreich der Zahnstatus der toten Person für die Identifizierung ist.

5.2.1 Die Suche nach und Sicherung von Bissspuren

Im Rahmen der polizeilichen Tatortarbeit wird es häufig von der Sensibilität des Spuren sichernden Sachbearbeiters abhängen, ob Bissspuren festgestellt und gefunden werden. Wenn bei der Arbeit am Tatort beispielsweise bei dem Einbruch in einen Supermarkt das angebissene Stück Käse nicht festgestellt wird, kommt es auch nicht zu einer Sicherung dieser Bissspur. Auch die Sicherung möglicher DNA-Anhaftungen im Bereich der Bissspur würde dann nicht durchgeführt. Eine Identifizierungschance wird dadurch nicht genutzt.

Oder die geöffnete Verpackung Schokolade und der im Innenbereich noch befindliche Teil der angebissenen Schokolade werden vielleicht wegen fehlender Kenntnis von der Auswertungsmöglichkeit nicht gesichert. Die Spurensuche ist daher so gründlich vorzunehmen, dass auch alle am Tatort festgestellten möglichen Nahrungsmittel auf Bissspuren hin betrachtet werden. Dabei ist die Spurensuche am Tatort nicht nur auf den oft zitierten Apfelbiss des Täters beschränken. Ein Täter, der am Ort seiner Tat möglicherweise ein Getränk zu sich nimmt, hat vielleicht auch Hunger und verzehrt etwas. Hier ist es dann Ziel der polizeilichen Mitarbeiter am Tatort, diese vielleicht vorhandenen Bissspuren zu finden. Wenn das angebissene Stück Fleischwurst am Tatort im Supermarkt gefunden worden ist, wird zunächst die fotografische Dokumentation dieser Situationsspur im Mittelpunkt der Tätigkeit stehen. Dabei werden die aufgenommenen Gegenstände mit einem Maßstab fotografiert, damit bei der späteren Betrachtung und Auswertung der Bilder eine realistische Einschätzung der Größe vorgenommen werden kann. Außerdem erleichtert es den Vergleich mit anderen Aufnahmen von Zähnen und Gebissabdrücken.

Die Erfassung dieser aufgefundenen Spur im Tatortbefundbericht ergänzt die Tätigkeitsdarstellung im Rahmen der Spurensicherung. Die dann folgende eigentliche Sicherung des angebissenen Stückes Fleischwurst ist so vorzunehmen, dass eine Beeinträchtigung dieses Gegenstandes nach Möglichkeit vermieden wird. Dazu könnte das Reststück Wurst in ein gekühltes Behältnis gelegt werden, vielleicht in eine Plastikschale auf einen bereits darin befindlichen Plastikbeutel mit kleinen Eisstückchen zur vorübergehenden Konservierung und Transportsicherung. Druckfrei wird die so gesicherte Fleischwurst dann unverzüglich zu einer für kriminaltechnische Auswertungsmöglichkeiten vorgesehenen Stelle gebracht, damit die mögliche Bissspur dort bewertet und weiter gesichert werden kann.

Dabei könnte die Bissspur mit einem geeigneten Abformmittel ausgegossen werden, um dadurch die Herstellung eines nicht mehr veränderbaren Duplikates der Spur zu ermöglichen. Die Durchführung könnte nach vorheriger Absprache beispielsweise von einer kriminaltechnischen Untersuchungsstelle, einem Landeskriminalamt, einer zuvor kontaktierten Zahnarztpraxis sowie einem Institut für Rechtsmedizin durchgeführt werden. Fehlt es im Augenblick an einer geeigneten Untersuchungsstelle, ist auch eine kurzfristige Konservierung in einem Tiefkühlfach denkbar. Das hängt jedoch von dem gesicherten Gegenstand und dem darin vorhandenen Wasseranteil ab. Je höher der Wasseranteil ist, um so eher kann ein Einfrieren zur Beeinträchtigung des gesicherten Spurenträgers führen. Bei dem gewählten Beispiel Fleischwurst sollte daher eher auf ein Einfrieren verzichtet und eine unverzügliche Kühlung angestrebt werden. Gleiches gilt für den vom Täter angebissenen Apfel. Auch hier ist der Wasseranteil sehr hoch. Das würde im Fall eines Einfrierens des Apfels dafür sorgen, dass die später durchzuführende Sicherung der Bissspur mit einem Abformmittel nicht mehr alle Bissbereiche klar erkennbar erfasst. Der Spurensicherer, der auf diesem Gebiet bisher noch keine Erfahrungen gesammelt hat, sollte mit einigen selbst angebissenen Äpfeln die Sicherung einer Bissspur üben, bevor die erste reale Tatort-Bissspur bearbeitet wird.

Ist ein potenzieller Täter ermittelt, werden seine Schneide- und Eckzähne schwarz oder blau gefärbt und ein Einbiss beispielsweise in einen weiteren Apfel zu Vergleichszwecken durchgeführt. Die Rechtsgrundlage zur Durchführung dieser Maßnahme ergibt sich aus § 81a StPO.

5.2.2 Der Zahnstatus

Bei lebenden Personen kann der Zahnstatus als Identifizierungshilfe herangezogen werden. Ein denkbarer Beispielsachverhalt soll dies verdeutlichen:

Der im Altersheim wohnende T. ist siebzig Jahre alt und leidet seit längerer Zeit an einer Demenzerkrankung. Der Abbau der geistigen Fähigkeiten einschließlich des Orientierungsvermögens ist bei T. in zunehmendem Maße zu beobachten. Er darf das Altersheim nur in Begleitung von Mitarbeitern des Heims verlassen, da er sich sonst nicht zurechtfinden würde. An einem sonnigen Morgen ist die Eingangstür des Heims offen und die üblicherweise im Zugangsbereich arbeitende und kontrollierende Mitarbeiterin kurzfristig nicht an ihrem Platz. T. nutzt diese Gelegenheit und spaziert durch die Tür auf die Straße. Weil die Sonne so schön scheint, bummelt er weiter in einen nahe gelegenen Park und von dort weiter in Richtung Stadtrand. Dort steigt er in einen Bus, der in die Nachbarstadt fährt. Das Fehlen von T. wird erst beim Mittagessen festgestellt. Da T. auch im Rahmen der sich anschließenden polizeilichen Fahndung nicht gefunden wird, werden durch die Polizei alle erforderlichen Informationen für eine Vermisstenanzeige im Sinne der Polizeidienstvorschrift 389 aufgenommen. Unter anderem ist es dazu auch erforderlich, den Zahnstatus der vermissten Person festzustellen.

Da der T. zur Erfassung nicht zur Verfügung steht, müssen sich die eingesetzten Ermittlungssachbearbeiter der Polizei an den zuletzt behandelnden Zahnarzt wenden. Dieser trägt grundsätzlich den aktuellen Zahnstatus der vermissten Person in das dafür vorgesehene und von der Polizei vorgelegte Formblatt „KP 16 G" (Kriminalpolizeilicher Vordruck 16 G) ein. Das Formblatt wird neben anderen in der Polizeidienstvorschrift genannten Informationen über das zuständige Landeskriminalamt an das Bundeskriminalamt zur Recherche versandt. Beim Bundeskriminalamt befindet sich die Datei „Vermisste, unbekannte Tote und unbekannte hilflose Personen". In diese Datei ist unter anderem auch der vom Zahnarzt genannte aktuelle Zahnstatus des T. einzugeben. Wird der T. zu einem späteren Zeitpunkt aufgefunden und ist er nicht in der Lage, seine Identität anzugeben, dann wird unter anderem auch der Zahnstaus von T. bei seinem Auffinden erhoben. Eine Recherche in der hier genannten Datei würde sodann zur Identifizierung der Person führen.

Ein tragisches, im polizeilichen Alltag jedoch immer wiederkehrendes Ereignis ist die Bearbeitung von Selbstmordversuchen und vollendeter Selbsttötung. In vielen Fällen tragen diese Personen keine Ausweispapiere bei sich und erschweren auf diese Weise eine Identifizierung. Folgender fiktiver Beispielsachverhalt:

Die allein lebende 60-jährige K. leidet an einer unheilbaren Krankheit, die bei ihr täglich erhebliche körperliche Schmerzen verursacht. Sie wohnt in E-Stadt, einem Ort im Ruhrgebiet, in einer Zweizimmerwohnung. Ihre Einkommensverhältnisse sind sehr gering. Da sie von ihrem Arzt gehört hat, dass sie nur noch wenige Wochen zu leben hat, beschließt K., sich das Leben zu nehmen. Sie lässt alle persönlichen Gegenstände an einem Montagmorgen zu Hause und begibt sich zum Bahnhof in der Innenstadt. Hier betritt sie den Bahnsteig eins, auf dem die Intercityzüge verkehren. Sie schaut sich eine ganze Weile an, bis zu welcher Stelle die Züge im Bahnhof fahren, bevor diese halten. Dann geht sie bis an das Ende des Bahnsteigs, an dem die Züge in den Bahnhof einfahren. Als der nächste Intercityzug auf Gleis 1 in den Bahnhof einfährt, stürzt sich K. direkt vor den Zug auf die Gleise. Trotz einer sofort durchgeführten Notbremsung kann der Zugführer ein Überrollen der K. nicht verhindern. Der Zug kommt erst in der Mitte des Bahnhofs zum Stehen. Maria K. ist bei diesem Vorfall tödlich verletzt worden. Die Leiche ist durch den Kontakt mit den Rädern und herabhängenden Teilen des Zuges erheblich zerstört und auf mehrere Meter des Gleisbettes verteilt worden. Der Schädel ist durch diesen Vorfall in mehrere Stücke zerbrochen worden. Teile des Ober- und Unterkiefers liegen an verschiedenen Stellen auf dem Gleis.

Es soll hier nicht auf die einzelnen kriminalistischen und kriminaltechnischen Maßnahmen im Zusammenhang mit der Bearbeitung dieses Ermittlungsverfahrens eingegangen werden. Im Hinblick auf die Identifizierung des Opfers mit Hilfe des Zahnschemas muss bei der Spurensicherung auf Gleis eins erkennbar sein, dass die Teile des Ober- und Unterkiefers eindeutig zu dieser Leiche gehören. Das kann durch eine fotografische Dokumentation oder eine Skizze und Beschreibung verdeutlicht werden. Ein weiterer Ermittlungsschritt ist die Aufnahme des Zahnstatus aus dem Ober- und Unterkiefer der Leiche, da am Ort des Geschehens keine weiteren Hinweise auf die Personalien der jetzt toten Person gefunden werden. Zu diesem Zweck wird die Leiche nach Einlieferung in ein Institut für Rechtsmedizin zusammen mit einem in der Forensik erfahrenen Zahnarzt betrachtet. Der Zahnstatus ist dabei durch den Zahnarzt in das Formblatt KP 16 einzutragen, welches bei der Auffindung von unbekannten Toten durch die Polizei vorzulegen ist. In der Polizeidienstvorschrift 389 ist der bundesweit einheitliche Vordruck KP 16 G für solche Fälle vorgesehen. Dieser Vordruck wird dann zusammen mit anderen noch zu erhebenden Informationen, die in der Polizeidienstvorschrift genannt sind, an das zuständige Landeskriminalamt und von dort an das Bundeskriminalamt zur Auswertung weitergeleitet. Sollte eine Identifizierung der Leiche auf anderem Weg vorher erfolgen, ist der Versand des erhobenen Zahnstatus nicht erforderlich. Beim Bundeskriminalamt wird die Datei „Vermisste, unbekannte Tote und unbekannte hilflose Personen" geführt. In dieser Datei sind auch die Informationen über den Zahnstatus aller zuvor erfassten Personen gespeichert und können recherchiert werden. Ist K. bereits als vermisst gemeldet, dann würde bei einer Recherche des Zahnstatus der Leiche vom Gleis eins diese Person identifiziert werden. Wird K. zu diesem Zeitpunkt noch nicht vermisst und wird vielleicht erst nach ein oder zwei Wochen als vermisste Person gemeldet, dann würde bei der Recherche des Zahnstatus der vermissten K. in der Datei die bis zu diesem Zeitpunkt unbekannte Leiche von Gleis eins identifiziert.

5.2.3 Untersuchungsstellen für Bissspuren, Gebiss und Zahnstatus

In der polizeilichen Praxis bedient sich der jeweilige Ermittlungsbeamte der beiden unter 5.2.2 genannten Beispielsachverhalte in der Regel der Hilfe eines Zahnmediziners. Im Fall des T. werden die erforderlichen Informationen über den Zahnstatus mit allen zahnmedizinisch durchgeführten Behandlungen vom zuletzt behandelnden Zahnarzt an den Ermittler weitergegeben und dabei in das vorgesehene Formblatt KP 16 G eingetragen. Bei der zu bearbeitenden Todesermittlungssache zum Nachteil der zunächst unbekannten weiblichen Person ist die Hilfe eines Zahnmediziners im Institut für Rechtsmedizin in Anspruch zu nehmen. In beiden Fällen ist damit die erforderliche und im Falle eines möglichen späteren Strafverfahrens gebotene Fachkompetenz für die Aussage zu einer Identifizierung vorhanden.

Grundsätzlich sollte jeder von der Polizei angesprochene Rechtsmediziner mit Fachkenntnissen der Zahnmedizin bei Fragen zu diesem Bereich behilflich sein. Die Landeskriminalämter verfügen nur in Einzelfällen über Mitarbeiter, die zahnmedizinische Kenntnisse haben. Auch das Bundeskriminalamt fordert bei Einsätzen, die der Identifizierung von lebenden oder toten Personen dienen, Zahnmediziner an. Obwohl Mitarbeiter des BKA, die im Identifizierungsbereich arbeiten, auf Grund ihrer jahrlangen Tätigkeit bereits über zahnmedizinische Grundkenntnisse verfügen, wird auf die Zahnmediziner nicht verzichtet. Diese verfügen über umfangreiche Fachkompetenz und treten im Gegensatz zu Mitarbeitern des BKA bei einer möglichen Gerichtsverhandlung als Sachverständige auf.

Die Sicherung von Bissspuren an einem polizeilichen Ereignisort bleibt in der Regel den für diesen Zweck ausgebildeten und eingesetzten Mitarbeitern der Polizei vorbehalten. Fehlen Erfahrungen auf diesem Gebiet, besteht die Gefahr, dass bei unsachgemäßer Sicherung Beweismaterial beschädigt oder zerstört wird. Es ist nicht auszuschließen, dass eine Bissspur an einem Gegenstand zunächst mit dem Spurenträger gesichert und die eigentliche Abformung der Bissspur erst zu einem späteren Zeitpunkt, beispielsweise im kriminaltechnischen Labor der Polizeidienststelle, unter idealen Bedingungen durchgeführt wird. Ist eine solche Untersuchungsmöglichkeit im polizeilichen Bereich in der Nähe nicht vorhanden, kann in solchen Fällen auch ein Zahnmediziner beauftragt werden. Dieser wird die Sicherung der Bissspur durch Abformung mit einem dafür vorgesehenen Material in seiner Praxis veranlassen, selbst durchführen oder dem anfragenden Ermittlungssachbearbeiter einen Hinweis auf eine andere Untersuchungsstelle geben. In derartigen Fällen ist zu berücksichtigen, dass der Zahnarzt für diese Spurensicherungstätigkeit eine finanzielle Vergütung in Rechnung stellen oder ein beispielsweise durch die Staatsanwaltschaft in Auftrag gegebenes Gutachten in dieser Sache Kosten verursachen kann, die sich nach den Bestimmungen des JVEG richten.

5.3 Die Erhebung des Zahnstatus oder Abnahme eines Gebissabdrucks

Wie der Beispielsachverhalt mit dem demenzkranken T. zeigt, ist es im polizeilichen Ermittlungsbereich durchaus denkbar, dass ein Zahnstatus von einer lebenden Person benötigt wird. Wenn T. beispielsweise in einem anderen Ort angetroffen wird und keine Angaben zu seiner Identität macht, ist er als unbekannte hilflose Person zu behandeln. Zu diesem Zweck sucht der Ermittlungsbeamte unter anderem mit dem T. nach vorher erfolgter Absprache einen Zahnmediziner auf. Dieser erfasst den derzeitigen, feststellbaren Zahnstatus mit allen zahnmedizinisch erkennbaren Veränderungen und teilt diesen dem Ermittlungssachbearbeiter mit. Der dann folgende weitere Verfahrensweg wurde bereits im Abschnitt 5.2.2 beschrieben.

Sollte im Rahmen polizeilicher Ermittlungstätigkeit eine unbekannte Leiche ohne Ausweispapiere aufgefunden werden und ist zu diesem Zeitpunkt kein Zahnmediziner erreichbar, ist eine weitere Tätigkeit kriminaltechnischer Mitarbeiter denkbar. Dabei sichern die eingesetzten Sachbearbeiter mit Hilfe eines dafür geeigneten Dentalabformmittels Abdrücke vom Ober- und Unterkiefer und stellen eine fotografische Dokumentation sicher, um auf diesem Weg Material für eine spätere zahnärztliche Untersuchung und Inaugenscheinnahme zu sichern. Auch für diese Tätigkeit ist Übung erforderlich. Es besteht ein Unterschied, ob z. B. eine mechanisch erzeugte Abdruckspur beispielsweise im Fensterrahmen durch Abformmittel dauerhaft gesichert wird oder ein Gebissabdruck einer toten Person durch den Spurensicherer fachgerecht aufgenommen werden soll. Wenn der ungeübte Spurensicherungsmitarbeiter hier eine Unsicherheit bei sich feststellt, sollte die Sicherung eines Gebissabdruckes einer anderen, dafür ausgebildeten Person vorbehalten bleiben. In besonderen Fällen kann diese Arbeit auch von erfahrenen Zahnärzten durchgeführt werden.

5.4 Auswertungsmöglichkeiten von Bissspuren und Zahnstatus

Die Auswertungsmöglichkeit einer Bissspur ist wesentlich von der durchgeführten Sicherung bestimmt und ob die Begutachtung im Originalzustand am Spurenträger erfolgt oder beispielsweise durch die Inaugenscheinnahme einer möglichen Abformspur vorgenommen wird. Wenn die Bissspur auf der menschlichen Haut festgestellt worden ist, weil vielleicht im Rahmen eines Sexualdeliktes ein Biss in den Arm einer Person erfolgte, erfolgt die Sicherung der Spur im Idealfall mit einer Kamera. Die Auswertung der Bissspur nur mit Hilfe der Fotoaufnahme wird mögliche Einschränkungen bei der Bewertung haben, weil der Gutachter nur die Perspektive der aufnehmenden Kamera hat. Die Begutachtung allein mit Hilfe einer Fotografie vorzunehmen ist grundsätzlich möglich, stellt sich jedoch schwierig dar, wenn beispielsweise die Farbwiedergabe oder Ausleuchtung der Spur Mängel zeigt.

Die besten Voraussetzungen für die Begutachtung dieser Bissspur im Hinblick auf eine Identifizierung wird der Zahnmediziner jedoch bei einer unverzüglich durchgeführten Inaugenscheinnahme der Originalbissspur haben. Je mehr Zeit seit der Verursachung der Bissspur vergangen ist, umso schwieriger wird die Begutachtung, weil der im Hautbereich vorhandene Untergrund in Form der Lederhaut und des Unterhautfettgewebes je nach Beschädigung ein verändertes Aussehen aufweist. Die Auswertung einer Bissspur wird auch dann schwierig bis unmöglich, wenn es sich bei dem Spurenträger der Bissspur um ein vergängliches Material handelt, wie es beispielsweise bei einem Obstteil der Fall ist. Die Bissfläche wechselt relativ schnell die Oberflächenfarbe, weil der Fäulnisprozess einsetzt. Die Stabilität der angebissenen Fruchtmasse wird dadurch minimiert beziehungsweise ist nach kurzer Zeit nicht mehr vorhanden. Eine Abformung oder das Erkennen einer möglichen Bissspur ist dann fast nicht mehr möglich. Schließlich kann bei einem vergänglichen Spurenträger durch eine unsachgemäße Spurensicherung des Spurenträgers einschließlich der Spur eine Auswertung eingeschränkt oder gar unmöglich gemacht werden.

Als Beispiel dafür sei das vom Täter angebissene Stück Käse genannt, das durch die Spurensicherungskräfte bei 30° C Hitze mehrere Stunden im Streifenwagen in einem Pappkarton transportiert wird. In diesem Fall wird das Nahrungsmittel weich, vielleicht sogar zerlaufen. Eine Auswertung der Bissspur ist nicht mehr möglich.

Der Zahnstatus einer lebenden oder toten Person wird vom Zahnmediziner grundsätzlich ohne Schwierigkeiten betrachtet und ausgewertet, wenn Kiefer und Zähne grobsichtig in einem vollständigen, unzerstörten, regelgerechten Zustand vorhanden sind. Zu einer Einschränkung der Aussage des Gutachters wird es erst dann kommen, wenn Schäden im Kieferbereich eine Gesamtbeurteilung einschränken. Das könnte in dem hier geschilderten Fall der K. der Fall sein, weil der Schädel einschließlich des Kiefers durch den Zusammenprall mit dem Zug umfangreich zerstört worden ist.

Zähne, die auf Grund der langen Liegezeit einer Leiche z. B. im Wald ausgefallen oder durch Tierfraß abhanden gekommen sind, können zu einer weiteren Einschränkung der Identifizierung führen. Hier kann der Zahnmediziner keine Gesamtbeurteilung mehr vornehmen, sondern nur noch die vorhandenen Zähne in seine Beurteilung mit einbeziehen.

Bei der Auffindung einer Leiche mit einer offensichtlich langen Liegezeit und grobsichtig fehlenden Zähnen, sollte bei der durchgeführten Tatortarbeit eine genaue Inaugenscheinnahme des näheren und weiteren Ortes der Auffindung der Leiche erfolgen. Es kann nicht ausgeschlossen werden, dass einzelne Zähne auf dem Boden unter oder neben der Leiche gefunden werden. Diese sollten auch sichergestellt werden und dem Gutachter mit vorgelegt werden. Oft ist es in solchen Fällen möglich, dass der Zahnmediziner auch mit Hilfe dieser einzelnen Zähne zunächst eine Bestimmung des jeweiligen einzelnen Zahns vornimmt und dann möglicherweise seine Angaben zur Identität dadurch weiter konkretisieren kann.

Eine weitere Schwierigkeit der Identifizierung durch einen Zahnmediziner kann dann eintreten, wenn die Umgebungsbedingungen während der Feststellung des Zahnstatus nur eine eingeschränkte Sicht erlauben. Wenn die Leiche beispielsweise im Oberkiefer „eins - sieben" auf Grund der Merkmale der gesuchten Person eine zahnfarbene Füllung haben soll, diese bei der hier untersuchten Leiche grobsichtig nicht festgestellt wird, könnte es möglicherweise zu einer „Nichtidentifizierung" der begutachteten Leiche kommen. Bei optimalen Lichtverhältnissen und dem Einsatz eines Röntgengerätes ist diese zu einer früheren Zeit durchgeführte Zahnbehandlung erkennbar. Der Zahnmediziner könnte diesen Zahn auf Grund der Behandlung und der Stellung des Zahnes im Gebiss zum Vergleichsfall erkennen. Der Ermittlungsbeamte sollte bei der „Nichtidentifizierung" auf Grund eines festgestellten verschiedenen Zahnstatus zwischen der begutachteten Leiche und dem vorliegenden gesuchten Zahnstatus eine auch für einen Laien verständliche Erklärung des Zahnmediziners erfragen.

Der Ermittlungsbeamte wird bei der Suche nach einer vermissten Person den vorliegenden Zahnstatus des Vermissten möglicherweise durch eine Veröffentlichung in einer zahnärztlichen Fachzeitschrift anderen Zahnmedizinern bekannt machen. Dies geschieht mit dem Ziel, dass einer der behandelnden Zahnärzte sich bei dem Studium der Fachzeitschrift an seine erfolgte Behandlung erinnert und die Polizeidienststelle benachrichtigt. Geschieht dies nicht, weil diese Suchmeldung nicht gelesen wurde oder sich der Zahnmediziner nicht an die Behandlung erinnert, kann auf diese Weise ein Identifizierungshinweis fälschlicherweise ausgeschlossen werden.

5.5 Das Gutachten

Die vom Zahnmediziner durchgeführte Arbeit zur Feststellung eines Zahnstatus einer lebenden oder toten Person und der sich daran anschließende Vergleich mit dem in der Regel schriftlich vorliegenden Zahnstatus einer gesuchten Person wird für das durchzuführende Ermittlungsverfahren in einer schriftlichen Form vorgelegt. Dabei kann es im Einzelfall ausreichen, wenn der Zahnmediziner in einem kurzen Schreiben darauf hinweist, dass es sich im vorliegenden Beispielsachverhalt bei der aufgefundenen toten Person um die vermisste K. handelt, da der Zahnstatus der K. mit dem der Leiche identisch ist. Auf Wunsch der Staatsanwaltschaft oder des Gerichts kann der Gutachter auch gebeten werden, ein Gutachten mit einer ausführlichen Begründung zu der vorgenommenen Untersuchung zu erstellen.

In diesem Fall wiederholt der Gutachter zunächst den Untersuchungsauftrag des Gerichts in seinem Gutachten. Er wird das vorliegende Untersuchungsmaterial in Form der untersuchten Leiche einschließlich der Bestimmung des Zahnstatus der Leiche beschreiben und schließlich den schriftlich vorliegenden Bogen mit dem Zahnstatus der gesuchten Person benennen. Er wird auch erwähnen, welche Eintragungen auf diesem Bogen vorhanden sind. Im weiteren Gutachtenverlauf nimmt der Zahnmediziner zunächst eine Darstellung der einzelnen Gebisse mit dem Zahnstatus und den feststellbaren zahnmedizinischen Auffälligkeiten vor. Eine Stellungnahme der Auswertungsmöglichkeit für Identifikationszwecke kann sich hier anschließen. Dann folgt die Gegenüberstellung dieser beiden Informationsbereiche zu den Feststellungen des Zahnmediziners. Abschließend wird der Gutachter zu einem Ergebnis kommen. Im Idealfall wird die Identität der beiden erhobenen Gebissbefunde festgestellt und die Leiche ist damit identifiziert.

Hinweis:

Kontaktadressen für odontologische Identifikationen sind im Internet abrufbar unter www.akfos.org

Weiterführende Literatur:

Alt, K. / Walz, M.: Zur odontologischen Identifizierung unbekannter Toter. Polizeiliche Suchanzeigen in zahnärztlichen Printmedien. In: Kriminalistik 10/97, S. 669.

Beyser, R. / Pitz, K. / Horn, P. / Hölzl, S. / Rauch, E.: Isotopenanalytik. Hilfsmittel zur Herkunftsbestimmung unbekannter Toter. In: Kriminalistik 07/03, S. 443.

Endris, R.: Biss und Bissspur. Schriftenreihe: Kriminalistik – Wissenschaft & Praxis, Band 18. 1. Auflage. Kriminalistik-Verlag, Heidelberg 1985.

Feneis, H.: Anatomisches Bildwörterbuch der internationalen Nomenklatur. 6., unveränderte Auflage. Thieme Verlag, Stuttgart / New York 1988.

Grundmann, C.: Differenzen zwischen ante-mortem- und post-mortem-Befunden bei zahnärztlichen Maßnahmen zur Identifizierung von unbekannten verstorbenen Personen. Medizinische Dissertation. Heinrich-Heine-Universität, Düsseldorf 1996.

Grundmann, C.: Identifizierung einer Leiche. Suchanzeige. Rheinisches Zahnärzteblatt 6:66, 1997.

Grundmann, C. / Rötzscher, K.: Die Suchanzeige in den zahnärztlichen Printmedien. Eine kritische Stellungnahme. In: Kriminalistik: 03/02, S. 196.

Knell, B. / Bussmann, D.: Zahnärztliche Personenidentifizierung. Ärztliche Schweigepflicht im Rahmen der Identifizierung von unbekannten Toten. In: Kriminalistik 07/01, S. 513.

Leopold, D. (Hrsg.): Identifikation unbekannter Toter: Interdisziplinäre Methodik, forensische Osteologie. Arbeitsmethoden der medizinischen und naturwissenschaftlichen Kriminalistik, Band 22. 1. Auflage. Schmidt-Römhild Verlag, Lübeck 1998.

Maresch, W. / Spann, W.: Angewandte Gerichtsmedizin. 2., überarbeitete und erweiterte Auflage. Urban & Fischer Verlag, München [u.a.] 1987.

Meyer, H. / Wolf, K. / Müller, R.: Kriminalistisches Lehrbuch der Polizei; Arbeitsbuch für Wach-, Wechsel- und Ermittlungsdienst. 8. Auflage. Verlag Deutsche Polizeiliteratur, Hilden 2003.

Musolff, C. / Hoffmann, J. (Hrsg.): Täterprofile bei Gewaltverbrechen. Mythos, Theorie und Praxis des Profilings. 1. Auflage. Springer Verlag, Berlin [u.a.] 2002.

Sobotta, J. (Begr.) / *Putz, R.* (Hrsg.): Atlas der Anatomie des Menschen. Band 2. 17. Auflage – 5. Nachdruck. Urban & Fischer Verlag, München [u.a.] 1977.

Thali, M. / Dirnhofer, R.: VIRTOPSY. Neue Methoden der Rechtsmedizin. In: Kriminalistik 11/03, S. 693. Kriminalistik-Verlag, Heidelberg 2003.

Weihmann, R.: Kriminalistik. Für Studium und Praxis. 8. Auflage. Verlag Deutsche Polizeiliteratur, Hilden 2005.

Weihmann, R.: Lehr- und Studienbriefe Kriminalistik / Kriminologie. Band 2, Kriminaltechnik I. 1. Auflage. Verlag Deutsche Polizeiliteratur, Hilden 2005 und Band 3, Kriminaltechnik II. 1. Auflage. Verlag Deutsche Polizeiliteratur, Hilden 2005.

Wissenschaftlicher Rat der Dudenredaktion (Hrsg.): Duden – Bildwörterbuch der deutschen Sprache. Der Duden in 12 Bänden, Band 3. 5. Auflage. Dudenverlag, Mannheim [u.a.] 2000.

6 Der (Eigen-)Geruch

6.1 Die Entstehung des menschlichen Geruchs

Wer das Buch „Das Parfum" von *Patrick Süskind* gelesen hat, konnte in einer spannenden Erzählung erfahren, wie die Hauptperson Jean-Baptiste Grenouille mit Hilfe der Nase die verschiedenen Gerüche aus der Umgebung wahrgenommen hat. Der Geruchssinn des Grenouille war dabei so stark ausgeprägt, dass selbst der Geruch von einzelnen Menschen auch in großer Entfernung differenziert wahrgenommen werden konnte. Auch wenn es sich bei dem Inhalt des Buches um eine Geschichte handelt, ist die Möglichkeit der Wahrnehmung von Gerüchen durch den Menschen vorhanden und wird im täglichen Leben nahezu bei jedem Menschen immer wieder neu bewiesen. Wenn am Morgen an der Arbeitsstelle der Mitarbeiter am benachbarten Schreibtisch nach Knoblauch riecht, weil er am Tag zuvor ein mit diesem Gewürz verfeinertes Gericht verzehrt hat, dann kann das offensichtlich in der Umgebung dieses Mitarbeiters wahrgenommen werden. Ein Säugling, der kurz nach der Geburt der Mutter in den Arm gegeben wird, findet auch mit geschlossenen Augen die Brustwarze, um zu trinken. Offensichtlich verfügt die Mutter im Bereich der Brust über einen speziellen Duft, der dem Kind auch mit geschlossenen Augen den Weg zur Nahrung zeigt.

Geruch kann nicht nur vom Menschen sondern auch von anderen Lebewesen oder von Gegenständen ausgehen. Voraussetzung für die Wahrnehmbarkeit eines Geruchs ist die in überwiegend latenter Dampfform feststellbare Substanz, die ausgesandt wird. Ist kein Luftzug, keine Bewegung vorhanden, dann kann in der Regel auch kein Geruch wahrgenommen werden. Der Mensch verfügt am ganzen Körper über Poren, aus denen körperunbrauchbare Substanzen, wie beispielsweise Schweiß, Talg oder Aminosäuren ausgeschieden werden. Dies geschieht bei jedem Mensch in anderen Mengen und ist abhängig von dem aktuellen Zustand und der tatsächlichen Situation der Person.

Ein Mensch, der gerade Angstzustände erleidet, weil er beispielsweise vor einer schwierigen Aufgabe steht, wird ein anderes Verhalten bei der Absonderung von Körpersubstanzen, beispielsweise Adrenalin, zeigen, als eine Person, die gerade eine angenehme, wenig anstrengende Situation glücklich erlebt. Dieser glückliche Mensch wird eher weniger Körpersubstanz absondern. Auf diese Art und Weise lässt sich erklären, dass jeder Mensch eine für sich eigene Absonderung von Körpersubstanzen erzeugt und damit gleichzeitig auch eine eigene Geruchsentwicklung produziert, die eine individuelle Erscheinungsform hat.

Die Produktion von körperunbrauchbaren, eigenen Substanzen ist genetisch bedingt und dadurch in einer unveränderbaren Form vorhanden. Dieser individuelle Geruch kann noch durch variable, umweltbedingte Gerüche aus der Umgebung angereichert werden, indem beispielsweise Gerüche aus der eigenen Umgebung zu den körpereigenen Gerüchen hinzukommen. So wird beispielsweise der Bauer zusätzlich zu seinem individuellen Geruch noch den Stallgeruch selber aufnehmen und in seiner Umgebung verteilen. Dies erklärt sich dadurch, dass der häufige Aufenthalt in der Umgebung von Tieren dazu beiträgt, dass sich der Geruch von Kot und Urin der Stalltiere mit dem Geruch des Bauern verbindet und so zu einem noch spezielleren Geruch führt.

Eine andere Möglichkeit der Geruchsanreicherung ist durch eine vorhandene Erkrankung vorstellbar. Die Person, die an einem offenen Hautdefekt leidet, wird insbesondere in diesem Bereich regelmäßig medizinisch versorgt. Dabei ist es nicht auszuschließen, dass der Wundbereich einen besonderen Geruch an die Umgebung weiterleitet, die von anderen Personen besonders wahrgenommen wird. Auch die häufige Einnahme von Medikamenten kann die Körperabsonderungen in Teilbereichen beeinflussen und für das Absondern ganz spezieller duftintensiver Substanzen sorgen. In Verbindung mit dem besonderen körpereigenen Geruch führt dies zu einer individuellen Geruchsform dieser Person.

6.2 Aufnahme und Identifizierung von Gerüchen

Der Mensch riecht mit Hilfe der Nase. Durch dieses Organ werden überwiegend mit geschlossenem Mund Luft und alle darin enthaltenen Schweb- und Duftstoffe aufgenommen, gefiltert und je nach festgestellter Substanz im Innenbereich des Körpers aufgehalten oder weitergeleitet. Informationen der aufgenommenen Stoffe und Substanzen werden mit Hilfe von Nerven bis an das menschliche Gehirn weitergegeben, damit an dieser Stelle die sinnliche Wahrnehmung der identifizierten Substanz erfolgen kann.

Im Bereich der Nasenöffnungen befinden sich Haare, die grobteilige Fremdkörper beim Einatmen abhalten und dadurch den Innenbereich der Nase vor Beschädigungen oder Defekten schützen sollen. Der innere Teil der Nase ist ein Hohlraum. Im oberen Bereich dieses Hohlraumes befindet sich ein so genannter Riechkolben, von dem Rezeptorenzellen in den Nasenraum hineinhängen. Diese Rezeptorenzellen sind in der Lage, Moleküle in Schleim aufzulösen, die bei der Atmung aufgenommen worden sind. Diese aufgelösten Moleküle, also beispielsweise die Geruchsmoleküle eines anderen Menschen oder der nach Nahrungsaufnahme festgestellte Knoblauchgeruch eines anderen Menschen, aktivieren die Rezeptoren. Die dabei festgestellte Information über die aufgenommenen Moleküle werden über den Riechkolben und darin vorhandene Nerven, die mit dem Gehirn verbunden sind, weitergegeben und im Gehirn identifiziert und wahrgenommen. Je nach Menge der festgestellten Moleküle in der Atemluft, wird der Geruch als intensiv oder weniger intensiv empfunden.

Es ist auch nicht ausgeschlossen, dass bei einigen Menschen dieser Wahrnehmungsprozess eingeschränkt ist oder nicht funktioniert, weil beispielsweise die Rezeptorenzellen nicht aktiv sind oder bedingt durch eine Krankheit die Nervenverbindung von den Rezeptoren zum Gehirn unterbrochen ist. Denkbar wäre auch, dass der übermäßige, ständige Konsum bestimmter Moleküle zu einer geringeren Wahrnehmung dieser Substanzen und somit zu einer Reizüberflutung führt. Das kann bis hin zur vollständigen Nichtidentifizierung bestimmter Moleküle führen.

Menschen neigen dazu, eine Substanz dadurch intensiver zu riechen, indem sie sich der Stelle besonders nähern, von der der Geruch ausgeht. Als Beispiel sei hier der vermutlich alkoholisierte Autofahrer genannt. Wenn sich der prüfende Polizeibeamte mit seiner Nase sehr nahe dem Mund des Autofahrers nähert, wird der Beamte auf Grund der möglichen Reizüberflutung nicht mehr die Moleküle des verzehrten alkoholhaltigen Getränkes wahrnehmen können. Es besteht eher die Gefahr, dass dabei Krankheitserreger, die in der Atemluft des Autofahrers vorhanden sind, von dem Polizeibeamten bei dem nahen Einatmen aufgenommen werden.

Der Geruchssinn des Menschen ist in der Regel nicht so stark ausgeprägt, wie der einiger Tierarten. So ist beispielsweise der Geruchssinn des Hundes wesentlich besser entwickelt als der des Menschen. In dem Handbuch für Polizeidiensthundführer schreibt *Rullang*, dass das Geruchsvermögen des Hundes achthundert bis etwa Zweimillionen mal besser ausgebildet ist als beim Menschen. Dabei verfügt die Hundenase über eine größere Oberfläche der Riechschleimhaut und enthält darüber hinaus mehr Riechsinneszellen. Außerdem hat der Hund eine wesentliche höhere Feuchtigkeit im Bereich der Nase, wodurch das Geruchsvermögen erheblich gesteigert wird. Dies mag ein Grund dafür sein, dass bei einer möglichen Geruchsidentifizierung eher ein Tier zur Unterstützung herangezogen wird als ein Mensch.

6.3 Geruchsrückstände an Beweisstücken

Der Geruch des Menschen, seiner Kleidung, seiner täglichen Umgebung oder seines persönlichen Zustandes kann ein wichtiges Indiz für die Beweisführung und bei der Bearbeitung eines polizeilichen Ermittlungsvorgangs sein. Die beiden nachfolgenden Beispielsachverhalte aus verschiedenen Deliktsbereichen sollen die Anwendung von möglichen Geruchsspurenauswertungen zeigen.

Beispiel 1:

Der arbeitslose E. lebt in einer Großstadt im Rhein-Main-Gebiet und erhält nur eine geringe finanzielle Zuwendung von öffentlicher Seite, um den Lebensunterhalt zu gestalten. Zur Verbesserung seiner persönlichen Verhältnisse beschließt E., Wohnungseinbrüche zu begehen und dabei leicht transportable und veräußerbare Gegenstände zu entwenden. Zur Vorbereitung dieser Taten geht E. in einen Baumarkt und kauft mehrere Schraubendreher, mit denen er die Wohnungseingangstüren aufhebeln will. Damit ihm die Einbrüche nicht nachgewiesen werden können, will er nach jedem Einbruch den benutzten Schraubendreher am Tatort zurücklassen. Außerdem kauft er sich Arbeitshandschuhe, die er während der Tat tragen will. Diese will er dann am Tatort zurücklassen. Die Schraubendreher reinigt E. zu Hause, damit keine daktyloskopischen Spuren daran zurückbleiben.

Am nächsten Tag geht E. während der Vormittagsstunden mit einer Plastikeinkaufstasche in die Stadt. Darin befinden sich drei Paar Arbeitshandschuhe und drei Schraubendreher für die folgenden beabsichtigten Taten. Nachdem sich der arbeitslose E. für ein unscheinbares Sechs-Familien-Haus als Tatobjekt entschieden hat, bleibt er in der Nähe des Hauseingangs stehen und wartet, bis eine Person das Haus verlässt. Noch bevor die Hauseingangstür in Schloss fällt, gelingt es dem E., das Treppenhaus zu betreten. Er geht bis in die obere Etage des Hauses. Hier lauscht er zunächst an zwei Wohnungstüren, kann jedoch aus den jeweiligen Wohnungen kein Geräusch wahrnehmen. Dann zieht er sich die Arbeitshandschuhe an und betätigt nacheinander und abwartend die Klingeln der Wohnungstüren. Aus beiden Wohnungen ist auch jetzt nichts zu hören und niemand öffnet. E. holt einen Schraubendreher aus der Tasche und entschließt sich, zunächst die eine der beiden Wohnungseingangstüren aufzuhebeln. Nach mehreren vergeblichen Versuchen kann er diese Tür öffnen und betritt die Wohnung. Er entwendet aus dem Wohnzimmerschrank eine Stahlkassette, die er in seine Tragetasche packt. Als er sich gerade zum nächsten Raum der Wohnung begeben will, wird die Schlafzimmertür geöffnet. Dort erscheint der Wohnungsinhaber, der nach dem Nachtdienst geschlafen hatte. Das Klingelgeräusch hatte er zwar nicht gehört, ist dann jedoch durch die verdächtigen Geräusche in der Wohnung aufgewacht. Beide Personen sind sehr überrascht. Es kommt zu einem kleinen Handgemenge, als der Mann versucht, dem E. den Fluchtweg zu versperren. Hierbei gelingt es ihm, dem E. die Tragetasche mit den darin befindlichen Handschuhen und Schraubendrehern aus den Händen zu entreißen. Die Flucht des Täters kann der Wohnungsinhaber nicht verhindern. E. lässt im Weglaufen die bei der Tat getragenen Handschuhe im Treppenhaus zurück. Bei einem anderen Wohnungseinbruch wird der Albert E. zwei Tage später auf frischer Tat angetroffen und kann vorläufig festgenommen werden.

Beispiel 2:

Der jugendliche K. arbeitet als Lehrling in einem Kraftfahrzeugbetrieb. Er hat im Augenblick keine Freundin und fühlt sich allein. Es ist August und das Wetter zeigt sich an diesem Wochenende von seiner besten Seite. Nachdem K. am Samstagabend beim Stadtfest einige Glas Bier zu sich genommen hat, entschließt er sich, jetzt eine neue Freundin zu finden. Auf dem Weg zur nahe gelegenen Diskothek Moon-Bar kommt ihm die Schülerin T. entgegen, die sich gerade auf dem Heimweg befindet. Er geht ihr nach, und spricht sie im Bereich des nur wenig beleuchteten Weges an. T. reagiert verängstigt und sagt, dass sie kein Interesse an einem Gespräch habe und beschleunigt ihren Gang. K. folgt ihr weiter und greift nach ihrem Arm. T. versucht nun wegzurennen, um dem K. zu entkommen. Wenige Augenblicke später versetzt der K. dem Mädchen von hinten einen Stoß und es kommt zu Fall. Der K. hockt sich jetzt auf das weinende Mädchen, hält es mit seinen Armen am Boden fest. Er versucht sie zu küssen. Dies wird von der T. durch Abwenden des Kopfes verhindert. K. ist über das Verhalten des Mädchens jetzt so aufgebracht und verärgert, dass er sich entschließt, ihr zu zeigen, dass er alles bekommt, was er haben will. Er zerrt die Oberbekleidung des Mädchens nach oben und entblößt dadurch ihren Oberkörper. Den BH des Mädchens zerreißt er in der Mitte mit großer Kraftanstrengung. Als die T. laut um Hilfe ruft, hält er ihr den Mund zu. Der K. zieht daraufhin die Oberbekleidung des Mädchens soweit über ihren Kopf, dass dadurch der Mund bedeckt ist und drückt die Bekleidung mit seiner Hand auf ihr Gesicht, damit keine Laute mehr zu hören sind. Gerade als der K. die Entkleidung des Mädchens weiter fortsetzen will, nähern sich andere Gäste aus der Diskothek. K. lässt von der T. ab und flüchtet in Richtung Innenstadt. Die herbeieilenden Gäste benachrichtigten die Polizei.

Leider kann die T. nur eine Beschreibung der Oberbekleidung des Täters abgeben. Im Rahmen einer Nahbereichsfahndung wird der K. in der Innenstadt angetroffen und bei einer später durchgeführten Gegenüberstellung von der T. nicht erkannt.

Zwei Fallbeispiele, die in verschiedener Ausführungsart zeigen, dass der Täter Gegenstände berührt und am Tatort zurückgelassen hat. Im ersten Sachverhalt hat der Täter die von ihm am Tatort benutzten Gegenstände zunächst selbst eingekauft. Dabei hat er die Handschuhe und die Schraubendreher mit seinen Händen direkt angefasst und hier bereits Rückstände seiner eigenen Körperabsonderungen auf diese Gegenstände übertragen. Von diesen abgelagerten, körperunbrauchbaren Substanzen des E. gehen Duftmoleküle aus, die je nach Empfindlichkeit eines Riechorgans wahrnehmbar sind. In der hier vorhandenen Ablagerungsform ist es denkbar, dass eine spätere Identifizierung der Person des E. möglich ist, wenn vom polizeilichen Ermittler die geeigneten weiteren Maßnahmen eingeleitet werden.

Besondere Aufmerksamkeit sollte auf die vom Täter im Treppenhaus weggeworfenen Handschuhe gelegt werden. Der Täter hatte diese während der Tat getragen. Auf Grund der anzunehmenden Kraftanstrengung während des Aufhebelns der Wohnungstür ist davon auszugehen, dass der Täter erheblich geschwitzt hat, und die dabei aus den Poren der Haut ausgetretene Substanz insbesondere in den Innenbereich der Handschuhe gelangt ist. Selbst bei einer unsachgemäßen Berührung der Handschuhe von außen bei der Sicherung dieser Gegenstände am Tatort bleibt der Innenbereich der Handschuhe für eine weitere Geruchsspurenauswertung erhalten. Auch diese Möglichkeit sollte der polizeiliche Ermittler bei seiner weiteren Beweisführung beachten.

Im zweiten Beispiel hat der Täter keine direkt greifbaren Gegenstände am Tatort zurückgelassen. Eine Sicherung von Mikrofaserspuren an der Kleidung der Geschädigten könnte Hinweise auf vom Täter zur Tatzeit getragene Textilstücke ergeben und damit für die spätere Beweissituation bedeutsam sein. Auch eine Sicherung möglicher serologischer Spuren an der Kleidung der Geschädigten könnte zu Hinweisen auf den Täter führen. Die Oberbekleidung der T. dürfte wenig geeignet sein, um daran daktyloskopische Spuren zu sichern. Bedeutsam erscheint, dass der K. bei der gewaltsamen Zerstörung der Bekleidung mit unbekleideten Händen mit großer Kraftanstrengung gehandelt hat. Das dürfte zu einem verstärkten Austritt von körperunbrauchbaren Substanzen geführt haben, die individuelle Geruchsmoleküle des K. enthalten. Diese wurden durch die intensive Berührung der Bekleidung der T. dort übertragen und können bei sachgerechter Spurenbearbeitung der Opferbekleidung im Rahmen der späteren Ermittlungstätigkeit für weitere Auswertungsmaßnahmen herangezogen werden.

Geruchsrückstände des Täters können an vielen vom ihm berührten Gegenständen vorhanden sein. Eine optimale Voraussetzung, auch im Hinblick auf mögliche Geruchsspuren, kann dann erlangt werden, wenn bei der Spurensicherung im Rahmen der Tatortarbeit im Idealfall mit Mundschutz und neuen Einweg-Handschuhen gearbeitet wird, und die Gegenstände in einer luftundurchlässigen Verpackung für weitere Untersuchungen gesichert werden.

6.4 Der Einsatz eines Polizeidiensthundes

Das Geruchsorgan des Menschen ist nicht so stark ausgeprägt, dass damit eine individuelle Geruchsidentifizierung einer anderen Person erreicht werden könnte, die in einem Ermittlungsverfahren beweiserheblich von Bedeutung sein kann. Die Nase eines Hundes ist für die Wahrnehmung und Identifizierung eines individuellen menschlichen Geruches wesentlich mehr geeignet. Daher kann zum Zwecke der Geruchsidentifizierung der polizeiliche Ermittlungsbeamte auf einen speziell dafür ausgebildeten Spürhund zurückgreifen.

6.4.1 Der Untersuchungsantrag

Zunächst wird der Ablauf des Geruchsspurenvergleichsverfahrens im Ermittlungsbereich des ersten Beispielsachverhalts betrachtet. Der zuständige Sachbearbeiter nimmt Kontakt mit der Untersuchungsstelle auf. Die am Tatort gesicherten und für dieses Geruchsspurenvergleichsverfahren geeigneten Spuren in Form der Schraubendreher, der Handschuhe, der Tragetasche und der Stahlkassette befinden sich in sterilen, gasdichten oder luftundurchlässigen Verpackungen und werden an die Untersuchungsstelle geschickt. Zuvor ist ein Untersuchungsantrag für die Durchführung dieses Geruchsvergleichsverfahrens gestellt worden. Der Untersuchungsauftrag ist so formuliert, dass festgestellt werden soll, ob Geruchsspuren des E. an den vom Täter am Tatort zurückgelassenen Gegenständen feststellbar sind. Im Untersuchungsantrag ist aufgenommen worden, dass von dem E. mit seinem Einverständnis Vergleichsgeruchsspuren genommen werden können, wenn dies für die Durchführung der Untersuchung erforderlich ist. Soweit hier die Bestimmung des § 81b StPO als Rechtsgrundlage dient, ist eine Durchführung der Maßnahme auch gegen seinen Willen zulässig.

In dem zweiten Beispielsachverhalt hat der zuständige polizeiliche Ermittler ebenfalls einen Untersuchungsantrag vorbereitet. Neben den in diesem Untersuchungsantrag zu erwähnenden Informationen, wie beispielsweise Straftat, Tatort, Tatzeit, Geschädigte, Tatverdächtiger, sichergestellte Gegenstände, werden die übersandten Asservate genannt. Es handelt sich dabei um die Bekleidung der T., die vom Täter gewaltsam verschoben worden ist und längere Zeit vom Täter berührt wurde. Diese ist einzeln in sterilen, gasdichten oder luftundurchlässigen Verpackungen zu sichern, wie etwa in so genannten Brandschuttbeuteln aus Kunststoff oder Aluminium, damit ein Entweichen des

Geruchs ausgeschlossen werden kann. Die Verpackung muss mit geeigneter Klebefolie verschlossen sein. Feuchte oder nasse Gegenstände sind zunächst in sauberen, geruchsneutralen Papiertüten zu trocknen und dürfen erst dann in getrocknetem Zustand in luftdichten Behältnissen verpackt werden. Als Untersuchungsauftrag hat der Sachbearbeiter notiert, dass festgestellt werden soll, ob Geruchsspuren des K. an der Bekleidung der T. feststellbar sind.

6.4.2 Die Aufnahme der Geruchsvergleichsspur

In der polizeilichen Praxis hat sich ein Geruchsspurenvergleichsverfahren entwickelt, das durch die Gerichte in seiner Durchführung und Beweiskraft bis heute bestätigt worden ist. Eine Voraussetzung für die Anwendung dieser Geruchsspurenauswertung ist das Vorhandensein eines Gegenstandes, der vom Täter vermutlich berührt worden ist. Dieser Gegenstand sollte von keiner anderen Person mit ungeschützten Händen angefasst worden sein, damit die Geruchsanhaftung nicht durch andere Gerüche verändert oder beeinträchtigt wird.

In beiden Beispielsachverhalten sind Gegenstände vorhanden, die von den Tätern berührt bzw. am Tatort zurückgelassen worden sind. In beiden Fällen sind auch Personen festgestellt worden, gegen die ein Tatverdacht besteht. Damit das Geruchsspurenvergleichsverfahren zu einem späteren Zeitpunkt durchgeführt werden kann, ist es erforderlich, dass der individuelle Geruch der tatverdächtigen Personen so gesichert wird, dass eine spätere Verwendung als Geruchsprobe möglich ist. Zu diesem Zweck werden die beiden Tatverdächtigen, E. und K., zur Polizeidienststelle vorgeladen. In Absprache mit dem später eingesetzten Polizeidiensthundführer der Untersuchungsstelle wird dieser die Sicherung des Geruchs der tatverdächtigen Personen durchführen. E. und K. werden von dem Diensthundführer gebeten, eine erforderliche Zahl thermisch gereinigter Metallröhrchen über einen festgelegten Zeitraum mit den Fingern fest umschlossen in der Hand zu halten und somit ihren individuellen Geruch auf diese Vergleichsspurenträger zu übertragen. Anschließend werden die Metallröhrchen in ebenfalls thermisch gereinigte und verschließbare Glasgefäße verpackt, damit ein sicherer und Spuren schonender Transport zur Auswertungsstelle für Geruchsspuren gewährleistet ist. Um für das später durchzuführende Geruchsspurenvergleichsverfahren genug zusätzliches Vergleichsmaterial zur Verfügung zu haben, werden nach gleicher Verfahrensweise von anderen nicht verdächtigen Personen ebenfalls Geruchsspuren auf geruchsneutralen Metallröhrchen gesichert und in Glasbehältern verpackt.

In Abweichung zu der Geruchskontamination durch die Beschuldigten werden die Personen der unverdächtigen Vergleichsgruppe gebeten, zusätzliche verschiedene Gegenstände anzufassen, um dort ebenso ihren Individualgeruch zu übertragen. Diese Gegenstände sind als fiktive Beweismittel für den so genannten Vortest im Untersuchungsverfahren von Bedeutung. Um Verwechselungen auszuschließen, werden alle Gläser personenbezogen gekennzeichnet, damit jederzeit nachvollziehbar ist, in welchem Glas sich die Geruchsprobe der jeweiligen Person befindet. Die fiktiven Beweismittel werden ebenfalls steril verpackt. Von der Durchführung dieses Verfahrens wird ein Kontaminationsprotokoll erstellt. Dieses wird zu den Ermittlungsakten genommen und verdeutlicht nachvollziehbar für alle am Ermittlungsverfahren beteiligte Personen die Herkunft der einzelnen Metallgegenstände. Die Durchführung des Geruchsspurenvergleichsverfahrens erfolgt ohne Anwesenheit der tatverdächtigen Personen, damit die daran beteiligten Polizeihunde durch den Körpergeruch der mutmaßlichen Täter nicht beeinflusst werden.

6.4.3 Die Durchführung des Geruchsspurenvergleichsverfahrens

Für die Durchführung eines Geruchsspurenvergleichsverfahrens ist es erforderlich, dass mehrere für diese Zwecke ausgebildete Polizeidiensthunde und Polizeidiensthundführer zur Verfügung stehen. In Nordrhein-Westfalen wird diese Ermittlungstätigkeit durch Mitarbeiter vom Institut für Aus- und Fortbildung der Polizei Nordrhein-Westfalen, Fachbereich 1, Sachgebiet 11.3 – Diensthundewesen – mit Sitz in Schloss Holte-Stukenbrock durchgeführt. In dieser Einrichtung sind auch die für das Verfahren notwendigen baulichen Voraussetzungen vorhanden.

Zunächst wird der Ablauf des Geruchsspurenvergleichsverfahrens im Ermittlungsbereich des ersten Beispielsachverhalts betrachtet. Der zuständige Sachbearbeiter hat die am Tatort gesicherten und für dieses Geruchsspurenvergleichsverfahren geeigneten Spuren in Form der Schraubendreher, der Handschuhe, der Tragetasche und der Stahlkassette in sterilen Verpackungen mit einem Untersuchungsantrag an die Untersuchungsstelle geschickt. Der dort eingesetzte Mitarbeiter hat die Vergleichsgeruchsspur des E. und der anderen unbeteiligten Personen für das folgende Verfahren ebenfalls vorliegen. Auf einer Untersuchungsfläche sind insgesamt sieben Vorrichtungen montiert, die jeweils ein Metallröhrchen aufnehmen und festhalten, gleichzeitig jedoch für die Spürnase eines Hundes offen zugänglich sind.

Der hier als Protokollführer tätige Polizeibeamte entnimmt jetzt aus den sterilen Gläsern die Metallröhrchen mit den Geruchsanhaftungen von verschiedenen Personen der Vergleichsgruppe, sowie auch einen Metallgegenstand mit der Vergleichsgeruchsprobe des E. Der verantwortliche Beamte befestigt diese ausgelegten Metallröhrchen auf der Untersuchungsfläche und notiert dabei die Positionen aller ausgelegten Personen. Im ersten Untersuchungslauf, der auch als Vortest bezeichnet wird, erfolgt zunächst die Entnahme eines so genannten fiktiven Beweismittels aus der Verpackung. Dies wurde zuvor von einer unbeteiligten Person berührt. Ein Vergleichsröhrchen dieser unbeteiligten Person ist ebenfalls wie beschrieben auf der Untersuchungsfläche vorhanden. Zunächst wird ein für dieses Verfahren ausgebildeter Spürhund mit seinem Hundeführer in den Untersuchungsraum gebeten. Das jeweils eingesetzte Team weiß nicht, an welcher Position das Röhrchen der Vergleichsperson auf der Untersuchungsfläche liegt. Der Diensthundeführer hält seinem Spürhund nun das fiktive Beweismittel mit einer sterilen Zange zur Witterungsaufnahme vor die Nase, damit das Tier den vorhandenen menschlichen Geruch aufnehmen kann. Dann erst wird der Hund auf die Untersuchungsfläche geschickt und soll die ausgelegten Metallröhrchen aufspüren. Der Hund identifiziert das Metallröhrchen, welches den Geruch derjenigen Person enthält, die den vorgehaltenen Gegenstand zuvor berührt hat. Nach einer kurzen Pause für den Hund von etwa fünf bis zehn Minuten wird die Untersuchung mit dem so genannten Haupttest fortgesetzt.

In dem zweiten Beispielsachverhalt wird das Geruchsspurenvergleichsverfahren in gleicher Form durchgeführt, wie es bereits zum ersten Fall dargestellt worden ist. Jetzt wird dem Hund im Haupttest als Tatortgeruchsspur ein Kleidungsstück der T. vorgehalten, das vermutlich vom Täter berührt worden ist. Wenn an diesem Teil der Bekleidung für den Hund feststellbare Geruchsanhaftungen des Beschuldigten vorhanden sind, wird der eingesetzte Spürhund das Metallröhrchen mit der Geruchsvergleichsspur des K. als identischen Geruch durch Kratzen und Beißen anzeigen. Wenn auch in diesem Fall die Geruchsspur durch zwei weitere Polizeidiensthunde bestätigt wird, ist die Wahrscheinlichkeit, dass der K. das Textilstück berührt hat, genauso hoch wie im Fall eins.

In der polizeilichen Praxis kann es vorkommen, dass Geruchsspuren an nicht transportablen Gegenständen vorhanden sind. Als Beispiel sei hier der schwere Tresor genannt, der von den Tätern vielleicht um ein kleines Stück verschoben worden ist. Ein Verbringen dieses Gegenstandes in den Bereich der Untersuchungsstelle für Geruchsspurenvergleiche erscheint nicht sinnvoll. In einem solchen Fall kann die Geruchsspur durch eine sterile Mullkompresse oder einen speziellen Salbenverband aufgenommen und als so genannte Geruchs- oder Duftkopie gesichert werden. Das verwendete Gewebematerial wird nach Möglichkeit über einen Zeitraum auf den vom Täter berührten Bereich gelegt. Die vorhandene Geruchsspur kann dann in die Mullkompresse gelangen. Nach längstens 24 Stunden wird das Gewebe wie ein Original-Beweismittel gasdicht verpackt. Das später durchzuführende Geruchsspurenvergleichsverfahren wird dann mit dieser in der Mullkompresse gesicherten Tatortgeruchsspur durchgeführt.

6.5 Die Dokumentation des Geruchsspurenvergleichsverfahrens

In dem in Nordrhein-Westfalen durchgeführten Geruchsspurenvergleichsverfahren werden alle Untersuchungen protokolliert und es wird eine Videoaufzeichnung angefertigt. Diese Unterlagen werden anschließend dem zuständigen Sachbearbeiter der Polizei, der Staatsanwaltschaft oder dem Gericht zu den Ermittlungsakten übergeben. Eine Betrachtung der Videoaufzeichnung des Vergleichsverfahrens kann darüber informieren, dass die eingesetzten Hunde nicht durch ihre Diensthundeführer beeinflusst oder so angeleitet worden sind, dass sie die Geruchsspur des Tatverdächtigen erkennen mussten. Ein Protokollführer befindet sich während der gesamten Durchführung der Untersuchungsläufe in einem anderen Raum, der durch eine Glaswand vom Untersuchungsraum getrennt ist und überwacht die ordnungsgemäße Durchführung des Verfahrens.

Zusätzlich zu der beschriebenen Dokumentation wird noch ein Untersuchungsbericht über die Durchführung des Geruchsvergleichsverfahrens erstellt. Die dabei von den Hunden festgestellten Geruchsübereinstimmungen oder die möglichen Gründe für eine Nichtidentifizierung sind dort beschrieben und bewertet.

Die abschließende Berücksichtigung dieses Beweises bleibt der Würdigung des Gerichts vorbehalten. Geruchsspurenvergleichsverfahren werden in der Bundesrepublik Deutschland und auch in anderen Ländern Europas bereits seit Jahrzehnten erfolgreich durchgeführt.

Dieses Verfahren zur Identifizierung von menschlichen Geruchsspuren durch speziell ausgebildete Polizeidiensthunde stellt neben anderen (kriminal-)polizeilichen Untersuchungsmethoden eine wichtige Ermittlungshilfe dar und genießt heute eine hohe Akzeptanz bei Ermittlern der Polizei, bei Staatsanwaltschaften und bei den Gerichten.

Weiterführende Literatur:

Beleke, N. (Hrsg.): Kriminalisten-Fachbuch – Kriminalistische Kompetenz. Eine Verbindung aus Kriminalwissenschaft, kommentiertem Recht und Kriminaltaktik für Studium und Praxis. Loseblattwerk in 2 Ordnern, Stand: 2000. Schmidt-Römhild Verlag, Lübeck 2000.

Burghard, W. / Hamacher, H. W. / Herold, H. / Howorka, H. / Kube, E. / Schreiber, M. / Stümper, A. (Hrsg.): Kriminalistik Lexikon. 3., völlig neu bearbeitete und erweiterte Auflage. Kriminalistik-Verlag, Heidelberg 1996.

Hatt, H.: Riechen / Gruchssinn. In: Springer Lexikon Medizin, Medizin zum Begreifen nah, S. 1863. 1. Auflage. Springer Medizin Verlag, Berlin [u.a.]2004.

Hilden, H.: Mathematisches Gutachten über das Geruchsspurenvergleichsverfahren der Landespolizeischule für Diensthundeführer. Schloss Holte-Stukenbrock 1990.

Hugentobler, P. / Bachmann, P.: Erfahrungen bei der Auswahl, Abrichtung und Einsatz von Rauschgiftspürhunden. In: Kriminalistik 09/78, S. 417.

Maciejewski, A.: Auswertung olfaktorischer Spuren. Das Geruchsspurenvergleichsverfahren mit Diensthunden. In: NStZ 10/1995, S. 482. C.H. Beck Verlag, München 1995.

Meier, J.: Sprengstoffdelikte. Vortrag, gehalten am 24.2.1975 am Kriminalistischen Institut des Kantons Zürich. In: Kriminalistik: 07/75, S. 299.

Meyer, H. / Wolf, K. / Müller, R.: Kriminalistisches Lehrbuch der Polizei; Arbeitsbuch für Wach-, Wechsel- und Ermittlungsdienst. 8. Auflage. Verlag Deutsche Polizeiliteratur, Hilden 2003.

Rullang, G. / Gintzel, K.: Handbuch für Hundeführer. 3., überarbeitete und ergänzte Auflage. Boorberg Verlag, Stuttgart [u.a.] 2004.

Süskind, P.: Das Parfüm. Die Geschichte eines Mörders. Diogenes Verlag, Zürich 1985.

Weihmann, R.: Kriminalistik. Für Studium und Praxis. 8. Auflage. Verlag Deutsche Polizeiliteratur, Hilden 2005.

Weihmann, R.: Lehr- und Studienbriefe Kriminalistik / Kriminologie. Band 2, Kriminaltechnik I. 1. Auflage. Verlag Deutsche Polizeiliteratur, Hilden 2005 und Band 3, Kriminaltechnik II. 1. Auflage. Verlag Deutsche Polizeiliteratur, Hilden 2005.

ohne Autor:

Leistungsfähigkeit der Polizeihunde. Bemerkenswerte Versuche. In: Kriminalistik 07/77, Auslands-Revue, S. 328.

Polizeihund ermöglicht Aufklärung eines 10 Jahre zurückliegenden Einbruchs. In: Kriminalistik 07/77, Auslands-Revue, S. 328.

Richtlinien:

Richtlinien für den Einsatz von Geruchsspurenvergleichshunden im strafrechtlichen Ermittlungsverfahren.

RdErl. des Innenministeriums Nordrhein-Westfalen vom 23.7.1991 –
IV D 1/C 3-6402/8535 (MBl. NRW. 1991, S. 1160), geändert durch RdErl. vom 11.1.2002 (MBl. NRW. 2002, S. 214).

7 Das Gangbild

7.1 Die Fortbewegung des Menschen

Einige Verhaltensweisen im menschlichen Leben werden zeitweise automatisch und selbstverständlich durchgeführt. Ob es der nächtliche Schlaf ist, der zur Regeneration des Körpers beiträgt, oder die Nahrungsaufnahme, durch die der menschliche Körper mit lebenswichtigen Stoffen versorgt wird, es geschieht in der Regel ohne besondere Aktivitäten. Der Gang des Menschen von einer Stelle zu einer anderen kann in diesem Zusammenhang gleichermaßen genannt werden.

Werden die genannten Beispiele unter dem kriminalistischen Aspekt der Wiedererkennung einer Person betrachtet, ergeben sich beim Schlaf und der Nahrungsaufnahme kaum Anhaltspunkte für eine solche Möglichkeit. Die Ursache liegt darin, dass der Mensch diese Handlungen überwiegend im privaten Bereich realisiert. Der Gang des Menschen ist dagegen gleichermaßen in der Öffentlichkeit und der Privatsphäre zu beobachten.

Die Wiedererkennung eines Menschen richtet sich danach, welche individuellen Merkmale an dieser Person zu beobachten sind. Bewegungsabläufe, wie sie beim Gang eines Menschen zu beobachten sind, können solche individuellen Merkmale beinhalten.

Der Gang wird dabei in Gangarten unterschieden, wie beispielsweise ein langsames oder schnelles Gehen, ein Laufen oder ein Rückwärtslaufen. Die Gangart ist eine seit der Geburt vorhandene Eigenschaft, die durch besondere Ereignisse dauerhaft oder vorübergehend beeinflusst werden kann. Der Bruch eines Beinknochens kann beispielsweise eine kurzfristige Veränderung des Gangs einer Person zur Folge haben. Ist die Verletzung so schwer, dass durch die Operation eine Veränderung der Beinstellung verursacht wird, kann das auch zu einer dauerhaften Veränderung des Gangs führen. Die zierliche, kleine, weibliche Person hat eine andere Gangart als der groß gewachsene, körperlich schwergewichtige Mann. Ein junger Mensch geht anders als ein alter Mensch.

Die Gangart kann durch besondere Situationen geprägt sein, wie den Transport schwerer Gegenstände oder eine eilige, durch Stress beeinflusste Verhaltensweise. Der Konsum von Betäubungsmitteln kann den Gang ebenso beeinflussen, wie andere berauschende Mittel. Eine körperlich bedingte Erkrankung kann zu einer Beeinflussung der Bewegungsabläufe führen und dadurch die Gangart verändern. Je nach Art der Erkrankung kann diese Veränderung dauerhaft sein.

Eine weitere Beeinflussung des Ganges kann durch ein besonderes Verhalten der jeweiligen Person entstehen. Die stets vornübergebeugt gehende Person, der breitbeinig gehende Mann, der locker, schlendernd gehende Jugendliche oder der torkelnde ältere Mann sind hierfür nur einige Beispiele.

Um die Gangart eines Menschen erkennen und interpretieren zu können, ist ein Gangbild erforderlich. Darunter wird das Vorliegen von mindestens drei aufeinander folgenden Schritten verstanden, bei denen die Abdrücke oder Eindrücke der Fußsohlen oder der Schuhsohlen nachvollziehbar vorliegen.

7.2 Die Sicherung von Fortbewegungsspuren

Der gehende Mensch hinterlässt ein sichtbares oder latentes Gangbild, wenn er eine Wegstrecke zurücklegt. Das Gangbild ist mit dem Auge erkennbar, wenn beispielsweise eine weiche, nachgiebige Fläche betreten wird und dabei Schuhsohlen oder Fußsohlen die vorhandene Oberfläche betreten und verdrängen. Als latente Spur ist das Gangbild häufig dann vorhanden, wenn mit der Schuhsohle oder der Fußsohle zunächst eine feuchte Fläche betreten wird und sich dann das Abbild des Sohlenprofils oder die an den Fußsohlen vorhandenen Papillarleisten mit der zuvor aufgenommenen Feuchtigkeit auf einem festen Untergrund abzeichnen. Je nach Farbe und Beschaffenheit des Untergrundes sind diese Spuren nicht mit dem Auge zu erkennen. Ein Sichtbarmachen mit einem geeigneten Spurensicherungsmittel oder der Einsatz von schräg einfallendem Kunstlicht führt zum Erkennen des Gangbildes.

Aus der kriminaltechnischen Praxis ist bekannt, dass bei der Sicherung eines Gangbildes zunächst eine so genannte Richtungslinie festzulegen ist. Darunter ist eine zwischen oder neben dem festgestellten Gangbild verlaufende Gerade zu verstehen, die als Grundlage für die weitere Vermessung des Gangbildes dient. Die Markierung erfolgt mit Hilfe des Fotozollstockes oder eines geradlinig ausgelegten Seils.

Anschließend erfolgt eine Vermessung der Schrittlänge. Dabei wird der Abstand zwischen zwei festgestellten, sichtbaren Ein- oder Abdruckspuren erfasst. Als Ausgangspunkt der Messungen wird jeweils das Ende der erkennbaren Schuhsohlenein- oder -abdruckspur ausgewählt. Sind diese nicht zum Ein- oder Abdruck gekommen, können auch andere markante, gleichartige und sich in jedem Abdruck wiederholende Spuren als Ausgangs- und Bezugspunkt gewählt werden. Sind mehrere, aufeinander folgende Ein- oder Abdruckspuren erkennbar, dann wird die Schrittlängenmessung auch mehrfach wiederholt. Das kann zur Feststellung eines unregelmäßigen Ganges führen, wenn beispielsweise nach zehn Schritten eine abweichende Schrittlänge festzustellen ist, die nicht umgebungsbedingt vorhanden ist.

Ein weiteres Gangelement ist die so genannte Schrittbreite, die für die Ab- oder Eindrücke beider Füße zu vermessen und zu dokumentieren ist. Hierzu wird ein in der Mitte im Absatz- oder Fersenbereich liegender, in allen vorzufindenden Schuh- oder Fußspuren gleichartig nachvollziehbarer Messpunkt bestimmt. Dann wird der Seitenabstand dieser beiden Messpunkte ermittelt. Auch hier ist eine Ermittlung der Schrittbreite an mehreren Stellen angebracht, um unregelmäßig auftretende Veränderungen der Schrittbreite festzustellen.

Nun konzentrieren sich die Ermittlungen auf die so genannte Fußlinie der einzelnen Ein- oder Abdruckspur. Dazu wird eine Linie parallel zur Spur oder durch die Mitte des Längsverlaufes der Spur gezogen. Dadurch wird die konkrete Stellung des Fußes während des Gangs festgestellt und kann optisch besser dokumentiert werden. Auch bei dieser Tätigkeit sollten nach Möglichkeit die Fußlinien aller feststellbaren Spuren des Gangbildes erfasst und dokumentiert werden, damit Abweichungen oder unregelmäßige Erscheinungsformen dokumentiert werden können.

Verbindet man die Fußlinie mit der oben erwähnten Richtungslinie, dann entsteht an der Verbindungsstelle ein Winkel, der Fußwinkel. Bei einem gleichen Gangbild ist dieser Winkel gleich groß, bei Abweichungen sind auch verschiedene Winkelgrößen feststellbar.

Abschließend erfolgt noch die Feststellung des so genannten Schrittwinkels. Dieser ergibt sich durch die Winkelmessung zwischen den Verbindungslinien im Bereich von drei aufeinander folgenden Spuren, wobei die Linienführung durch die hintere Absatz- oder Fußmitte geführt wird.

Neben der fotografischen Dokumentation einer am Tatort festgestellten Folge von mehreren Schuhsohlenspuren ist eine maßstabsgerechte Skizze anzufertigen, damit dem Gutachter umfangreiches Untersuchungsmaterial für die Untersuchung des Gangbildes zur Verfügung gestellt werden kann. Selbstverständlich werden Angaben zum Ort, der Zeit und der aufnehmenden Person die Skizze ergänzen, damit das so gesicherte Material für das gerichtliche Beweisverfahren geeignet ist.

7.3 Mögliche Einschränkungen bei der Erfassung der Bewegungsabläufe des Menschen

Die Bewegungsabläufe eines Menschen haben in der Vergangenheit aus kriminalistischer Sicht kaum eine besondere Bedeutung gehabt, wenn man von einzelnen Fällen absieht, bei denen der Täter auf Grund seines Gangbildes erkannt worden ist.

In der kriminalistischen Historie war es *Bertillon*, der durch die Vermessung von Menschen mit dem Ziel der Wiedererkennung eine Voraussetzung für die heute vorhandene Personenbeschreibung schaffte. Die ursprünglich von *Bertillon* erhobenen Maße wurden später mit weiteren Informationen über das Aussehen der zu erfassenden Person ergänzt. Dies führte zu der bis heute noch angewandten Personenbeschreibung, die eine Grundlage für die Erfassung von Bewegungsabläufen des Menschen darstellt.

In der polizeilichen Praxis werden die Bewegungsabläufe des Menschen häufig auf den Bereich der Fuß- und Schuhspur beschränkt, wenn diese im Tatortbereich festgestellt werden. Die Erfassung dieser Gangelemente wird im Abschnitt 7.2 dargestellt. Der Kriminalist erwartet von der Auswertung dieser Spuren Hinweise auf die körperliche und emotionale Eigenschaft des Verursachers.

Eine gleichartig gründliche, schematisierte Erfassung der Bewegungsabläufe des gesamten Körpers, wie bei den Gangelementen, ist in der polizeilichen Praxis bisher nicht realisiert worden. Die Erfassung der Bewegungsabläufe bleibt bis heute in der Regel dem Ermittlungssachbearbeiter vorbehalten. Er wird im Rahmen einer Zeugenvernehmung Angaben zu den Bewegungsabläufen des Täters aufnehmen. Dabei wird die Intensität der konkreten Befragung zu den Bewegungsabläufen durch den Sachverstand des eingesetzten Mitarbeiters bestimmt. Um geeignete Informationen zu einem Bewegungsablauf mit dem Ziel der Wiedererkennung festzustellen, muss die vernehmende Person über ein Grundwissen der Wiedererkennung auf diesem Gebiet verfügen. Häufig fehlt der vernehmenden Person die für Bewegungsabläufe zutreffende Ausdrucksweise, die auch für eine spätere Gutachtenerstellung erforderlich ist. Oder es werden verschiedene Worte genannt, um damit dasselbe auszudrücken. Eine Vereinheitlichung der Sprache für diesen kriminalistisch wichtigen Bereich könnte dazu einen wesentlichen Beitrag leisten.

Die Zeugenaussage zu den beobachteten Bewegungsabläufen des Täters wird wesentlich die spätere Auswertung dieses Bereiches beeinflussen. Ein Zeuge mit gutem Erinnerungsvermögen und einer ausgeprägten Beobachtungsgabe wird umfangreiche Angaben zu Einzelheiten des Bewegungsablaufes nennen können. Eine Person, die vergesslich ist und sich nicht für die Umgebung interessiert, wird nur wenige oder keine Aussagen zu den Bewegungsabläufen eines Täters vortragen können. Der eingesetzte Mitarbeiter der Polizei wird durch seine Fragen und die Vernehmensführung dazu beitragen, dass der Zeuge umfangreiche Aussagen zum Bewegungsablauf des Täters schildert.

7.4 Auswertbarkeit und individuelle Besonderheit des Ganges

Der Gang des Menschen ist für polizeiliche Ermittlungen grundsätzlich dadurch bedeutsam, dass die am Tatort handelnde Person sich diesem Bereich in der Regel zu Fuß nähert. Das bedeutet, dass je nach Bodenbeschaffenheit zumindest Ein- oder Abdruckspuren der bekleideten oder unbekleideten Füße durch die Bodenberührung verursacht werden. Durch die dabei zurückgelassenen Spuren können individuelle Abbilder des Papillarleistenbildes der unbekleideten Fußsohle verursacht worden sein. Es ist auch möglich, dass bei einem bekleideten Fuß die Schuhsohle Abdruck oder -eindruckspuren verursacht. Die Individualität dieser Spuren kann von der Herstellung, Beschaffenheit und individuellen Abnutzung der Schuhe geprägt sein. Werden individuelle Erscheinungsformen an der Schuhsohle und dadurch an der Spur festgestellt, beispielsweise ein abnutzungsbedingt fehlendes Stück des Sohlenprofils, dann ist bei Vorlage eines Vergleichsschuhs und damit einer Vergleichsspur eine Wiedererkennung möglich.

Außerdem wird die Suche und Sicherung dieser Spuren wesentlichen Einfluss darauf haben, ob die spätere Auswertung und beweiserhebliche Verwendung dieser Tatortspur Bedeutung für das weitere Verfahren hat. Insbesondere dann, wenn die gesicherte Schuhsohlenspur zur Identifizierung des Schuhträgers führt. Daher ist eine gründliche, umfassende Sicherung aller Ein- und Abdruckspuren erforderlich.

Grundsätzlich wird die am Tatort handelnde Person dort mehrere Schritte zurückgelegt haben. Das bedeutet, dass die dabei gewählte Gangart, also langsam, schnell oder sehr schnell, durch eine Auswertung der einzelnen Schritte festgestellt werden kann. Die Entfernung der einzelnen Schritte kann durch eine Vermessung der jeweiligen Entfernung von einer Schuhsohlenspur zur nächsten Spur ermittelt werden. Daraus kann sich eine Information zur Größe einer Person ergeben. Eine große Person mit langen Beinen hat überwiegend einen längeren Schrittabstand, als eine klein gewachsene Person mit kurzen Beinen.

Schließlich kann noch die Fußstellung zur Gangrichtung durch Vermessung und Dokumentation ermittelt werden. Eine Person, die beispielsweise einen so genannten Senkspreizfuß hat, hat eine andere Fußstellung, als eine Person mit unauffälligen Füßen. Im Falle des Senkspreizfußes kann beispielsweise eine leicht nach außen geführte Fußhaltung zur gewählten Gehrichtung festzustellen sein, der unauffällige Fuß kann die vollständige Geradeausstellung der Füße beim Gehen zeigen. Die Gangelemente werden nach der im Abschnitt 7.2 genannten Vorgehensweise gesichert, dokumentiert und für das Beweisverfahren erfasst. Die Interpretation im Hinblick auf individuelle Erscheinungsformen bleibt dem mit der Untersuchung beauftragten Gutachter vorbehalten.

Die schriftliche Darstellung des Gehens einer Person in einer Vernehmung sollte mit Angaben zur beobachteten Körperhaltung beginnen. Darunter ist der wahrgenommene Gesamteindruck des Zeugen zur Täterperson in allen äußerlich sichtbaren und erkennbaren Bereichen zu verstehen, die eine stets gleich bleibende Stellung haben. Die Haltung besteht aus einem körperlichen Zusammenhalt der daran beteiligten, wesentlichen Körperbereiche, wie Schultern, Oberkörper, Wirbelsäule und Beine. Wird bei dieser Erfassung bereits eine außergewöhnliche Beobachtung festgestellt, dann ist damit eine Grundlage für eine später vom Gutachter zu interpretierende Situation geschaffen. Als Beispiel sei hier der geburtsbedingte, verkürzte rechte Arm des Täters genannt, der sich in einer Schiefhaltung des Oberkörpers ausdrücken kann.

Die Angaben zum Gang ergänzen die Vernehmung weiter. Dabei werden unter dem Begriff Gang die Beobachtungen verstanden, die Aussagen zu den einzelnen, beweglichen, körperlichen Abläufen ermöglichen. Der beim Rennen weit nach vorne und hinten geführte und im Ellenbogenbereich eingewinkelte Arm, der tapsig erscheinende, langsame Schritt des schwergewichtigen Mannes oder der beim Gehen stets tänzelnde Jugendliche sind als Beispiele zu nennen. Die schriftliche Darstellung der Beobachtung des Gangs durch den Zeugen muss so vorgenommen werden, dass allein mit diesen Aussagen eine spätere Wiedererkennung der bisher unbekannten Person erfolgen kann. Das bedeutet, dass die Sätze in der Vernehmung zum Gang des Tatverdächtigen klar, verständlich und nachvollziehbar zu formulieren sind. Wurde dabei beispielsweise ein Merkmal des Gangs mehrfach gesehen, dann ist diese Wiederholung auch in der festgestellten Häufigkeit zu erwähnen. Die Bekleidung des beobachteten Tatverdächtigen muss beschrieben werden, damit erkennbar wird, wie deutlich der Zeuge den Gang der tatverdächtigen Person beobachten konnte. Ist diese Person mit einem bodenlangen, zugeknöpften Mantel bekleidet, dann ist eine Beobachtung des Ganges nur eingeschränkt möglich. Wesentliche Teile des Körpers sind dann durch die Bekleidung verdeckt. In der Vernehmungsniederschrift wird die vom Zeugen geschilderte Beobachtung zum Gang erfasst. Eine Interpretation ist dabei nicht vorzunehmen. Diese bleibt dem Gutachter vorbehalten

Im Rahmen der Vernehmung ist darauf zu achten, dass auch die beim beobachteten Gang wahrgenommenen Geräusche erfasst werden. Es ist wichtig, die vom Zeugen gehörten Geräusche des Gangs des Tatverdächtigen in der Vernehmung niederzuschreiben. Der Zeuge kann dabei beispielsweise Laufgeräusche gehört haben, die sich wie ein plattes Auftreten der Laufsohle des Schuhs anhören. Das könnte ein Hinweis auf eine schwergewichtige Person sein. Oder nur ein kurzes, knappes Ganggeräusch, das sich oft wiederholt. Diese Geräuschkulisse könnte auf eine schnell laufende, leichtfüßige Person hindeuten. Das leicht quietschende Geräusch einer abgerollten Kreppsohle auf einem Linoleumboden in einem lang erscheinenden Abstand könnte für eine männliche Person als Schuhträger sprechen. Ein mehrfaches, kurzes, hell klingendes, festes Klacken könnte das Geräusch eines auftretenden Absatzes eines Damenschuhs sein.

7.5 Die Feststellung von Gangspuren und Verhaltensmustern

Der nachfolgende Beispielsachverhalt soll die Möglichkeit eines am Tatort vorhandenen Gangbildes zeigen und im Rahmen der weiteren Darstellung die Sicherung und Erfassung im polizeilichen Ermittlungsverfahren verdeutlichen:

W. lebt in einer Großstadt im Rhein-Main-Gebiet und arbeitet als Kraftfahrer bei einer Spedition. Während seiner Arbeitszeit fährt er mit dem Lastkraftwagen zu verschiedenen Firmen, um Material auszuliefern und abzuholen. Vor zwei Tagen hat sich W. bei seinem täglichen Lauftraining den linken Fuß verstaucht. Er ist in unebenem Gelände umgeknickt. Trotz Behandlung mit Verband und Salbe verspürt er noch leichte Schmerzen. Er kann mit dem Fuß des linken Beines noch nicht richtig auftreten. W. überlegt, ob er die vom Orthopäden seit Jahren verordnete Schuheinlage für den Schuh des linken Fußes vielleicht im Augenblick lieber aus dem Schuh entfernen sollte. Zunächst lässt er alles so wie es ist. Bei einer seiner Lieferfahrten stellt W. fest, dass die Firma Druck AG eine Palette mit gestanzten Motivfolien für Personenkraftfahrzeuge außerhalb des Firmengebäudes auf dem Firmengelände ungesichert abgestellt hat. Die Firma Druck AG hat das Firmengelände mit einem etwa zwei Meter hohen Maschendrahtzaun eingegrenzt. An den Zufahrten für die Mitarbeiter und Lieferanten sind Stahltore in gleicher Höhe wie der Zaun vorhanden. Diese werden nach Arbeitsende abgeschlossen und durch einen Wachdienst stündlich kontrolliert. Die Außenanlagen der Firma Druck AG wurden gerade durch ein Gartenbauunternehmen neu gestaltet. Dabei wurde der Bodenbereich zwischen Zaun und Firmengebäude bearbeitet und neuer Rasen eingesät. Die Palette mit den Motivfolien steht auf einer mit Verbundpflaster ausgestatteten Fläche unter einem Dach.

W. überlegt, dass er mit den Motivfolien bei einem privaten Verkauf einen großen Gewinn erzielen könnte. Noch am selben Abend fährt er nach der letzten Auslieferung zum Gelände der Firma Druck AG. Die Zufahrtstore sind jetzt alle geschlossen, im Gebäude sieht er keine Personen und die Paletten mit den Motivfolien stehen noch immer auf dem Grundstück. W. steigt aus seinem Wagen, nimmt seinen Rucksack und schlendert an dem Zaun des Firmengrundstückes entlang. An einer Stelle ist der Zaun verbogen und nicht in der gesamten Höhe vorhanden. W. gelingt es, an dieser Stelle den Zaun zu überwinden. In geduckter Haltung läuft er über die mit Rasen eingesäte Fläche schnell zu der Palettenstellfläche. Während des Laufens schaut er sich um und stellt fest, dass er offensichtlich nicht beobachtet worden ist. Als W. an der Palette angekommen ist, zieht er sich seine ebenfalls mitgebrachten Arbeitshandschuhe an und öffnet die Verpackungsfolie der Palette. Dann packt er aus dem oberen mittleren Bereich etwa 100 Motivfolien in seinen mitgebrachten Rucksack. Er verschließt die Verpackungsfolie wieder, packt sich seinen jetzt prall gefüllten Rucksack auf den Rücken, um wieder zu seinem Fahrzeug zurückzugehen. In diesem Augenblick nähert sich der Wagen des Sicherheitsdienstes, um das Gebäude der Firma Foliendruck zu kontrollieren. W. schleicht jetzt in gebückter Haltung um das Gebäude herum auf die andere Gebäudeseite und verlässt das Firmengelände schwer bepackt. Er bemerkt nicht, dass er beim Verlassen des Grundstücks von dem Hundebesitzer S. beobachtet wird, der gerade mit seinem Dackel auf der gegenüberliegenden Straßenseite unterwegs ist. S. beobachtet, wie der W. zu dem abgestellten Lastkraftwagen geht und den Rucksack auf den Beifahrersitz legt. W. steigt dann in sein Fahrzeug und fährt ab. Dem S. fällt auf, dass der Mann mit dem Rucksack mit dem linken Fuß nicht vollständig aufgetreten ist. S. teilt seine Beobachtung am nächsten Tag Mitarbeitern der Firma Druck AG mit. Der Diebstahl der Motivfolien wird festgestellt und zur Anzeige gebracht. W. gibt im Rahmen einer polizeilichen Vernehmung an, dass er mit dieser Straftat nichts zu tun habe.

Ein solches oder ähnliches Beispiel kann sich heute wiederholt ereignen. Wenn sich auch die Schadenshöhe in einem feststellbaren, überschaubaren Rahmen bewegt, so sollte die polizeiliche Ermittlungsarbeit doch alle am Tatort vorhandenen, tatrelevanten Hinweise berücksichtigen, um die Beweissituation zu optimieren.

7.6 Die Sicherung und Beweiserhebung von Gangspuren und Verhaltensmustern

Die Bedeutung einer Gangspur und eines Verhaltensmusters wird sich daran orientieren, durch welche Besonderheit sich der Gang oder das Verhalten darstellt und vom Verhalten anderer Menschen unterscheidet. Ergeben sich dabei Auffälligkeiten, wie beispielsweise die eingeschränkte Nutzung des linken Fußes oder die durch eine Schuheinlage vielleicht veränderte Fußstellung, ist mit einer besonderen Beweiswürdigung zu rechnen. Denn durch die folgende Auswertung können sich Hinweise für eine Identifizierung ergeben. Die Schilderung des Zeugen S. über seine Beobachtungen am Tatort wird dadurch besondere Bedeutung erhalten, dass die Gangart des W. so genau beschrieben wird, dass daran ein individuelles Verhalten des W. erkannt wird.

7.6.1 Die Tatortarbeit zur objektiven Sicherung der Gangspur

Wenn die vorliegende Straftat so rechtzeitig erkannt wird, dass eine gründliche Tatortarbeit durchgeführt werden kann, ist eine wesentliche Voraussetzung für die weitere, optimale Beweisführung im polizeilichen Ermittlungsverfahren geschaffen. Durch die schnelle Mitteilung der Beobachtung des Zeugen S. an Mitarbeiter der Firma Druck AG ist ein zeitnaher Polizeieinsatz zur Beweissicherung möglich.

Die für die Beweissicherung eingesetzten polizeilichen Mitarbeiter betrachten nun den gesamten Grundstücksbereich der Firma Druck AG. Durch die im weichen Untergrund vorhandenen Eindruckspuren lässt sich die Gangrichtung von der als Zugang benutzten, heruntergedrückten Stelle im Zaun zur Stellfläche der Palette erkennen und nachvollziehen. Hier liegt ein umfangreiches Gangbild vor, da der W. eine größere Entfernung vom Zaun bis zur Palette mit den Motivfolien durch den weichen Untergrund zurückgelegt hat. Die Spurensicherung wird so erfolgen, dass mit Anlegung eines Maßstabes die einzelne Schrittfolge erfasst und für die spätere Auswertung dokumentiert wird. Es folgt eine Skizzierung der einzelnen Schritte, wobei nach Möglichkeit nicht nur die Entfernung der einzelnen Schritte zueinander erfasst, sondern auch die jeweilige Stellung der Füße zur Laufrichtung mit einer Winkelangabe notiert wird. Außerdem wird die Eindrucktiefe jeder einzelnen Schuhsohlenspur vermessen und dokumentiert. Wenn es möglich ist, werden die Schuhsohleneindruckspuren mit Hilfe einer Abformmasse, wie zum Beispiel Gips, ausgegossen und ebenfalls für spätere Auswertungsmaßnahmen gesichert. Sofern im Bereich des Verbundpflasters an der Stellfläche der Palette Schuhsohlenabdruckspuren oder Fragmente von Schuhsohlenabdruckspuren erkennbar sind, wird eine gleichartige fotografische Dokumentation erfolgen, wie sie zuvor beschrieben wurde.

Der auf der anderen Grundstückseite liegende Bereich, der vom Täter zur Flucht benutzt worden ist, ist ebenfalls in die Spurensicherung einzubeziehen. Die Dokumentation und Sicherung der Gangspur erfolgt analog in der bereits beim Tatortzugang geschilderten Form. Die fotografische Dokumentation wird dabei nach Möglichkeit auch senkrecht von oben erfolgen, um das Gangbild übersichtlich darzustellen. Die so erstellten Aufnahmen sind in die Ermittlungsakte aufzunehmen. Dadurch wird sichergestellt, dass die mit der späteren Auswertung der Aufnahmen befassten Personen und alle Beteiligten des folgenden Gerichtsverfahrens die Herkunft der Aufnahmen, deren Fotografen und Hersteller von Skizzen erkennen können.

7.6.2 Die Vernehmung zur Dokumentation des Gangbildes und Verhaltens

Zur Aufgabe des Polizeibeamten gehört die Vernehmung von Zeugen und tatverdächtigen Personen. Die dabei anzuwendende Vorgehensweise, Vernehmungstaktik und -technik ist Gegenstand einzelner Ausbildungsabschnitte. Die grundlegende Kenntnis von Vernehmungsmöglichkeiten zu ausgewählten Ermittlungsbereichen hängt nicht nur von der Unterrichtung des jeweiligen Gebietes ab, sondern wird auch von der Bereitschaft des Polizeibeamten bestimmt, sich auf diesem Gebiet zusätzliches Wissen anzueignen. Die Behandlung eines Gangbildes einer tatverdächtigen Person in einer polizeilichen Vernehmung ist ein schwieriger Bereich.

Der Zeuge S. hat das auffällige Gehverhalten der tatverdächtigen Person genannt. Eine nähere Konkretisierung dieser Angabe erfolgte bisher nicht. Der Vernehmungsbeamte wird im Rahmen der durchzuführenden Vernehmung den S. durch Fragen dazu bringen, dass dieser den Gang des Tatverdächtigen überdenkt. Er soll sich die Situation noch einmal deutlich vorstellen und dann eine genaue Beschreibung des Gangbildes von dem Augenblick an vornehmen, als er den Tatverdächtigen zuerst gesehen hat. Zu diesem Zeitpunkt ist die Person mit einem schwer bepackten Rucksack auf dem Rücken auf die Grundstücksgrenze zugegangen. Mögliche Fragestellungen in der folgenden Form können bei der Beschreibung der Auffälligkeit der Gangart und des Gangbildes zu einer Konkretisierung führen: Was ist am Gang der Person aufgefallen? Waren die Knie beim Laufen gestreckt oder gekrümmt? Oder war nur ein Knie gestreckt? Ist die Person langsam gegangen oder gelaufen? Haben sich die Haltung und der Gang der Person während der Beobachtung verändert? War die Haltung der Person offensichtlich durch die Last auf dem Rücken eher gekrümmt? Wie verhielt sich die Person, als sie den Rucksack vom Rücken nahm und auf den Beifahrersitz legte? Wie ging die Person dann um das Fahrzeug herum? War zu diesem Zeitpunkt noch eine Auffälligkeit an einem Bein oder Fuß beim Gehen feststellbar? Waren die Bewegungen der Person eher gleitend oder ruckartig? Haben sich beobachtete Verhaltensmuster der Person wiederholt? Konnte bei der Beobachtung des Tatverdächtigen ein Geräusch gehört werden, beispielsweise ein scheuerndes Geräusch durch den nur eingeschränkt benutzten linken Fuß?

Der Ermittlungsbeamte wird die gesamte Beobachtungssituation des Zeugen in der Vernehmung gründlich herausarbeiten. Dadurch besteht die Möglichkeit, dass die Aussage des S. bei der späteren Auswertung ein wesentliches Element der Identifizierung des Tatverdächtigen werden kann. Deshalb muss sich der Ermittlungsbeamte vor der Vernehmung mit der Beschreibung und schriftlichen Erfassung des Gangbildes eines Menschen beschäftigen. Er muss in der Lage sein, die einzelnen Situationen des Ganges eines Menschen nach Angaben des Zeugen so zu beschreiben, dass jede einzelne Veränderung der Körperhaltung erfasst wird. Dabei muss auch die beobachtete Haltung der Beine und Füße dargestellt werden. Die Beschreibung durch den Zeugen ist vom Vernehmungsbeamten so zu erfragen und schriftlich darzustellen, dass nicht nur ein Schritt oder eine kurze Schrittfolge der beobachteten Person dargestellt werden. Es ist der gesamte beobachtete und vom Tatverdächtigen zurückgelegte Weg zu beschreiben. Insbesondere sind die Bewegungsabläufe und das Gehverhalten darzustellen. Nur wenn der vernehmende Polizeibeamte hier eine detailgetreue, ausführliche Wiedergabe des Gangbildes durch den Zeugen aufnehmen kann, ist die Möglichkeit für eine spätere Auswertung der am Tatort gesicherten Spuren des Gangbildes gegeben. Wird später eine tatverdächtige Person festgestellt, kann durch die Beachtung der genannten Aspekte bei der Zeugenvernehmung eine Voraussetzung für eine später durchzuführende Gangvergleichsuntersuchung geschaffen werden.

7.7 Feststellung des Ganges einer tatverdächtigen Person

Besteht im Rahmen der polizeilichen Ermittlungen ein Tatverdacht gegen eine Person, ist zu prüfen, wie konkret dieser Verdacht vorhanden ist. Die weiteren polizeilichen Maßnahmen werden sich an der Konkretisierung des Verdachts orientieren.

Im vorliegenden Beispielsachverhalt liegt eine Zeugenaussage des S. vor. Er hat eine bisher namentlich nicht bekannte Person auf dem Gelände der Firma Druck AG und beim anschließenden Einsteigen in einen Speditionslastkraftwagen beobachtet. Da der W. der einzige Fahrer dieses Lastkraftwagens ist, besteht der dringende Verdacht, dass es sich bei der auf dem Gelände der Firma Druck AG beobachteten Person um den W. handelt. Die Behauptung des Tatverdächtigen, die ihm vorgehaltene Tat nicht begangen zu haben, ist dabei unerheblich.

Die Strafprozessordnung nennt in § 81b die Möglichkeit, Fingerabdrücke und Lichtbilder von Personen aufzunehmen, die einer strafbaren Handlung verdächtigt werden, wenn dies für die Zwecke des Strafverfahrens erforderlich ist. Außerdem eröffnet diese Bestimmung auch die Möglichkeit, ähnliche Maßnahmen am Beschuldigten für diesen genannten Zweck durchzuführen.

Im vorliegenden Fall kann diese gesetzliche Bestimmung so ausgelegt werden, dass das Gangbild des tatverdächtigen W. beispielsweise durch eine Videoaufzeichnung dokumentiert wird. Das dient dazu, dass der Zeuge S. bei einer später durchgeführten Betrachtung dieser Videoaufnahmen den W. möglicherweise an seinem Gangbild erkennt. Wird dieser Aufzeichnungsvorgang am Tatort des Eigentumsdeliktes rekonstruiert, kann das dabei entstandene Gangbild ebenfalls dokumentiert und skizziert werden, um auswertbares Material für eine spätere Vergleichsuntersuchung zu erhalten. Entschließt sich der zuständige Ermittlungssachbearbeiter, das Gangbild des W. im Rahmen einer Gegenüberstellung dem S. zu zeigen, bietet sich hier das so genannte sequenzielle Gegenüberstellungsverfahren an. Dabei werden gleichartige Videoaufzeichnungen von Gangbildern mehrerer Personen aufgenommen und dem Zeugen S. nacheinander vorgespielt. Die Videoaufnahmen des Vergleichsgangbildes des W. sind auch bei den Aufnahmen vorhanden. Erkennt der Zeuge S. das Gangbild des Tatverdächtigen auf Grund der Gangart und des besonderen Verhaltensmusters, ist damit eine wesentliche Voraussetzung zur Identifizierung des W als Spurenleger gegeben. Eine Täterschaft im Hinblick auf das Eigentumsdelikt zum Nachteil der Firma Druck AG ist damit noch nicht bewiesen. Durch ein solches Ermittlungsergebnis wird der Verdacht gegen den tatverdächtigen W. weiter erhärtet.

7.8 Vergleichsuntersuchung eines am Tatort gesicherten Gangbildes mit dem eines Tatverdächtigen

Für die Durchführung einer Vergleichsuntersuchung wird umfangreiches und optimal gesichertes Spurenmaterial des Gangbildes des Täters vom Tatort benötigt. Ebenso sollten die zu diesem Tatkomplex aufgenommenen Zeugenaussagen vorliegen. Zusätzlich ist es erforderlich, dass von der tatverdächtigen Person Vergleichsmaterial zum Gangbild und Verhaltensmuster beschafft wird. Dieses sollte eine gleichartige Auswertung wie die am Tatort gesicherten Spuren zulassen.

Im vorliegenden Fall wurde eine Rekonstruktion des Gangbildes des Tatverdächtigen im weichen Boden auf dem Gelände der Firma Druck AG durchgeführt. Dabei trug der Tatverdächtige auch einen gefüllten Rucksack. Die bei dieser polizeilichen Rekonstruktion entstandenen Spuren werden in gleicher Weise dokumentiert und gesichert, wie die ursprünglichen Tatortspuren des Gangbildes. Der Tatverdächtige hat seine Mitwirkung bei der Rekonstruktion zugesagt und auch realisiert. Das bedeutet nicht, dass er sich auch wirklich während der gesamten Rekonstruktionsmaßnahme realistisch verhalten hat. Es ist davon auszugehen, dass W. zumindest in Teilbereichen der Rekonstruktion ein bewusst abweichendes Gangverhalten zeigt. Diese Erkenntnis muss von den mit der Untersuchung beauftragten Personen berücksichtigt werden. Es müssen bei der Vergleichsuntersuchung alle entstandenen Schritte einzeln betrachtet, in Form und Lage ausgewertet und dann mit dem Tatspurenmaterial verglichen werden. Einzelne Abweichungen dürfen dabei nicht sofort zu einem Ausschluss des W. als Verursacher des Tatgangbildes führen. Eine Person kann sich in der Regel nicht auf Dauer in ihrem Gangverhalten vollständig verstellen. Es ist davon auszugehen, dass der tatverdächtige W. im Verlauf des hergestellten Vergleichsgangbildes an einigen Stellen sein wirkliches Gangbild zeigt. Wenn diese Übereinstimmungen festgestellt werden, sind die Eindruckspuren im weichen Boden in Form und Lage gleichartig. Die Auffälligkeiten bei der Benutzung des linken Beins und Fußes werden ebenfalls festgestellt. Dieses Ergebnis spricht für eine Identität zwischen der tatverdächtigen Person W. und der Person, die diese Spuren am Tatort im Rahmen der Tatbegehung verursacht hat. Im Rahmen der Vergleichsuntersuchung gibt die mit der Untersuchung beauftragte Person, beispielsweise ein Gutachter für den Bereich des Ganges, eine Wertung zu den festgestellten Übereinstimmungen ab. Die abschließende Berücksichtigung im gerichtlichen Beweisverfahren bleibt dem Richter vorbehalten.

Weiterführende Literatur:

Ackermann, R.: Identifizierung anhand des Gangbildes. Die kriminalistische Wiedererkennung von Personen anhand ihrer Bewegungseigenschaften. In: Kriminalistik 04/01, S. 253.

Ackermann, R. / Clages, H. / Roll, H.: Handbuch der Kriminalistik. Kriminaltaktik für Praxis und Ausbildung. 2., aktualisierte Auflage. Boorberg Verlag, Stuttgart 2003.

Beleke, N. (Hrsg.): Kriminalisten-Fachbuch – Kriminalistische Kompetenz. Eine Verbindung aus Kriminalwissenschaft, kommentiertem Recht und Kriminaltaktik für Studium und Praxis. Losblattwerk in 2 Ordnern, Stand: 2000. Schmidt-Römhild Verlag, Lübeck 2000.

Burghard, W. / Hamacher, H. W. / Herold, H. / Howorka, H. / Kube, E. / Schreiber, M. / Stümper, A. (Hrsg.): Kriminalistik Lexikon. 3., völlig neu bearbeitete und erweiterte Auflage. Kriminalistik-Verlag, Heidelberg 1996.

Heindl, R.: System und Praxis der Daktyloskopie und der sonstigen technischen Methoden der Kriminalpolizei. 3., neu bearbeitete und vermehrte Auflage. de Gruyter Verlag, Berlin 1927.

Leopold, D. (Hrsg.): Identifikation unbekannter Toter: Interdisziplinäre Methodik, forensische Osteologie. Arbeitsmethoden der medizinischen und naturwissenschaftlichen Kriminalistik, Band 22. 1. Auflage. Schmidt-Römhild Verlag, Lübeck 1998.

Meyer, H. / Wolf, K. / Müller, R.: Kriminalistisches Lehrbuch der Polizei; Arbeitsbuch für Wach-, Wechsel- und Ermittlungsdienst. 8. Auflage. Verlag Deutsche Polizeiliteratur, Hilden 2003.

Schneider, A. / Lang, G.: Wörterbuch der Kriminalwissenschaften. Ein Nachschlagewerk zur Kriminalitätskontrolle für Studierende und Praktiker aus Polizei, Justiz und Gerichtsmedizin. 1. Auflage. Boorberg Verlag, Stuttgart, München, Hannover, Berlin, Weimar, Dresden 2001.

Walder, H.: Kriminalistisches Denken. 6., völlig überarbeitete Auflage. Kriminalistik-Verlag, Heidelberg 2002.

Weihmann, R.: Kriminalistik. Für Studium und Praxis. 8. Auflage. Verlag Deutsche Polizeiliteratur, Hilden 2005.

Weihmann, R.: Lehr- und Studienbriefe Kriminalistik / Kriminologie. Band 2, Kriminaltechnik I. 1. Auflage. Verlag Deutsche Polizeiliteratur, Hilden 2005 und Band 3, Kriminaltechnik II. 1. Auflage. Verlag Deutsche Polizeiliteratur, Hilden 2005.

Wigger, E.: Kriminaltechnik – Leitfaden für den Kriminalisten. BKA-Schriftenreihe, Band 50. 1. Auflage. Bundeskriminalamt, Wiesbaden 1980.

8 Das Körpermessverfahren

8.1 Der menschliche Körper als Ausgangspunkt für Messungen

Leonardo Da Vinci malte einige berühmte Bilder. Eines seiner bei vielen Menschen bekannten Werke aus dem Jahr 1490 zeigt einen unbekleideten Mann in stehender Position, wobei das Bild offensichtlich zwei überlagerte Abbildungen einer Person darstellen soll. Für den Betrachter ergibt sich der Eindruck, dass der Mann einmal mit geschlossenen gestreckten Beinen und mit rechtwinklig zur Körperlängsachse ausgestreckten Armen dargestellt wird. Dieser Teil des Bildes ist mit einem Quadrat umgeben. In der anderen Position sind die Beine ebenfalls geradlinig gestreckt aber leicht gespreizt. Sie zeigen hier eine nach unten verlaufende V-Form. Die Arme sind hier wieder ausgestreckt, jedoch bis auf Scheitelhöhe des Kopfes angehoben (Rhönradstellung). Um die so dargestellte Person ist ein Kreis gezeichnet. Verbunden mit diesem Werk ist die Überlegung, ob der Mensch das Maß aller Dinge ist. Diese offensichtlich auf Maßen und Proportionen beruhende künstlerische Darstellung ist nur eine Möglichkeit der Demonstration körperlicher Abmessungen.

In der Regel beginnt das menschliche Leben kurz nach der Geburt bereits mit einer Messung der Körperlänge. Abhängig von der dabei festgestellten Zentimeterzahl ergeben sich unterschiedliche Kommentare aus der Umgebung des Neugeborenen, die einerseits einen geringen Wuchs und Schwäche prognostizieren oder ein kräftiges, gut gewachsenes Kind erkennen wollen.

Die Kontrolle des Wachstums wird bei heranwachsenden Kindern immer wieder durchgeführt und ist sogar Bestand der ärztlichen Untersuchung. Ergibt sich eine von allgemeinen Wachstumswerten abweichende Größenentwicklung wird der Mediziner eine gründliche Untersuchung durchführen, um die Ursache für den entweder zu schnell oder zu langsam wachsenden Menschen herauszufinden.

Etwa im Alter von neunzehn bis einundzwanzig Jahren endet das allgemeine Wachstum des Menschen. Die Knochen sind soweit ausgebildet, dass eine Veränderung der Größe auf natürliche Art und Weise nicht mehr zu erwarten ist. Auch in diesem Stadium wird die Körpergröße bei regelmäßigen ärztlichen Untersuchungen erfasst und kontrolliert. Jetzt erlangt die Körpergröße auch im Rahmen von polizeilichen Tätigkeiten eine zunehmende Bedeutung. Denn die nun gleich bleibende Körpergröße wird für verschiedene polizeiliche Maßnahmen bei der Ermittlung von Personen als Hilfsmittel verwendet.

Im Alter kann eine Veränderung der Körpergröße auftreten, wenn der Mensch beispielsweise durch Krankheit oder Haltungsschäden nicht mehr die gerade, aufrechte Haltung einnehmen kann. Durch die dann leicht gebeugte Haltung kann es zu einer geringeren Größe des Körpers kommen.

8.2 Die historische Entwicklung des Körpermessverfahrens

Das im polizeilichen Bereich bekannte und viele Jahre praktizierte Körpermessverfahren ist mit dem Namen der Person verbunden, die wesentlichen Anteil an der Einführung und Erprobung dieses Hilfsmittels für die polizeiliche Identifizierung von Personen hat: *Alphonse Bertillon*. Vielleicht lag es an der beruflichen Qualifikation des Großvaters von *Bertillon*. Er war Naturforscher und Mathematiker und daher den Ereignissen in der natürlichen Umgebung gegenüber aufgeschlossen und interessiert. Es kann aber auch am Vater gelegen haben, der als Arzt arbeitete und gleichzeitig Vizepräsident der

Anthropologischen Gesellschaft von Paris war. *Alphonse Bertillon* war auch an den naturwissenschaftlichen Ereignissen der damaligen Zeit interessiert. Er war ein stiller und in sich gekehrter Mensch, der in der Schule schlechte Leistungen zeigte. Dank der Unterstützung seines Vaters erhielt er eine Stelle als Hilfsschreiber bei der Polizei-Präfektur in Paris. Im Rahmen dieser Tätigkeit musste er Angaben über Straftäter handschriftlich auf Karteikarten übertragen. Eine aus Sicht von *Bertillon* nicht sehr anspruchsvolle Arbeit.

Durch den ständigen Kontakt mit seinem Vater war bei *Bertillon* auch das Interesse an anthropologischen Arbeiten vorhanden. Besonderes Interesse fand dabei die Arbeit von *Adolphe Quetelets*, der im Rahmen seiner Untersuchungen zu dem Ergebnis gekommen war, dass die Körperabmessungen bei jedem Menschen verschieden sind und es keine zwei Menschen mit den gleichen Körperabmessungen gibt.

Bertillon versuchte im Rahmen seiner Arbeit diese Aussage zu bestätigen. Er führte mit Einverständnis seiner Vorgesetzten einen mehrmonatigen Versuch durch. Dabei wurden von Bertillon zunächst Untersuchungshäftlinge vermessen, die bei dieser Arbeit festgestellten Maße nach einem von ihm vorher bestimmten System erfasst und abgelegt. Insgesamt elf Maße wurden von ihm aufgenommen und dokumentiert, wie die Körpergröße, die Entfernung der Fingerspitze des Mittelfingers der linken Hand bis zur Mittelfingerspitze der rechten Hand bei ausgestreckten Armen. Die Länge des rechten Ohrs ist dabei ebenso erfasst worden, wie die Kopflänge und die Kopfbreite. Weitere Messungen, wie zum Beispiel die Sitzhöhe der Person, die Länge des rechten Ohrs und des linken Fußes sind gemessen und dokumentiert worden.

Die Dokumentation der Körpermaße wurde zusätzlich ergänzt durch die Beschreibung der Person. Um dabei einheitliche, verbindliche Ausdrucksformen zu benutzen, gab *Bertillon* Eigenschaftsbegriffe vor, die bei der individuellen Beschreibung anzuwenden waren. Die Angaben wurden nach einer Vorgabe eingeteilt und führten bei einer späteren Kontrolle oder dem Vergleich einer Beschreibung mit einer anderen Person zu einer schnellen Auffindung in der Kartei.

Das von *Bertillon* geschaffene Körpermessverfahren, auch Bertillonage genannt, zeigte seine polizeiliche Leistungsfähigkeit durch die Identifizierung von Personen, die im Rahmen von Ermittlungen nicht ihren eigenen Namen angegeben hatten. Sie konnten mit Hilfe des hier dargestellten Körpermessverfahrens identifiziert werden. In der Folgezeit wurde das Verfahren von Polizeidienststellen in anderen Ländern Europas übernommen und mit gleichem Erfolg eingesetzt. Die umfangreiche Aufnahme und Erfassung der Maße führte allerdings zu Beginn des zwanzigsten Jahrhunderts dazu, dass die Daktyloskopie intensiver für die Zwecke der Identifizierung genutzt wurde.

Noch heute wird jedoch bei der erkennungsdienstlichen Behandlung u.a. die Körpergröße der betreffenden Personen erfasst.

8.3 Der polizeiliche Einsatz von Körpermessverfahren heute

Das von *Bertillon* entwickelte und erfolgreich genutzte System wird in seiner ursprünglichen Form heute weltweit nicht mehr angewandt. In der Regel beschränken sich die Beamten, die mit der erkennungsdienstlichen Behandlung befasst sind, darauf, die Körpergröße zu erfassen, zu dokumentieren und in dafür vorgesehenen Dateien zu speichern. Die Erfassung gestaltet sich so, dass die jeweilige Person in bekleidetem Zustand aber ohne Schuhe mit dem Rücken an einer Wand steht, an der eine Messeinrichtung angebracht ist. Es wird dabei darauf geachtet, dass die Füße geschlossen gehalten sind und mit der Ferse direkt an der Wand mit Messeinrichtung stehen. In Höhe des Kopfes befindet sich eine im rechten Winkel zur Messeinrichtung angebrachte Messlatte mit der an der höchsten Stelle des Kopfes die Körpergröße gemessen und dann abgelesen wird. Das dabei festgestellte Maß ist in eine vorgesehene Rubrik der Unterlagen der erkennungsdienstlichen Behandlung einzutragen.

Die Dokumentation der Körpergröße wird heute überwiegend durch die Ganzkörperaufnahme der erkennungsdienstlich zu behandelnden Person durchgeführt. Dabei wird die Person mit einem senkrecht neben ihr befindlichen Maßstab fotografiert, beispielsweise einem so genannten Fotozollstock mit farblich hervorgehobenen Maßskalen. Der Betrachter des so aufgenommenen Lichtbildes kann die Körpergröße auf dem Bild mit Hilfe des Maßstabs erkennen und sich die Person und deren Größe gut einprägen.

Schließlich wird die erfasste Körpergröße zusammen mit den anderen Angaben zur erkennungsdienstlichen Behandlung in dafür vorgesehenen Dateien eingetragen und gespeichert. Eine spätere Erfragung und Recherche dieser festgestellten Größe ist dadurch für Mitarbeiter der Polizei auch zu einem anderen späteren Zeitpunkt möglich und kann so bei der Identifizierung einer Person behilflich sein.

8.4   Der deliktsbezogene Einsatz von Körpermessverfahren heute

Körpermaße und -messungen sind heute bei verschiedenen Delikten ein wichtiges Indiz für die Identifizierung von Personen. Insbesondere, wenn Täter von Raumüberwachungsanlagen aufgezeichnet worden sind, ist bei der folgenden visuellen Vergleichsarbeit der Polizei die Körpergröße oft eine entscheidende Feststellung. Im folgenden Beispiel wird eine solche Situation geschildert:

Der Gelegenheitsarbeiter Friedhelm S. genießt das warme Sommerwetter und denkt darüber nach, wie er kurzfristig viel Geld einnehmen kann, um sich ein Cabriofahrzeug zu kaufen. Damit will er bei schönem Wetter spazieren fahren und sich richtig erholen. Leider hat er keine feste Arbeitsstelle und somit auch keine Einnahmequelle. Er will nicht mehr länger warten, um sich diesen Wunsch zu erfüllen. Nach zwei Glas Bier auf seinem Balkon kommt ihm ein aus seiner Sicht realistischer Gedanke. Aus seiner Jugendzeit hat der heute dreißigjährige Friedhelm S. noch eine Skimütze, die nur einen Sehschlitz für die Augen freilässt. Diese Kopfbedeckung eignet sich nach seiner Meinung gut, um das Gesicht zu verdecken. Die Schreckschusswaffe von der letzten Silvesterfeier wird anderen Leuten einen Schrecken einjagen, denn er will niemanden verletzen. Eine Stofftragetasche des nahe gelegenen Bücherladens wird zum Transport des erbeuteten Geldes dienen. Friedhelm S. entschließt sich, eine enge Jeanshose und einen Pullover während der Tat zu tragen. Darüber will er eine weite blaue Arbeitshose und einen Kittel ziehen, die er dann auf der Flucht schnell und unauffällig ausziehen und wegwerfen kann. Kittel und Arbeitshose beschafft er sich noch am selben Tag im Kaufhaus in der Stadt. Als Tatzeit hat sich Friedhelm S. den nächsten Tag, einen Mittwoch gegen 11 Uhr, ausgedacht. Er hofft, dass dann noch Geld in der Kasse der nahe gelegenen Sparkassenfiliale vorhanden ist. Flüchten will er zu Fuß durch einen angrenzenden Park, um dann in der Tiefgarage des von ihm bewohnten Mehrfamilienhauses unerkannt zu verschwinden. Von dort will er dann unbemerkt in seine im zweiten Stock liegende Wohnung gelangen und vom Balkon die Aktivitäten der Polizei beobachten. S. hat vor zehn Jahren bereits einen Zeitungs-Kiosk überfallen. Damals wurde er auf der Flucht von der Polizei gestellt. Zeugen erkannten ihn, weil er bei der Festnahme dieselbe Kleidung trug wie bei der Tat. Das soll ihm diesmal nicht passieren. Am nächsten Tag betritt Friedhelm S. die Räume der Sparkasse und fällt mit seiner Arbeitskleidung nicht auf. In der Filiale sind nur wenige Kunden und die Mitarbeiter scheinen sich schon auf den freien Nachmittag zu freuen, denn sie sind nicht sehr beschäftigt. Friedhelm S. zieht sich die Skimütze über den Kopf und betritt den Kassenraum. Er ruft laut „Überfall, keiner bewegt sich. Alle sofort auf den Boden legen". Die verschreckten Kunden kommen dieser Aufforderung nur langsam nach. Der Kassierer Theodor E. erkennt sofort die Situation als Überfall und betätigt unauffällig und ohne dass S. es bemerkt den Alarmknopf unter dem Schreibtisch im Kassenbereich. Dadurch wird einerseits die Zentralstelle der Polizei im Ort alarmiert, andererseits wird die automatische Raumüberwachungsanlage ausgelöst und zeichnet in den folgenden Augenblicken der Tat viele Bilder auf. Friedhelm S. lässt sich von dem Kassierer E. die in der Kasse griffbereit liegenden Geldbeträge geben und verlässt innerhalb von einer Minute die Filiale. Im nahe gelegenen Park streift er wie geplant Teile der Bekleidung ab und wirft diese in einen dort vorhandenen Papierkorb. Er bemerkt nicht, dass er dabei von Franz M. beobachtet wird. M. sieht auch, dass Friedhelm S. in die angrenzende Tiefgarage geht. Dies teilt er der kurz darauf eintreffenden Polizei mit. Im Rahmen der weiteren Ermittlungen wird auch Friedhelm S. von der Polizei angesprochen. Er leugnet jedoch eine Tatbeteiligung. Friedhelm S. ist sich seiner Sache sicher, die Polizei kann ihm nichts beweisen. Deshalb hat er auch keine Bedenken, als er von der Polizei gebeten wird, in der Sparkassenfiliale Fotos von sich aufnehmen zu lassen. Die Aufnahmen aus der Raumüberwachungsanlage und die von S. aufgenommenen Vergleichsaufnahmen liegen dem zuständigen Ermittlungssachbearbeiter vor, der nun das weitere Vorgehen überdenkt.

So oder ähnlich ereignen sich heute einige Eigentumsdelikte, die nicht immer ohne körperlichen Schaden für Zeugen ausgehen. Es ist nicht immer eine Filiale eines Geldinstituts, auch eine Tankstelle oder ein Supermarkt kann das Ziel des oder der Täter sein. Häufig schreckt dabei die vorhandene und für jeden erkennbare Raumüberwachungsanlage nicht ab.

8.5 Untersuchungsstellen für Körpermessverfahren

In der Regel wird der zuständige Ermittlungssachbearbeiter zunächst eine unverbindliche Selbsteinschätzung des vorliegenden Bildmaterials, bestehend aus den Aufnahmen der Raumüberwachungsanlage und den Vergleichsaufnahmen von Friedhelm S., vornehmen. Kommt er dabei zu dem Ergebnis, dass allein der visuelle Vergleich eine ähnliche oder gleiche Größe der Person des Täters und der tatverdächtigen Person ausschließt, wird eine weiterführende Vergleichsuntersuchung nicht unmittelbar in Erwägung gezogen. Erscheint die Körpergröße beider Personen gleich groß, wird zeitnah eine geeignete Untersuchung angestrebt. Dabei muss der Sachbearbeiter berücksichtigen, dass er eine Untersuchungsstelle auswählt, die über ausreichend Erfahrung auf diesem Gebiet des Personenvergleichs verfügt. Es kann die Arbeit erleichtern, wenn die ausgewählte Stelle bereits mehrere derartige Untersuchungen durchgeführt hat und dadurch über die nötige Akzeptanz im Bereich der juristischen Beweisführung verfügt. Die Auswahl der Untersuchungsstelle wird in erster Linie davon abhängig sein, welches Ziel der Sachbearbeiter mit der Vergleichsuntersuchung verfolgt. Es ist denkbar, dass der Sachbearbeiter nur einen Vergleich der Körpergrößen beider Personen erhalten möchte. Damit soll ein Indiz erlangt werden, mit dem der Beweis geführt werden kann, dass es sich bei den verschiedenen Aufnahmen von Menschen um ein und dieselbe Person handelt. In diesem Fall könnte eine polizeieigene Untersuchungsstelle mit geeigneter Fotoausrüstung diese Vergleichsarbeit durchführen.

Der Sachbearbeiter kann auch die Absicht haben, zusätzlich zur Körpergröße andere auf den verschiedenen Aufnahmen feststellbare Auffälligkeiten untersuchen zu lassen. Zum Beispiel könnte es sich dabei um besondere Merkmale handeln, die auf den verschiedenen Aufnahmen bei beiden Personen festgestellt werden. Dies könnte als ein zusätzliches Indiz für eine mögliche Wiedererkennung gewertet werden. In diesem Fall wird eher eine Untersuchungsstelle mit Mitarbeitern aus dem anthropologischen Bereich auszuwählen sein. Das können beispielsweise Universitätskliniken sein, die über sachkundige Mitarbeiter aus diesem Bereich verfügen. Die Universität in Freiburg ist hier als ein Beispiel zu nennen.

Zunehmend ist auch festzustellen, dass sich Mitarbeiter von rechtsmedizinischen Instituten mit der Bearbeitung derartiger Untersuchungsanträge befassen. Dabei ist eine im Ermittlungsverfahren und späteren Strafverfahren juristisch akzeptierte Gutachtenstellung vorzunehmen. Als Beispiel für diesen Bereich wird das Institut für Rechtsmedizin der Heinrich-Heine-Universität in Düsseldorf genannt.

Das Bundeskriminalamt ist ebenfalls mit einer für diese Vergleichsaufgabe geeigneten Untersuchungsstelle ausgestattet. Auf Ersuchen der anfragenden Polizeidienststelle wird nach Möglichkeit die gewünschte Vergleichsuntersuchung durchgeführt. Die Mitarbeiter dieser Dienststelle verfügen über die notwendigen Kenntnisse, umfangreiche gerichtliche Erfahrung und Akzeptanz auf diesem Gebiet.

8.6 Das Ergebnis / Gutachten

Im Untersuchungsantrag formuliert der Sachbearbeiter das von ihm und der Staatsanwaltschaft gewünschte Ziel der Untersuchung. Dabei kann durch den Auftraggeber sogar die erwartete schriftliche Darstellungsform der Untersuchungsstelle festgelegt werden. Zu unterscheiden ist dabei zwischen dem Untersuchungsergebnis, dem Untersuchungsbericht und dem Gutachten. Wird nur ein Ergebnis gewünscht, ist in der Regel nur eine kurze Mitteilung zu fertigen, ob es sich bei den beiden Personen auf den verschiedenen Aufnahmen um ein und dieselbe Person handelt. Im Untersuchungsbericht wird die durchgeführte Vergleichsarbeit kurz beschrieben, im Gutachten zunächst das Untersuchungsziel wiederholt, das Untersuchungsmaterial genannt und eine Bewertung des vorhandenen Untersuchungsmaterials vorgenommen. Es folgen in der Regel umfangreiche Ausführungen zu möglichen Untersuchungen, die dem Leser zeigen sollen, welche Möglichkeiten für die Vergleichsuntersuchung vorhanden sind. Dann wird die vom Sachverständigen ausgewählte Untersuchungsform detailliert beschrieben. Die Auffälligkeiten für eine Identifizierung werden ausführlich dargestellt und begründet. Das Gutachten schließt in den meisten Fällen mit einem zusammenfassenden Ergebnis, das dem Leser noch einmal in kurzer Form die Meinung des Sachverständigen vorstellt.

Im vorliegenden Fall wird unterstellt, dass der Sachbearbeiter nur einen Größenvergleich der beiden auf den Bildern gezeigten, verschieden aussehenden Personen als Untersuchungsauftrag vergeben hat. Gleichzeitig wird im Auftrag darauf hingewiesen, dass dies zur Feststellung dienen soll, ob es sich bei den verschieden aufgenommenen Personen möglicherweise um ein und dieselbe Person handelt. Sachbearbeiter bevorzugen eine solche Verfahrensweise in den Fällen, in denen weitere Beweise für die Täterschaft vorhanden sind oder zeitnah erwartet werden können. Außerdem kommt es dem Sachbearbeiter im vorliegenden Fall auf ein schnelles Untersuchungsergebnis an.

Im vorliegenden Fall wird die Untersuchung von einer im eigenen Zuständigkeitsbereich liegenden Stelle vorgenommen. Da kein besonderer Wunsch für die Erstellung eines Gutachtens vorhanden ist, teilt der beauftragte Sachverständige im Rahmen eines kurzen Berichts das Ergebnis mit. Wenn die Vergleichsaufnahmen mit Friedhelm S. in einer gleichartigen Position aufgenommen worden sind, ist ein Untersuchungsergebnis zu erwarten, das die Größengleichheit beider Personen bestätigt.

Der Sachbearbeiter wird bei diesem Ergebnis nach Rücksprache mit der Staatsanwaltschaft prüfen, ob er eine weiterführende Vergleichsuntersuchung beantragen wird oder die Untersuchungsergebnisse anderer Tatortspuren zur Beweisführung ausreichen.

8.7 Körpermessverfahren – eine Identifizierungshilfe auch in der Zukunft

Das ursprünglich von *Alphonse Bertillon* geschaffene und erfolgreich von Polizeidienststellen in vielen Ländern genutzte Körpermessverfahren wurde im Lauf der Jahre verändert. Auch wenn heute umfangreiche Messungen am Körper von Personen im Rahmen polizeilicher Ermittlungen eher eine Seltenheit sind, ist ein vollständiger Verzicht unvorstellbar. Die Körpergröße des Menschen ist ein immer wieder erforderliches Maß für die polizeilichen Ermittlungshandlungen beispielsweise im Rahmen der Identifizierung einer unbekannten Leiche, einer vermissten Person aus dem Altersheim oder bei der Fahndung nach dem zunächst unbekannten Täter eines Eigentumsdeliktes.

Rekonstruktionsmaßnahmen zur Wiederherstellung von Weichteilen an einem skelettierten Schädel sind ohne Vermessung und Berücksichtigung der dabei vorliegenden Maße fast undenkbar. In Fällen der Altersbestimmung junger Personen, bei denen keine Angaben zum Alter vorliegen, wird dies durch die Vermessung von Körperteilen erleichtert.

Es ist nicht auszuschließen, dass ein Teil der durch die Polizei erhobenen Maße zukünftig automatisch durch einen Computer erfasst und dann auch direkt gespeichert werden. Durch ein solches Verfahren könnten Messungenauigkeiten vermieden werden. Manche Beweisführung in einem Gerichtsverfahren ist nur deshalb möglich, weil die Polizei Messungen von Personen vorgenommen und bei den Ermittlungen berücksichtigt hat. Diese Situation wird sich auch trotz zunehmender Technisierung nicht ändern.

Weiterführende Literatur:

Beleke, N. (Hrsg.): Kriminalisten-Fachbuch – Kriminalistische Kompetenz. Eine Verbindung aus Kriminalwissenschaft, kommentiertem Recht und Kriminaltaktik für Studium und Praxis. Loseblattwerk in 2 Ordnern, Stand: 2000. Schmidt-Römhild Verlag, Lübeck 2000.

Burghard, W. / Hamacher, H. W. / Herold, H. / Howorka, H. / Kube, E. / Schreiber, M. / Stümper, A. (Hrsg.): Kriminalistik Lexikon. 3., völlig neu bearbeitete und erweiterte Auflage. Kriminalistik-Verlag, Heidelberg 1996.

Groß, H. / Geerds, F.: Handbuch der Kriminalistik. Wissenschaft und Praxis der Verbrechensbekämpfung. Band 1: Die Kriminalistik als Wissenschaft. Die Technik der Verbrechen. Kriminaltechnik. 10., völlig neu bearbeitete Auflage. Schweitzer Verlag, Berlin 1977.

Heindl, R.: System und Praxis der Daktyloskopie und der sonstigen technischen Methoden der Kriminalpolizei. 3., neu bearbeitete und vermehrte Auflage. de Gruyter Verlag, Berlin 1927.

Herren, R.: Profile (9) Robert Heindl. Der Mann, der Deutschland die Daktyloskopie brachte. In: Kriminalistik 12/72, S. 570.

Knäpper, L. / Schröder, D.: Digitaler Bild-Bild-Vergleich im Erkennungsdienst. Erfahrungen in Entwicklung, Anwendung, Weiterentwicklung und praktischem Einsatz einer Softwarelösung. In: Kriminalistik 12/02, S. 745.

Meyer, H. / Wolf, K. / Müller, R.: Kriminalistisches Lehrbuch der Polizei; Arbeitsbuch für Wach-, Wechsel- und Ermittlungsdienst. 8. Auflage. Verlag Deutsche Polizeiliteratur, Hilden 2003.

Nehse, K. / Wendt, C.: Wie individuell sind Textilien? Theoretischer Untersuchungsansatz zum Vergleich von Bildmaterial und Textilien. In: Kriminalistik 06/02, S. 391.

Schneider, A. / Lang, G.: Wörterbuch der Kriminalwissenschaften. Ein Nachschlagewerk zur Kriminalitätskontrolle für Studierende und Praktiker aus Polizei, Justiz und Gerichtsmedizin. 1. Auflage. Boorberg Verlag, Stuttgart, München, Hannover, Berlin, Weimar, Dresden 2001.

Teufel, M.: Profile (18) Hans Schneikert, Polizeitaktiker, Schriftexperte und Gelehrter. In: Kriminalistik 09/73, S. 392.

Thorwald, J.: Die gnadenlose Jagd. Roman der Kriminalistik. Droemer Knaur Verlag, München, Zürich 1973.

9 Die Körperkennzeichnung

9.1 Möglichkeiten der Körperkennzeichnung

Der Mensch bevorzugt im Allgemeinen eine nach außen erkennbare, offen zur Schau getragene, oft gut sichtbare Ausdrucksform, die sich nicht nur als besondere Kleidung darstellt. Als Beispiele seien hier der Ehering am Ringfinger beider Partner überwiegend im europäischen Bereich genannt, das künstlich angebrachte, runde Mal in der Mitte der Stirn aus Glaubensgründen im asiatischen und die zeitweise sehr kurz geschnittenen Haare der Männer aus dem überwiegend moslemischen Bereich. Dies sind Beispiele, die auch mit religiösen Aspekten in Verbindung gebracht werden können.

Eine allgemeine, nach außen erkennbare Kennzeichnung des Menschen kann auch durch die einheitliche Kleidung erreicht werden. So haben viele Menschen bei dem Erblicken einer Person mit einem weißen Kittel sehr bald den Eindruck, dass es sich hier um einen Arzt handeln könnte. Die Beobachtung einer Person in einer Uniform der Polizei lässt sehr schnell den Eindruck entstehen, dass hier ein Mensch erscheint, der für Recht und Ordnung sorgt. Die Person in einer einfarbigen Uniform mit einem weißen Hemd und einer Schirmmütze auf dem Kopf erweckt auf dem Flughafen in der Regel den Eindruck, dass es sich hier um eine im Flugbereich kompetente Person handelt, vielleicht sogar um einen Flugkapitän.

Der Wunsch des einzelnen Individuums mit nach außen zur Schau getragenen Besonderheiten aufzufallen, ist ebenso häufig anzutreffen, wie die Anordnung von anderer Seite eine von jedem erkennbare Kennzeichnung zu tragen. Die Kleidung oder der frei zu tragende Schmuck sind dabei austauschbare und nicht bleibende Kennzeichnungen. Der Wunsch des Menschen auf ein bleibendes, nicht zu veränderndes Zeichen ist möglicherweise der Ursprung für eine Markierung der Haut, die lange, vielleicht für immer, vorhanden ist und die einmal gewählte Ausdrucksform permanent zeigen soll. Das kann die in der Jugend bewusst verletzte Haut sein, um eine so genannte Blutsbrüderschaft zu schließen. Je nach Tiefe des verursachten Schnittes wird bei der Verletzung der Lederhaut und des Unterhautfettgewebes eine Narbe zurückbleiben. Es ist jedoch auch möglich, dass durch eine von Menschenhand aufgetragene farbliche Markierung der Haut in Form von Symbolen, Tieren, Namen oder Bildern diese auf der Haut sichtbar werden.

Während der nationalsozialistischen Zeit wurden die verfolgten und inhaftierten Juden mit einem einheitlichen Symbol auf der Haut markiert, damit auf diese Weise auch eine spätere Wiedererkennung immer möglich war. Diese Form der Behandlung von Personen ist unmenschlich und widerspricht allen geordneten Lebensformen. Während des gleichen Zeitraumes markierten einige staatliche Mitarbeiter ihre Haut an einer nicht ständig sichtbaren Stelle mit individuellen Buchstaben und Zahlen, um damit eine gemeinsame Zugehörigkeit auszudrücken.

Betrachtet man heute jüngere Menschen beiderlei Geschlechts, dann ist eine zunehmende Zahl von Personen feststellbar, die ihren Körper bewusst mit unterschiedlichen Zeichnungen und Materialien markieren und bewusst oder unbewusst zur Schau stellen.

9.1.1 Die menschliche Haut als Träger von Kennzeichnungen

Ein Blick auf und unter die menschliche Haut soll das Verständnis für die Möglichkeiten einer kurzfristigen oder auf Dauer angelegten Kennzeichnung verdeutlichen.

Die Haut des Menschen bedeckt die gesamte Oberfläche einer Person. Je nach Alter kann es sich dabei um eine Fläche von etwa bis zu eineinhalb bis zwei Quadratmeter Haut bei einem großen erwachsenen Menschen handeln. Die verschiedene Hautbeschaffenheit – Felder- und Leistenhaut – wurde bereits im Kapitel drei angesprochen. An der Handinnenseite und der Fußunterseite ist eine Leistenhaut vorhanden, an der übrigen Körperoberfläche ist eine Felderhaut zu finden. Die Haut lässt sich in drei übereinander liegende Bereiche einteilen. Die äußere Schicht wird als Oberhaut bezeichnet, die die darunter liegende Lederhaut bedeckt. Unter der Lederhaut ist das Unterhautfettgewebe zu finden. Die Oberhaut setzt sich aus fünf einzelnen Hautschichten zusammen, die sich in einem Zeitraum von etwa dreißig bis einunddreißig Tagen permanent selbst erneuern. Wird die Haut in diesem Bereich bewusst oder unbewusst beschädigt oder verletzt bleibt keine Narbe zurück. Das Hautgewebe sorgt selbsttätig für eine Wiederherstellung des Gewebes im ursprünglichen Zustand. Dies geschieht, indem die fünf Schichten der Oberhaut neue Zellen in der Basalschicht bilden. In der darüber liegenden Stachelzellschicht sind die Zellen miteinander verbunden und geben der Haut dadurch die Elastizität. In der zur Körperoberfläche folgenden Körnerschicht beginnt eine Verhornung der Körperzellen, der Zellverbund löst sich und die Zellen sind jetzt nur noch in einer losen Form miteinander verbunden. Über dieser Schicht liegt die Glanzschicht. Hier sind die Zellen, die die Oberhaut bilden, bereits in einer ein- bis zweireihigen Zellreihe vorhanden und haben eine glänzende Form. In der obersten Schicht der Oberhaut, der Hornschicht, sind die Körperzellen nur noch als so genannte verhornte Schüppchen vorhanden. Diese werden durch mechanische Reibung und andere Beeinflussung von außen abgestoßen.

Die Lederhaut besteht aus insgesamt zwei Schichten, der netzförmigen Schicht der Lederhaut und der darüber liegenden Schicht der bindegewebigen Papillen. Diese grenzt direkt an die Basalschicht der Oberhaut. Die netzförmige Schicht der Lederhaut gibt der Haut eine Festigkeit. Hier sind unter anderem Blutgefäße und Nerven vorhanden. Die darüber liegende Schicht der bindegewebigen Papillen enthält viele Zellen. Wird eine Beschädigung oder Verletzung bewusst oder unbewusst bis in diesen Bereich der Haut durchgeführt, bleibt der Defekt vorhanden. Es erfolgt zwar nach einer geraumen Zeit ein Verschluss dieser Veränderung, jedoch ist die Veränderung zum Beispiel in Form einer Narbe dann auch an der Hautoberfläche erkennbar, da die Zellen an dieser Stelle nicht in der ursprünglichen Form zur Hautoberfläche gelangen. Eine solche Auffälligkeit ist grundsätzlich nicht korrigierbar. Wird eine medizinische Behandlung dieses Bereiches vorgenommen, dann entstehen dort weitere individuelle Hauterscheinungsformen, die ein Wiedererkennen der Person erleichtern.

Unter der Lederhaut befindet sich das Unterhautfettgewebe. Hierbei handelt es sich unter anderem um ein Bindegewebe, in dem sich auch Muskelfasern befinden. Aufgabe dieses Hautbereiches ist es unter anderem die Haut auf einer Unterlage zu befestigen. Auch diese Hautschicht ist mit Muskelfasern durchzogen und wird im Falle einer Beschädigung oder Verletzung nicht vollständig in den ursprünglichen Zustand zurückgebildet. Es wird regelmäßig ein Verschluss des Defektes oder der Beschädigung bei sachgerechter Behandlung eintreten. Dies führt jedoch dazu, dass die darüber liegenden Hautschichten in diesen Bereichen sich danach nicht mehr in der ursprünglichen Form entwickeln und es dadurch auch im Bereich der Oberhaut zu einer veränderten Erscheinungsform kommt.

Die Haut des Menschen ist ein strapazierfähiger Teil des Körpers. Einmal herbeigeführte Veränderungen sind in der Regel auch noch lange Zeit später erkennbar.

9.1.2 Dauerhafte Kennzeichnungen

Die Kennzeichnungen am menschlichen Körper können für die polizeilichen Ermittlungen in bestimmten Bereichen von Bedeutung sein. Dies kann immer dann der Fall sein, wenn durch die Kennzeichnung eine Gruppen- oder Individualidentifizierung erreicht werden kann.

Eine der am häufigsten auftretenden Kennzeichnungen ist die Tätowierung der menschlichen Haut. Dabei wird mit Hilfe einer so genannten Tätowiermaschine oder einer einzelnen Nadel Farbmaterial bis in eine Stichtiefe von einem halben bis einen Millimeter eingebracht. Bei diesem Vorgang kommt es zum Absterben des Unterhautzellgewebes in diesem eingestochenen Bereich. Die dort abgelagerte Farbsubstanz kann hier durch die Körperabwehrsysteme nicht mehr abtransportiert werden und verbleibt dauerhaft. Die Stichkanäle zur Einbringung der Farbe in das Unterhautfettgewebe sind zwar sehr dünn, können jedoch mit Hilfe optischer Geräte möglicherweise auch später noch erkannt werden. Soll die Tätowierung entfernt werden, muss dazu das markierte Unterhautfettgewebe entfernt werden. Dies ist zwar grundsätzlich möglich. Der medizinische Eingriff verursacht jedoch weitergehende bleibende Veränderungen der Haut, die ebenfalls eine dauerhafte Kennzeichnung dieses Bereiches darstellen. Neben diesen Beschädigungen und Veränderungen der Haut durch eine Tätowierung ist das durch den Tätowiervorgang entstandene Bild als eine dauerhafte Kennzeichnung zu betrachten. Es kann sich dabei um ausgewählte Motive handeln, die von der zu tätowierenden Person aus vorhandenen Vorlagen ausgewählt und später vielleicht mit Hilfe einer Schablone auf die Haut aufgetragen werden. Dabei ist die künstlerische Freiheit des Tätowierers sehr stark eingeschränkt. Es ist auch möglich, dass dem Tätowierer ein Motiv genannt oder beschrieben wird und diesem die Ausgestaltung vollständig überlassen bleibt. In diesem Fall handelt es sich bei der erstellten Darstellung um ein individuelles Bild, das ideale Voraussetzungen für eine mögliche Identifizierung bietet. Es gibt Tätowierer, die bei ihrer Arbeit Hinweise auf ihre Person an einer Stelle der Abbildung einbringen, um dadurch die Herkunft der Arbeit zu dokumentieren. Da nicht alle Tätowierunternehmen über fachlich qualifiziertes Personal und eine optimale, den hygienischen Bedingungen der Tätigkeit entsprechende Ausstattung verfügen, sind Folgeerkrankungen nach einer Tätowierung im Hautbereich nicht auszuschließen. Durch solche Spätfolgen einer Tätowierung können auch unbeabsichtigt, bleibende Auffälligkeiten im Bereich der Haut hervorgerufen werden. Im Rahmen einer genauen Betrachtung einer Tätowierung wird eine solche Veränderung einem aufmerksamen Mitarbeiter der Polizei auffallen. Eine zusätzliche Dokumentation und schriftliche Fixierung ist dann die Folge.

Neben der Tätowierung ist heute das Piercing eine häufig gewählte Form der Kennzeichnung der Haut. Der aus der englischen Sprache stammenden Begriff wird mit Durchbohren oder Durchstechen ins Deutsche übersetzt. Beim Piercen wird die Haut im Bereich von überwiegend weichen Körperstellen mit einem dafür vorgesehenen spitzen, sterilen Gegenstand durchstochen. Dies geschieht mit dem Ziel, anschließend einen vorher ausgewählten Gegenstand durch diesen künstlich erstellten Hautdefekt zu führen. Häufig ist dieser nur wenige Millimeter messende und aus einem nicht rostenden Material bestehende Gegenstand an einer Seite durch einen Schraubmechanismus zu verändern. Das erleichtert das Führen durch die Haut des Gegenstandes und die anschließende Befestigung. Es werden heute viele Stellen der Körperoberfläche mit verschiedenartigen Gegenständen ausgestattet. Lippen, Ohren und Nasenflügel sind dabei ebenso beliebt wie verdeckt liegende Hautbereiche. Als Beispiele seien hier Brustwarzen, der Bereich des Bauchnabels oder die Haut im Intimbereich genannt. Die Motive und möglichen Hintergründe dieser Piercings sollen an dieser Stelle nicht weiter dargestellt werden. Gewöhnlich sind die Piercing-Gegenstände leicht zu entfernen. Das was bleibt, ist die für die zuvor erfolgte Anbringung bewusst herbeigeführte Beschädigung der Haut. In der Regel wird diese mindestens bis in den Bereich der Lederhaut, meist auch bis in das Unterhautfettgewebe durchgeführt, um einen festen und dauerhaften Sitz zu gewährleisten. Bei einem im polizeilichen Ermittlungsverfahren genannten Piercinggegenstand sollte die ausbleibende Auffindung nicht sofort zu einer Nichtidentifizierung der fraglichen Person führen. Es sollte vielmehr eine genaue Betrachtung der Hautoberfläche in dem möglichen Bereich der Stelle erfolgen, wo sich der Piercinggegenstand befinden soll. Wird dort eine für diesen Gegenstand geeignete Hautbeschädigung festgestellt ist nicht auszuschließen, dass der Gegenstand vorübergehend entfernt wurde. Auch für die Herstellung der Hautöffnungen für die Piercinggegenstände ist eine gesundheitliche Beeinträchtigung nicht auszuschließen. Viele Menschen verursachen die erforderlichen Hautöffnungen selbst und achten dabei nicht auf erforderliche Sterilität. Insofern wird auf die Ausführungen zur Tätowierung hingewiesen. Bei der Inaugenscheinnahme einer möglicherweise gepiercten Person durch die Polizei sollte auch der Intimbereich einer genauen Betrachtung unterzogen werden. Auch hier sind individuelle Piercinggegenstände und dadurch vorhandene Hautdefekte bei einigen Personen festzustellen. Nur ein Fragen nach solchen Kennzeichnungen wird in der Regel nicht wahrheitsgemäß beantwortet und verhindert dadurch eine mögliche Identifizierung auf diesem Weg.

Eine Kennzeichnung des Körpers kann auch durch eine Skarifizierung, ein Branding oder ein Cutting bewusst hervorgerufen werden. Skarifizierung kann aus der griechischen Sprache als kleiner Einschnitt übersetzt werden. Branding kann aus der englischen Sprache mit der Bedeutung des Einbrennens einer Narbe in die Haut mit Hilfe eines dafür geeigneten Gegenstandes übersetzt werden. Der Begriff Cutting hat die Bedeutung des Einschneidens oder Aufschneidens mit dem Ziel, eine Wunde zu verursachen, die später eine Narbe zurücklässt. Bei diesen hier genannten Möglichkeiten ist es die Absicht der jeweiligen Person, an seinem Körper mit Hilfe von Messern, heißen Nadeln, Scheren oder anderen Werkzeugen eine möglichst tief in die Haut verlaufende Verletzung zu verursachen. Mindestens die Hautschicht der Lederhaut, besser noch das Unterhautfettgewebe sollen dabei bewusst und gewollt geschädigt werden. Wenn dieses Vorgehen mittelfristig zu einer vielleicht noch wohlgestalteten Narbe führt, ist die Absicht der jeweiligen Person erreicht. So wird beispielsweise beim Cutting mit Hilfe eines dafür geeigneten Gegenstandes ein Teil der Oberhaut entfernt, um an dieser Körperstelle eine besondere Narbenbildung zu erreichen. Auch hier sollen Motiv und Deutung dieser individualisierenden Handlungsweisen nicht näher betrachtet werden. Menschen, die sich solchen Behandlungen bewusst und gewollt aussetzen, führen dies meist selbst aus oder lassen sich von nahe stehenden Personen dabei helfen. Im Hinblick auf die dabei möglichen gesundheitlichen Schäden und dadurch bleibenden Kennzeichnungen wird auf die Ausführungen zur Tätowierung verwiesen. Es handelt sich hierbei um dauerhafte Kennzeichnungen, da eine Narbe grundsätzlich nicht entfernt werden kann. Sollte dies jedoch mit Hilfe eines medizinischen Eingriffes erfolgen, dann sind anschließend Veränderungen der Haut durch diese ärztliche Handlung erkennbar und schließen so eine mögliche Identifizierung nicht aus.

Eine nicht sehr verbreitete Möglichkeit der Kennzeichnung ist das Implanting. Der aus der englischen Sprache stammende Begriff kann mit der Bedeutung Einpflanzen übersetzt werden. Die in dieser Hinsicht vorgehende Person lässt sich an einer frei gewählten Stelle des Körpers in der Regel die Haut mit einem geeigneten Gegenstand öffnen. Dann wird ein ebenfalls zuvor frei ausgewählter Gegenstand, zum Beispiel in Form einer Schraube, in diese Öffnung eingeführt. Die Hautöffnung wird wieder zugenäht. Der Gegenstand ist dann einige Tage später in seinen Konturen unter der Haut sichtbar. Zwar kann das eingeführte Teil jederzeit durch ein erneutes Öffnen der Haut wieder entfernt werden, doch ist dazu die Haut wieder mit Hilfe eines Gegenstandes zu öffnen. Die dabei entstehende Beschädigung der Haut führt regelmäßig zu einer bleibenden Narbenbildung. Im Hinblick auf die möglichen gesundheitlichen Auswirkungen wird auf die Ausführungen zu Tätowierungen verwiesen. Eine Betrachtung der Motive und Interpretation der gewählten Objekte für dieses Implanting ist an dieser Stelle nicht zu leisten. Wenn diese Kennzeichnung an einer sichtbaren Körperregion vorgenommen worden ist, dann ist dadurch ein hoher Wiedererkennungswert vorhanden.

Nicht unerwähnt bleiben in diesem Zusammenhang Narben, die Folgen einer unbeabsichtigten Verletzung sind. Die Person, die sich beispielsweise bei der Arbeit an einer Landmaschine am Unterarm verletzt, hat nach Wundheilung eine fünf Zentimeter lange Narbe. Eine solche Narbe kann bei einer möglichen Identifizierung eine wesentliche Bedeutung haben. Daher sollte bei der polizeilichen Aufnahme möglicher Kennzeichnungen eines Körpers nicht nur die Frage nach solchen Auffälligkeiten gestellt werden, sondern die unvoreingenommene Betrachtung der Hautoberfläche erfolgen.

9.1.3 Vorübergehende Kennzeichnungen

Die Tätowierung wird als eine dauerhafte Kennzeichnung der Haut bezeichnet, wenn die dazu benutzte Farbe in das Unterhautfettgewebe eingebracht wird. Die Markierung der Haut mit einer oberflächlich aufgebrachten Tätowierung ist in der Regel nicht von bleibender Dauer. Hierzu wird der Farbstoff einer vorwiegend im asiatischen Bereich vorhandenen Pflanze mit dem Namen Henna verwandt. Dabei werden die Blätter der Hennapflanze zermahlen und als Farbstoff genutzt. Da die Hautbemalung nur oberflächlich entsteht ist die Abbildung nicht von langer Dauer. Etwa nach einem Zeitraum von vier bis fünf Wochen lösen sich die Farbauftragungen auf der Haut. Das aufgetragene Motiv ist nicht mehr zu sehen.

Die mit einem Piercinggegenstand markierten Haut- oder Körperteile sind in der Regel markant gekennzeichnet. Nahezu alle Piercings sind relativ leicht auch wieder zu entfernen. Daher ist der zum Piercen genutzte Gegenstand grundsätzlich nur eine vorübergehende Körperkennzeichnung.

Das Implanting ist gleichermaßen als eine nur vorübergehende Körperkennzeichnung zu sehen. Der implantierte Gegenstand kann relativ kurzfristig aus dem Hautbereich entfernt werden und durch einen anderen ersetzt werden. Möglich ist auch, dass nach der Entfernung kein neues Teil unter die Haut eingesetzt wird. Auch in diesem Fall ist eine Wiedererkennungsmöglichkeit nur auf Grund des Gegenstandes nicht denkbar. Vorübergehende Kennzeichnungen des menschlichen Körpers eignen sich nur in wenigen Fällen für eine Wiedererkennung, beispielsweise dann, wenn Aufnahmen der Kennzeichnung vorhanden sind oder der Urheber der Kennzeichnung sich an sein Werk erinnert und dazu die gekennzeichnete Person benennen kann.

9.2 Bedeutung einzelner Kennzeichnungen

Die Möglichkeit der Herstellung einer Körperkennzeichnung beim Menschen ist im Augenblick umfangreich vorhanden und nahezu an jedem Ort in der Bundesrepublik und in vielen Teilen der Welt zu realisieren. Es ist heute bei einigen jungen Menschen die Annahme vorhanden, dass in der Regel nur die sich anpassende Person mit einer der persönlichen Neigung entsprechenden Markierung oder anderen Kennzeichnung eine allgemeine Akzeptanz in ihrem Umfeld erlebt. Dabei ist auch die vorhandene Körperkennzeichnung eine im Augenblick sehr häufig feststellbare Erscheinungsform. Dies gilt sicherlich nicht für alle Menschen gleichermaßen. Die Möglichkeit der Körperkennzeichnung ist durchaus geeignet, eine besondere Stimmung oder Einstellung sichtbar oder im verborgenen, verdeckten Bereich auszudrücken. Eine allgemeingültige und für alle Menschen verbindliche Aussage der Körperkennzeichnungen gibt es grundsätzlich nicht.

Einzelne Personen oder Neigungsgruppen tendieren dazu, sich durch Tätowierungen gleich gesinnten Menschen, vielleicht ihnen unbekannten Personen, zu erkennen zu geben. So ist es beispielsweise bei Drogenkonsumenten durchaus festzustellen, dass der Buchstabe „H" als Tätowierung in einem sichtbaren Bereich auf der Haut festgeschrieben wird. Damit will die Person zum Ausdruck bringen, dass sie Heroinkonsument ist oder war. Eine mögliche Kontaktaufnahme könnte dadurch erleichtert werden. Darstellung freizügig gekleideter Figuren oder unterschiedlichen Geschlechts in gemeinsamer Darstellung sollen dem Betrachter möglicherweise darauf hinweisen, dass die tätowierte Person eine offene Einstellung zur Sexualität hat. Personen mit Tätowierungen, die einen Beruf symbolisieren, wie beispielsweise der „Anker" den Seemann, wollen auf diese Weise ihre Arbeit als wesentlichen Teil ihres Lebens zur Schau stellen. In Kreisen von kriminellen Personen kann eine Tätowierung auch die verübte Straftat verdeckt zur Schau stellen und dem Insider zeigen, dass der Tätowierte zum Beispiel im Diebstahlsbereich Straftaten begangen hat, wenn eine Tierfigur mit einem brutalen Aussehen zur Abbildung gekommen ist. Das muss nicht bei allen Tätowierungen dieser Art so sein, denn mit einer zunehmenden Personenzahl, die sich tätowieren lässt, ist auch eine Abweichung dieser möglichen Interpretation für einzelne Personen denkbar.

Für die polizeiliche Tätigkeit ist jede Tätowierung in gleicher Weise wichtig und interessant - auch unabhängig von der Bedeutung. Die unabänderliche Veränderung der Haut durch eine Tätowierung birgt die Möglichkeit einer individuellen Wiedererkennung für die zukünftige Zeit im Leben dieser Person.

9.3 Auswertungsstellen für Körperkennzeichnungen

Die Auswertung von Körperkennzeichnungen, die sich am menschlichen Körper befinden, wird im Rahmen der so genannten „erkennungsdienstlichen Behandlung" mit erfasst. Danach ist es beispielsweise nach den Bestimmungen der Strafprozessordnung möglich, dass Lichtbilder, Fingerabdrücke und ähnliche Maßnahmen von einer Person erhoben werden, die einer strafbaren Handlung verdächtigt wird. In den Polizeigesetzen der Länder sind ähnliche Bestimmungen für den Bereich der Gefahrenabwehr vorhanden.

Bei der Durchführung der erkennungsdienstlichen Behandlung wird die betreffende Person von einem Mitarbeiter der Polizei zu diesem Zweck zum Beispiel vermessen und es wird nach besonderen Kennzeichen am Körper gefragt. Die Antwort der Person wird dann in die dafür vorgesehene Datei eingetragen, die für spätere Rechercheanfragen eingerichtet ist. Idealerweise nimmt der Mitarbeiter der Polizei eine persönliche Inaugenscheinnahme des Körpers der Person vor, um auf diesem Weg das Verschweigen einzelner Körperkennzeichnungen zu vermeiden. Es kann nicht ausgeschlossen werden, dass eine erkennungsdienstlich zu behandelnde Person vielleicht aus Schamgefühl, weil sie die Tätowierung für unwichtig hält oder sich das Piercing im Intimbereich befindet, diese Körperkennzeichnung verschweigt.

Die so geschilderte Kennzeichnung wird neben der schriftlichen Eintragung in einem dafür vorgesehenen Bereich häufig auch noch zusätzlich fotografisch dokumentiert, das Bild dann ebenfalls in die Datei eingegeben. Dadurch ist sichergestellt, dass bei einer späteren Überprüfung einer Person ohne Ausweispapiere bei einer nicht eindeutigen Eintragung das gespeicherte Bild als Hilfsmittel für eine Identifizierung herangezogen werden kann.

Im Rahmen der erkennungsdienstlichen Behandlung ist es nicht immer möglich, jede bildliche Darstellung individuell zu beschreiben. Es hat sich daher in der Vergangenheit bewährt, dass einzelne Abbildungen nur mit einem umfassenden Begriff beschrieben werden. Zum Beispiel im Falle der Darstellung eines Adlers als Tätowierung wird nur der Hinweis „Tier" oder „Fabeltier" eingetragen. Die Lage der jeweiligen Körperkennzeichnung ist nach einer vorhandenen und zuvor für alle Anwender verbindlichen Skizze mit Arealeinteilung definiert. Dadurch ist sichergestellt, dass eine für jeden Nutzer der Datei verständliche und leicht auffindbare Lage der jeweiligen Körperkennzeichnung möglich ist.

Nach der schriftlichen Erfassung und Speicherung der so erlangten Daten im regionalen Bereich erfolgt von gleicher Stelle eine Speicherung der erhobenen Daten. Dabei ist sichergestellt, dass gleichzeitig der Zeitpunkt der Löschung dieser Daten eingegeben wird, um dadurch auch den Datenschutz für jeden Bürger in geeigneter Form zu garantieren. Unabhängig davon steht es jeder betroffenen Person frei, sich über die rechtliche Situation der von ihm gespeicherten Daten zu informieren.

Ist dieser Vorgang abgeschlossen, besteht dann die Möglichkeit der Datenrecherche nicht nur an dem Ort der Datenerhebung, sondern auch im Bereich des ganzen Landes. Je nach Art und Weise der Speicherung ist auch eine bundesweite Recherche möglich. Auf diese Weise ist nahezu jede Polizeidienststelle mit einer Datenanbindung an das Recherchesystem als Auswertungsstelle zu nutzen. Wird dabei auch die Möglichkeit weiterer Kommunikationsmittel genutzt, wie beispielsweise der Funk, dann ist sogar von jedem damit ausgerüsteten Streifenwagen aus eine Prüfung möglich.

9.4 Die polizeiliche Bedeutung von Körperkennzeichnungen

Durch den gesetzlichen Auftrag der Gefahrenabwehr und Strafverfolgung wird die Polizei häufig dazu gebracht, dass Personen wiedererkannt werden müssen, auch dann, wenn keine Ausweispapiere die Identität dieser Person zweifelsfrei belegen. Mit dem nachfolgend dargestellten Sachverhalt soll eine solche Möglichkeit demonstriert werden.

Die zeitweise depressive 20-jährige Nadine T. lebt mit dem 25-jährigen Gerüstbauer Achim K. in einer eheähnlichen Gemeinschaft. Beide Personen sind auf Grund von Eigentumsdelikten bereits mehrfach durch die Polizei erkennungsdienstlich behandelt worden. Der K., der als Gerüstbauer bei einem Unternehmen einer Kleinstadt am Bodensee arbeitet, ist an einigen Bereichen seines Körpers tätowiert. Seine Lebensgefährtin, die diese Form der Körperbemalung nur bei anderen Personen, jedoch nicht bei sich selbst mag, hat sich auf Drängen des K. im Bauchnabelbereich ein leicht gebogenes Metallstück als Piercing einsetzen lassen. An den beiden Enden des Piercinggegenstandes hat der Achim K. als besonderes Geschenk für seine Lebensgefährtin jeweils einen kleinen Diamantsplitter einsetzen lassen. Auf Grund einer seit längerer Zeit zwischen den beiden Personen vorhandenen, intensiven Streiterei beabsichtigt Nadine T., die gemeinsame Wohnung zu verlassen und an einem anderen Ort ein Leben ohne den K. zu beginnen. An einem Freitagmorgen im Juni packt Nadine T. ihre Koffer, nach dem ihr Lebensgefährte die gemeinsame Wohnung verlassen hat. Sie geht zum Bahnhof und gibt die Koffer am Gepäckschalter auf. Nur mit ihrer Handtasche ausgestattet begibt sie sich jetzt auf die Reise in eine Großstadt an der Nordseeküste. In der Großstadt angekommen verlässt sie den Zug. Auf dem Bahnsteig wird sie von hinten von dem Jugendlichen Alfred S. angerempelt und nach vorne gestoßen. Gleichzeitig reißt S. ihr die Handtasche von der Schulter und versucht damit zu entkommen. Nadine T. folgt dem Täter. Noch auf dem Bahnsteig kommt es zwischen den beiden Personen zu einem Handgemenge um die Tasche. Schließlich stößt S. die T. so stark nach hinten, dass diese auf das Gleis fällt und von einem einfahrenden Zug überrollt wird. Nadine T. ist sofort tot, S. entkommt mit der Tasche der T. Die eingesetzten Mitarbeiter der Polizei versuchen neben der Aufklärung der Straftat auch die Identität der bis zur Unkenntlichkeit zerstörten Leiche zu klären. Da eine Auswertung der Finger- und Handflächen auf Grund der Zerstörung durch den Zug nicht möglich ist, wird bei genauer Betrachtung der Leiche das noch am Körper befindliche außergewöhnliche Piercing besonders beachtet. Im Rahmen der erkennungsdienstlichen Behandlung der Nadine T. wurde dieser Gegenstand durch die aufnehmenden Mitarbeiter der Polizei erfasst und auch fotografiert. Auf Grund der zwischenzeitlich von Achim K. erstatteten Vermisstenanzeige war auch das Bild des Piercing der Nadine T. bundesweit recherchierbar. Die Auswertung dieses Bild des Piercing führte zur Identifizierung der Frau.

9.5 Körperkennzeichnungen als dauerhafte Identifizierungshilfe

Die Wiedererkennung von Menschen ist nicht nur für die Polizei in der Bundesrepublik Deutschland eine wichtige und herausragende Tätigkeit polizeilichen Handelns. Auch in anderen Staaten Europas und auf anderen Kontinenten kann es zu Situationen kommen, die eine Identifizierung von Personen auch mit Hilfe von Körperkennzeichnungen erforderlich machen. Die vielen Arten der Kennzeichnung, die verschiedenen Interpretationsmöglichkeiten und die sehr unterschiedlichen Stellen am Körper, die für eine Kennzeichnung genutzt werden, können insgesamt mit dazu beitragen, dass die Wiedererkennung von Personen auch über die Grenzen unseres Landes hinaus möglich ist. Naturkatastrophen, wie das Erdbeben in Pakistan im Oktober 2005 oder das Erdbeben mit der Tsunamiwelle im Dezember 2004 in Südostasien führen dazu, dass oft viele tausend Menschen getötet und später häufig ohne Ausweispapiere aufgefunden werden. Dieses in jedem einzelnen Fall sehr bedauerliche Ereignis wird für die Angehörigen der Vermissten dann noch schwerwiegender, wenn die vermisste Person nicht oder nicht zweifelsfrei identifiziert werden kann. Es liegt in der Natur des Menschen, dass der Tod eines vermissten Angehörigen erst dann als sicher angesehen wird, wenn auch der identifizierte Körper des Verstorbenen ohne jeden Zweifel vorhanden ist.

Durch die Auswertung von landestypischen und individuellen Körperkennzeichnungen wird die Arbeit der internationalen Identifizierungskräfte zukünftig insgesamt wesentlich erleichtert. Bisher gibt es noch keine internationale Sammlung von Körperkennzeichnungen, die für die polizeiliche Arbeit genutzt werden könnte. Hier bietet sich für die internationale Zusammenarbeit sicherlich noch ein bedeutsamer Aktionsbereich, der allen Menschen weltweit in besonderen Fällen helfen und Gewissheit geben kann.

Weiterführende Literatur:

Beleke, N. (Hrsg.): Kriminalisten-Fachbuch – Kriminalistische Kompetenz. Eine Verbindung aus Kriminalwissenschaft, kommentiertem Recht und Kriminaltaktik für Studium und Praxis. Loseblattwerk in 2 Ordnern, Stand: 2000. Schmidt-Römhild Verlag, Lübeck 2000.

Bommas, U. / Teubner, P. / Voß, R.: Kurzlehrbuch Anatomie und Embryologie. 1. Auflage. Thieme Verlag, Stuttgart, New York 2005.

Burghard, W. / Hamacher, H. W. / Herold, H. / Howorka, H. / Kube, E. / Schreiber, M. / Stümper, A. (Hrsg.): Kriminalistik Lexikon. 3., völlig neu bearbeitete und erweiterte Auflage. Kriminalistik-Verlag, Heidelberg 1996.

Feige, M.: Das Tattoo- und Piercing-Lexikon. Kult und Kultur der Körperkunst. 1. Auflage. Lexikon-Imprint-Verlag, Berlin 2000.

Klees-Wambach, M.-L.: Kriminologische und kriminalistische Aspekte des Tätowierens bei Rechtsbrechern. Dissertation, Rechtswissenschaftliche Fakultät. Universität Freiburg (Breisgau) 1976.

Knecht, T.: Die Tätowierung. Geschichte, Verbreitung und Bedeutung. In: Kriminalistik 05/97, S. 371.

König, J.: Bekämpfung von Sexualdelikten. Rechtsgrundlagen für die Polizeipraxis. 1. Auflage. Verlag Deutsche Polizeiliteratur, Hilden 2001.

Meyer, H. / Wolf, K. / Müller, R.: Kriminalistisches Lehrbuch der Polizei; Arbeitsbuch für Wach-, Wechsel- und Ermittlungsdienst. 8. Auflage. Verlag Deutsche Polizeiliteratur, Hilden 2003.

Schneider, A. / Lang, G.: Wörterbuch der Kriminalwissenschaften. Ein Nachschlagewerk zur Kriminalitätskontrolle für Studierende und Praktiker aus Polizei, Justiz und Gerichtsmedizin. 1. Auflage. Boorberg Verlag, Stuttgart, München, Hannover, Berlin, Weimar, Dresden 2001.

Spornitz, U.: Anatomie und Physiologie. Lehrbuch und Atlas für Pflege- und Gesundheitsfachberufe. 4., vollständig überarbeitete Auflage. Springer Verlag, Heidelberg 2004.

Wachter, D.: Tätowierungen als Sinnbilder. Symbole und Hinweise in Tätowierungen von Kriminellen aus den Nachfolgestaaten der UdSSR. In: Kriminalistik 11/99, S. 733.

Wieser, O. / Schöninger, C. (Übersetzer): Anatomie. Wunderwerk Mensch, Knochenbau, Muskulatur, Organe, Nervensysteme. Titel des italienischen Originals: Atlante de anatomia. Dt. Erstausgabe, Neuauflage. Kaiser Verlag, Klagenfurt 2002.

ohne Autor:
Entfernung von Tätowierungen. In: Kriminalistik 01/82, S. 12.

10 Die Personenbeschreibung

10.1 Grundlagen für die Wiedererkennung

Viele polizeiliche Maßnahmen beschäftigen sich mit der Suche oder Fahndung nach Personen im Rahmen von Ermittlungen, wenn deren Aufenthaltsort den ermittelnden Beamten nicht bekannt ist. Ist von den vermissten oder gesuchten Personen kein Lichtbild vorhanden, wird häufig eine Beschreibung der äußeren Erscheinung dieser Menschen in die Maßnahmen mit einbezogen. Ziel ist es dabei, dass die weitergegebene Beschreibung der Gesuchten von anderen Personen aufgenommen wird. Das kann dazu führen, dass die Personenbeschreibung bei den Bürgern eine Erinnerung an eine Beobachtung oder Wahrnehmung in der Vergangenheit weckt. Dabei wird eine Gleichheit oder Identität der aufgenommenen Beschreibung und einer Beobachtung an einem bekannten Ort festgestellt. Häufig teilt der Bürger dieses Ergebnis seiner Gedanken und seiner Wahrnehmung der Polizei mit. Diese Information führt oftmals zur Auffindung oder zur Konkretisierung des Aufenthaltsortes der Gesuchten. Für die bei der Polizei geführten Ermittlungen kann ein solches Ergebnis von besonderer Bedeutung sein und die weiteren Arbeiten wesentlich erleichtern.

Die Beschreibung einer Person durch Mitarbeiter der Polizei wird sich in der Regel an einer zuvor einheitlich definierten, nachvollziehbaren Beschreibungsform orientieren. Diese muss so beschaffen sein, dass viele Menschen sie durch einfach gewählte Ausdrucksformen verstehen und nachvollziehen können. Außerdem muss die Beschreibung in einer Form erfolgen, die es dem Bürger leicht macht, sie in Erinnerung zu behalten. Dies ist von besonderer Bedeutung, wenn die Beschreibung aus polizeilichen Gründen veröffentlicht wird. Es kann nicht ausgeschlossen werden, dass die Beschreibung einer Person erst in der Zukunft zu einer Wiedererkennung oder Übereinstimmung mit einer beobachteten Person führt.

Die Beschreibung erfolgt so, dass eine einfache, für alle verbindliche Erfassung in einem zuvor bestimmten Datensystem möglich ist. Gleichzeitig muss sichergestellt sein, dass die Beschreibung in einem Datensystem der Polizei für eine schnelle und umfassende Recherche geeignet ist. Bei der Anwendung, zum Beispiel in Form einer Anfrage im Datensystem, muss eine unverzügliche Informationsweitergabe sichergestellt sein. Dieses System muss auch einen flächendeckenden, umfangreichen regionalen Wirkungskreis haben, um effizient zu arbeiten. Dazu ist eine im Bereich eines jeden Landes und im Bereich des Bundesgebietes vorhandene Verbreitung erforderlich.

Wenn eine solche Grundlage im polizeilichen Kommunikationsbereich vorhanden ist, dann kann auch die Einbeziehung der Personenbeschreibung zur Wiedererkennung einer Person erfolgreich realisiert werden. Die Polizeien der Länder verfügen heute über umfangreiche technische Arbeitsbereiche mit zum Teil verschiedenen Hard- und Softwareprogrammen auf diesem Gebiet. Die vorhandenen Schnittstellen zwischen dem Bund und den Ländern ermöglichen vielfältige Recherchemöglichkeit, u.a. auch auf der Ebene von Personenbeschreibungen. Insofern kommt dieser Wiedererkennungsmöglichkeit eine wesentliche Bedeutung bei der polizeilichen Tätigkeit zu.

10.2 Historische Betrachtung

Die Beschreibung von Personen wird nicht erst in der heutigen Zeit polizeilicher Tätigkeiten realisiert. In seinem Buch „System und Praxis der Daktyloskopie und der sonstigen technischen Methoden der Kriminalpolizei" beschreibt der Autor *Dr. Robert Heindl*, dass bereits im Jahr 145 vor Christi Geburt ein Steckbrief in Alexandrien mit einer Personenbeschreibung vorhanden war. Dabei wurden außer dem Namen der gesuchten Person auch weitere Angaben zur Person genannt, wie Größe, Hautfarbe, Augenfarbe und Haarfarbe. Ein Teil der Beschreibung bezog sich auf außergewöhnliche Kennzeichen der gesuchten Person.

Heindl beschreibt in seinem Buch außerdem die Veränderung der Personenbeschreibung im Laufe der Zeit nach Christi Geburt. Dabei wurden bei der Beschreibung von Personen im Rahmen von polizeilichen Suchmaßnahmen immer weniger Angaben zu der zu beschreibenden Person aufgeführt, bis schließlich nur noch das Alter und besondere Kennzeichen für die Suche notiert und im Einzelfall dann auch veröffentlicht wurden.

Im Rahmen der historischen Betrachtung der Personenbeschreibung ist auch *Alphonse Bertillon* zu nennen. Der in Frankreich lebende und arbeitende Sohn eines Arztes war zunächst als Gerichtsschreiber tätig. Er schuf durch die detaillierte Vermessung von Personen im Rahmen polizeilicher Ermittlungen jene Grundlagen, die später zur Wiedererkennung dieser Personen geführt haben. Dabei nahm er von tatverdächtigen Personen verschiedene Messungen am Körper vor. Er hat beispielsweise die Körpergröße, den Kopfumfang, die Entfernung vom Mittelfinger der linken Hand bis zum Mittelfinger der rechten Hand bei ausgestreckter Armhaltung gemessen. Diese Angaben wurden nach einem festgelegten System schriftlich erfasst und bei später folgenden polizeilichen Überprüfungen von Personen als Grundlage für eine Recherche in der vorhandenen Sammlung herangezogen. Die erfolgreiche Nutzung dieses Systems verschaffte *Bertillon* Achtung und Respekt über die Grenzen Frankreichs hinaus.

Zusätzlich hat *Bertillon* 1885 in seinem Werk „Instructions signaletiques" maßgebliche Vorschläge für eine einheitliche Bezeichnung von Körperteilen im Rahmen der Personenbeschreibung gemacht. Er nannte sein erarbeitetes Schema „portrait parle", was frei übersetzt als „sprechendes Portrait" bezeichnet werden kann. Das angestrebte Ziel, dass auch andere Staaten außer Frankreich von dieser Form der einheitlichen Beschreibung des Menschen Gebrauch machen würden, hat sich in der folgenden Zeit nicht bestätigt. Insbesondere die an einigen Stellen sehr detaillierte und in einigen Fällen nicht sehr einfach nachzuvollziehende Form der Beschreibung führte zu einer kritischen Betrachtung dieses Werkes in Fachkreisen, wobei jedoch die Herstellung eines solchen Werkes grundsätzlich von allen interessierten und fachlich betroffenen Berufskreisen gelobt wurde.

Eine Personenbeschreibung in weniger tiefgehender Form fand in der Folgezeit unter anderem in Deutschland Anwendung. Dabei nutzten die verantwortlichen Stellen nicht die besonders ausführliche Beschreibungsform von *Bertillon*. Es wurde auch nicht komplett auf die Personenbeschreibung verzichtet, sondern eine Zwischenlösung eingeführt: Insbesondere durch die Einbeziehung von Lichtbildern der beschriebenen Personen wurde eine Reduzierung der ausführlichen Personenbeschreibung erreicht.

Im Rahmen der heute in Deutschland angewandten Beschreibung von Personen bei polizeilichen Tätigkeiten werden überwiegend nur noch die Körpergröße und besondere Auffälligkeiten und Kennzeichen erfasst. Dafür erfolgt die Beschreibung diese festgestellten Merkmale am menschlichen Körper oft nach einem festgelegten Schema und in den meisten Fällen auch fotografisch dokumentiert. Die heute verfügbare Technik ermöglicht es, dass eine computergestützte Recherche dieser Personenbeschreibung in einem zuvor festgelegten Bereich innerhalb kürzester Zeit möglich ist.

10.3 Elektronische Erfassung und Auswertung

Computergestützte Erfassungs- und Auswertesysteme sind bereits seit vielen Jahren in der polizeilichen Praxis verfügbar. Im Bereich der Personenbeschreibung wurde diese Möglichkeit allerdings erst zu einem späteren Zeitpunkt genutzt.

Die Regelung polizeilicher Angelegenheiten ist Sache der Bundesländer. Der Zugang zu bundesweit zentralen Datenbanken wird darüber hinaus durch die jeweils vorhandene Hard- und Software bestimmt. Im Bereich der Personenbeschreibung kann dieser Umstand eine Ursache dafür gewesen sein, dass eine einheitliche und für alle Polizeiorganisationseinheiten nachvollziehbare Vorgehensweise auf diesem Sektor erst mit einem zeitlichen Verzug einsetzte. In einigen Bundesländern gelangte man schnell an eine einheitliche Beschreibung und Erfassung im polizeilichen Datensystem, in anderen Ländern der Bundesrepublik dauerte es länger. Zwischenzeitlich ist in jedem Bundesland die Personenbeschreibung im Rahmen polizeilicher Tätigkeiten so gestaltet, dass eine einfache, teilweise formatierte Erfassung auf dem Datenweg möglich ist. Dies geschieht regelmäßig bei der Durchführung der erkennungsdienstlichen Behandlung der jeweiligen Person. Dabei ist es grundsätzlich unerheblich, ob die dafür vorliegende Rechtsgrundlage sich aus einer Situation der Gefahrenabwehr oder der Strafverfolgung ergibt.

Neben den Angaben zum Namen, Vornamen, dem Geburtsdatum, dem Geburtsort und -land, werden unter anderem auch Angaben zur Staatsangehörigkeit, den Ausweisdokumenten und der Rechtsgrundlage der Maßnahme erfasst. Der Ort der Durchführung wird ebenso notiert, wie die durchführende Person.

Bei der eigentlichen Beschreibung sind die Erfassungsbelege so gestaltet, dass überwiegend nur eine Markierung in den vorgegebenen Feldern vorzunehmen ist. Angaben zur Gestalt, zur Größe, zum Phänotypus, dem scheinbaren Alter, der Stimme, der deutschen Sprache und der Mundart sind ebenso enthalten, wie zu Fremdsprachen. Bei der Erfassung sind von der ausführenden Person nach deren Auffassung lediglich die zutreffenden, vorgegebenen Begriffe zu markieren. Die so hervorgehobenen Bereiche werden durch das System gespeichert und sind dann auch für eine mögliche Recherche zu nutzen. Als Beispiel sei hier der Aspekt „Gestalt" genannt. Das System sieht für diesen Begriff die Möglichkeiten hager, schlank, athletisch und dick vor. Gibt dabei die aufnehmende Person den Begriff „schlank" ein, so erfolgt die Speicherung zusammen mit allen weiteren Angaben zu der hier erfassten Person.

Es werden außerdem noch körperliche Merkmale erfasst. Dies geschieht mit Hilfe von Zahlen und damit verbundenen Lagebezeichnungen und Begriffen. So ist der menschliche Körper vom Kopf bis zum Fuß in Bereiche eingeteilt, die mit verschiedenen Zahlen markiert sind. Zusätzlich ist ein so genannter Motivkatalog vorhanden, der bekannte, häufig zu sehende Motive bezeichnet. Die Verbindung dieser einzelnen Zahlengruppen in Verbindung mit einem Klartext ermöglicht die Erfassung und auch die spätere Recherche in dem System. So könnte beispielsweise mit der Bezeichnung für die Lage „312" und das Merkmal „23" eine auf dem linken Oberarm befindliche Rose erfasst worden sein.

Im Rahmen der Erfassung ist diese Angabe zusammen mit allen weiteren Informationen zu der bei der Polizei jetzt bekannten Person gespeichert worden. Bei einer Recherche würden alle Personen angezeigt, die eine Rose auf dem linken Oberarm tätowiert haben.

In diesem Fall ist eine weiterführende Eingrenzung zum Beispiel durch Größe oder Sprache vorzunehmen.

An einigen wenigen Stellen verfügt das Datensystem auch über eine frei einzugebende Textfläche. Dort hat die erfassende Person die Möglichkeit, zusätzlich, nicht formatierte Aspekte der Personenbeschreibung aufzunehmen oder formatierte Teile der Personenbeschreibung zu ergänzen.

Zum Beispiel ist die Einbeziehung von Lichtbildern von körperlichen Merkmalen ebenfalls möglich.

Die auf diese Art und Weise vorhandene Eingabemöglichkeit und das Rechercheverfahren stellen eine einfache, schnell erlernbare und wirkungsvolle Möglichkeit der Wiedererkennung von Personen dar.

10.4 Praktische Bedeutung und Anwendung

In der Praxis wird die Anwendung der Erfassung und Recherche von Personenbeschreibungen davon abhängen, wie exakt, gründlich und dauerhaft zunächst die Aufnahme von Personenbeschreibungen in dem dafür vorgesehenen Datensystem erfolgt. Wenn die Erfassungen mit gleich bleibender Beschreibungsqualität vorgenommen werden, ist mit einer anschließenden erfolgreichen Nutzung im Rahmen der täglichen Polizeiarbeit zu rechnen. Hinzu kommt noch, dass alle Mitarbeiterinnen und Mitarbeiter der Polizei über die Funktionen dieses Systems informiert sein müssen. Nur wer weiß, dass es eine solche Möglichkeit der Wiedererkennung von Personen gibt, wird dieses verlässliche System auch praktisch nutzen.

Das nachfolgende Beispiel zeigt die Möglichkeit der Wiedererkennung einer Person mit Hilfe der Personenbeschreibung:

Der arbeitslose Handwerker Axel P., der eine sehr kleinwüchsige, schlanke Gestalt hat, wurde bei der Begehung einer Einbruchsstraftat vorläufig festgenommen. Im Rahmen der dann durchgeführten erkennungsdienstlichen Behandlung erfolgte eine Personenbeschreibung des P. Dabei wurden neben seiner Größe von 155 cm auch die auf dem rechten Unterarm vorhandene Tätowierung eines Adlers und das Piercing in der Mitte der Unterlippe aufgenommen und im dafür vorgesehenen Datensystem erfasst. Ein ebenfalls gefertigtes Foto der Tätowierung und des Piercings ergänzte die Speicherung im Rahmen der erkennungsdienstlichen Behandlung. Zwei Wochen später bricht Axel P. in der Nacht zum Samstag einen Pkw auf und entwendet daraus ein Navigationsgerät. Als er gerade mit seiner Beute den Tatort verlassen will, wird er von einer Zivilstreife der Polizei angehalten. Da er keine Ausweispapiere mit sich führt und seine Aussagen zu seiner Identität den Beamten unglaubwürdig erscheinen, überprüfen die Polizisten das Piercing und die Tätowierung in dem dafür vorgesehenen Datensystem. In Verbindung mit der auffallend kleinen Körpergröße erhalten sie die Personenangaben von Axel P. Dieser bestätigt die Personalien nach einem Vorhalt.

Je nach vorliegenden Einzelheiten zur Personenbeschreibung ist die Identifizierung einer Person schnell und ohne aufwendige weitere polizeiliche Maßnahmen möglich. Es handelt sich bei der Nutzung der Personenbeschreibung um eine bewährte, nachvollziehbare polizeiliche Maßnahme.

10.5 Möglichkeiten und Grenzen

Die geschilderten Möglichkeiten bei der Erfassung und Recherche der Personenbeschreibung im Rahmen polizeilicher Maßnahmen sind vielfältig. Sie können bei einer innovativen Anwendung zukünftig ein viel versprechendes und leicht anwendbares polizeiliches Instrumentarium sein. Die Einbeziehung erst seit kurzer Zeit feststellbarer Kennzeichnungen am menschlichen Körper, wie beispielsweise des Branding – eine bewusst beigebrachte individuelle Brandwunde an einem frei gewählten Körperteil – zeigt zusätzliche Möglichkeiten der Wiedererkennung von Personen.

Die modifizierte Form der Datenerfassung der Personenbeschreibung wird zukünftig einer ständigen fachkompetenten Beobachtung unterzogen, damit mögliche Fehlinterpretationen, beispielsweise bei der Einteilung „Fremdsprache", vermieden werden.

Die Grenze dieses einfachen polizeilichen Hilfsmittels ist in dem Bereich der Erfassung des erforderlichen Datenmaterials zu sehen. Die Gründlichkeit der aufnehmenden Personen wird darüber entscheiden, ob die spätere Recherche zu verlässlichen Angaben führen wird. Die Kenntnis über den Inhalt des Datensystems und die Abfragemöglichkeit ist als eine weitere Grenze zu sehen. Nur der gut ausgebildete und interessierte Mitarbeiter der Polizei wird die Personenbeschreibung als eine Wiedererkennungsmöglichkeit sinnvoll und umfassend nutzen.

Weiterführende Literatur:

Bender, R. / Nack, A.: Tatsachenfeststellung vor Gericht. Band 2: Vernehmungslehre. 2. Auflage. C.H. Beck Verlag, München 1995.

Burghard, W. / Hamacher, H. W. / Herold, H. / Howorka, H. / Kube, E. / Schreiber, M. / Stümper, A. (Hrsg.): Kriminalistik Lexikon. 3., völlig neu bearbeitete und erweiterte Auflage. Kriminalistik-Verlag, Heidelberg 1996.

Frost, A.: „DigiED.Net". In: Streife 3/2004, S. 12.

Groß, H. / Geerds, F.: Handbuch der Kriminalistik. Wissenschaft und Praxis der Verbrechensbekämpfung. Band 1: Die Kriminalistik als Wissenschaft. Die Technik der Verbrechen. Kriminaltechnik. 10., völlig neu bearbeitete Auflage. Schweitzer Verlag, Berlin 1977.

Heindl, R.: System und Praxis der Daktyloskopie und der sonstigen technischen Methoden der Kriminalpolizei. 3., neu bearbeitete und vermehrte Auflage. de Gruyter Verlag, Berlin 1927.

Kube, E. / Störzer, U. / Timm, K. (Hrsg.): Kriminalistik – Handbuch für Praxis und Wissenschaft. Band 1. 1. Auflage. Boorberg Verlag, Stuttgart [u.a.] 1992.

ohne Autor:
Personenbeschreibung. Wahnsinn mit der Methode. In: Kriminalistik 12/97, S. 798.

Speicherung personenbezogener Daten in den KpS. In: Kriminalistik 01/02, S. 6. Recht aktuell: VGH Baden-Württemberg, Urteil v. 20.2.2001, Az.: 1 S 2054/00.

11 Das Lichtbild

11.1 Möglichkeiten der (Lichtbild-)Aufnahme

Die polizeiliche Arbeit ist in vielen Bereichen durch den Umgang mit der Fotografie geprägt. Die Aufnahme von Verkehrsunfällen und die fotografische Dokumentation sind dabei ebenso zu nennen, wie die fotografische (Aufnahme-)Bearbeitung eines Tatortes im Rahmen der Spurendokumentation. Die visualisierte Erfassung einer besonders gefahrenträchtigen Situation im Rahmen polizeilicher Tätigkeiten ist eine im polizeilichen Bereich anzutreffende Situation. Als Beispiele dafür werden hier der durch U-Bahn-Bauarbeiten im Fundament erschütterte Kirchturm genannt oder das durch den Sturm beschädigte und aus der Verankerung gerissene Baugerüst, das umzustürzen droht.

Eine besondere Situation ergibt sich im Rahmen polizeilicher Tätigkeiten immer dann, wenn die (Lichtbild-) Aufnahme einer Person produziert wird, um diese zu einem späteren Zeitpunkt mit Hilfe des erstellten Bildes wieder zu erkennen. Eine in dieser Hinsicht oft durchgeführte Maßnahme ist die erkennungsdienstliche Behandlung. Dabei ist die Herstellung der Fotografie einer Person zum Zweck der späteren Wiedererkennung ein wesentlicher und sehr wichtiger Teil.

Die technische Ausstattung der Polizei zur Aufnahme von Lichtbildern orientiert sich grundsätzlich an den in der Öffentlichkeit erhältlichen und verfügbaren optischen Aufnahmegeräten. Dabei wird heute bei der Beschaffung der Aufnahmetechnik darauf geachtet, dass nicht nur moderne, computergesteuerte Kameras zur Verfügung stehen, die teilweise schon für eine Datenverknüpfung geeignet sind, sondern auch noch herkömmliche, so genannte Kleinbildkameras für die analoge Fotografie im Bestand der Polizeidienststellen vorhanden sind. Dadurch soll erreicht werden, dass im Fall einer besonderen technischen Situation die Herstellung von Lichtbildern möglich ist, beispielsweise bei der fotografischen Dokumentation des Tatortes eines Kapitaldeliktes.

Die Lichtbildaufnahme einer Person im Rahmen polizeilicher Maßnahmen erfolgt mit der vorhandenen logistischen Ausstattung. Wenn eine professionelle und moderne Fototechnik vorhanden ist, kann eine perfekte Erstellung der Lichtbilder durchgeführt werden. Dabei muss der ausführende Mensch berücksichtigt werden. Der Mitarbeiter der Polizei muss in der Handhabung und Bedienung des vorhandenen Fotogerätes ausgebildet sein. Er muss ferner den Aufstellort und die Haltung der zu fotografierenden Person kennen und er muss motiviert arbeiten. Wenn diese wesentlichen Voraussetzungen vorhanden sind, dann entstehen auszuwertende und für eine Wiedererkennung nutzbare Bilder einer Person.

Die im Rahmen einer erkennungsdienstlichen Behandlung hergestellten Lichtbilder entsprechen in der Gestaltung seit vielen Jahren nicht nur in der Bundesrepublik Deutschland, sondern auch in anderen Staaten der Welt, einer bewährten Form. Dabei wird ein so genanntes dreiteiliges Bild hergestellt. Es besteht aus einer Aufnahme der rechten Gesichtshälfte (Profilaufnahme), einer Aufnahme des kompletten Gesichts (Frontalaufnahme) und des im 45 Grad-Winkel aufgenommenen linken Gesichtsteils (Halbprofil). Die drei einzelnen Lichtbilder werden nach Fertigstellung in der hier genannten Reihenfolge nebeneinander aufgereiht und bei der Herstellung eines Positivs, also eines Lichtbildes, dann als ein Gesamtfoto mit drei Einzelabbildungen gezeigt. In den meisten Fällen, vielfach auch abhängig vom Delikt, erfolgt zusätzlich noch eine (Lichtbild-) Aufnahme von der stehenden Person. Dabei wird in der Regel eine Maßeinheit neben der Person mit fotografiert, z.B. ein Fotozollstock. Dadurch ist die Größe der in stehender Stellung fotografierten Person für den Betrachter erkennbar und visuell auch nachvollziehbar. Im Rahmen der Personenbeschreibung wird die Größe noch zusätzlich erfasst und recherchierbar gespeichert.

Bei einem idealen Zusammenwirken zwischen dem mit Fotoarbeiten beauftragten Mitarbeiter der Polizei und der dazu erforderlichen, optimal funktionierenden Technik des Dienstherrn werden (Lichtbild-) Aufnahmen entstehen, die für eine Wiedererkennung geeignet sind.

11.2 (Lichtbild-)Aufnahmen aus dem privaten oder beruflichen Bereich

Aus Spielfilmen oder Romanen wird das folgende Beispiel oder werden ähnliche Handlungen dem Betrachter oder Leser bekannt sein:

Eine mit Jeanshose und Kapuzenjacke bekleidete Person betritt den Geschäftsraum der Sparkasse in A-Stadt. Eine Stofftragetasche wird in der rechten Hand getragen. Die Handschuhe fallen nicht auf, weil es im Außenbereich zu dieser Jahreszeit kalt ist. In leicht vornübergebeugter Haltung begibt die Person sich an den Stehtisch in der Mitte der Filiale und beschäftigt sich mit einem Überweisungsformular. Es ist nicht erkennbar, ob es sich um einen Mann oder eine Frau handelt. Die stark getönte Brille, die fast so dunkle Gläser wie eine Sonnenbrille hat, verdeckt große Teile des Gesichts. Die Kapuze ist weit über den Kopf gezogen. In der Filiale ist diese Person unbekannt. Nachdem die Geschäftsabläufe in der Zweigstelle und der Kundenverkehr von dieser unbekannten Person einige Zeit beobachtet worden sind, geht sie etwas später langsam zum Kassenbereich. Es ist nur eine Kasse geöffnet. Im Augenblick befindet sich dort kein weiterer Kunde. Die Person greift in die Stofftasche und zieht eine schwarzfarbene Handfeuerwaffe heraus, richtet diese gegen den erstaunt aufblickenden Kassierer und sagt: „Überfall, packen Sie das Geld in meine Tasche, schnell. Lösen Sie keinen Alarm aus, sonst schieße ich, hopp, hopp!" Der Kassierer befolgt die Anweisung, wobei er mehrfach im Filialraum herumschaut. Unbemerkt betätigt der Kassierer mit seinem rechten Fuß trotz der Drohung des Täters die Alarmauslösung. Die unbekannte Person ermahnt den Kassierer zur Eile und erhält daraufhin kurze Zeit später die mit Geldscheinen gefüllte Stofftragetasche zurück. Ohne sichtbare Eile verlässt die Person die Zweigstelle, nachdem die Faustfeuerwaffe wieder in der Stofftragetasche verschwunden ist. Nach Meinung des Täters sind keine Hinweise auf seine Person zurückgeblieben.

Durch die Auslösung des Alarms wurden gleichzeitig auch die drei im Hintergrund des Kassenbereichs und des Ausgangs der Sparkassenfiliale verdeckt angebrachten Fotokameras aktiviert und haben durch eine eingebaute Automatik in kurzen Abständen viele Aufnahmen des Filialraumes mit der unbekannten Person erstellt. Die spätere Betrachtung wird zeigen, wie umfangreich die Person durch die getragene Kleidung verdeckt ist. Ein Wiedererkennen auf Grund der Aufnahmen erscheint fast unmöglich. Heute verfügen viele Kreditinstitute bereits über moderne elektronische Bildaufzeichnungsmöglichkeiten, die eine gute Qualität gewährleisten. Neben der Betrachtung von Bewegungsabläufen können diese neueren Geräte zusätzlich auch noch Einzelbilddarstellungen in guter Qualität produzieren. Gleichgültig welche technische Möglichkeit in einem solchen Fall zum Einsatz kommt, die an den ermittelnden Mitarbeiter der Polizei gerichtete Frage ist immer gleich lautend. Dabei will jeder am Ermittlungsverfahren und späteren Beweisverfahren Beteiligte wissen, wer der Täter ist und ob fahndungs- oder beweisrelevante Hinweise vorhanden sind. Die vorliegenden Aufnahmen geraten dabei immer wieder in den Vordergrund der Ermittlungstätigkeit. Spätestens, wenn eine tatverdächtige

Person festgestellt wird, sind die Erwartungen an die Beweismöglichkeit durch die aus der Sparkassenfiliale stammenden Aufnahmen sehr hoch. Die Qualität der eingesetzten und eingerichteten Aufnahmetechnik in der Sparkassenfiliale liefert scharfe Bilder. Die mit der Auswertung beschäftigte Dienststelle der Polizei wird wesentlich dazu beitragen, dass im vorliegenden Fall mit beweisrelevanten Aussagen zum möglichen Täter oder zu tatverdächtigen Personen zu rechnen ist.

Aufnahmen von automatischen Kameras oder Videoüberwachungsanlagen können grundsätzlich auch für eine Wiedererkennung verwertbare Bilder erstellen.

11.3 Historische Betrachtung

In seinem Buch „System und Praxis der Daktyloskopie und der sonstigen technischen Methoden der Kriminalpolizei" beschreibt *Dr. Robert Heindl* die Anfänge der Fotografie zur Personenerkennung mit einer aus dem Jahr 1854 stammenden Veröffentlichung im Lausanner Journal des Tribunaux. In diesem Bericht wird dargestellt, dass die Fotoaufnahme eines des Diebstahls verdächtigen, bislang unbekannten Mannes durch die Vorlage des Bildes bei Bürgern in verschiedenen Orten zur Identifizierung dieses Täters führte. Folge dieser erfolgreichen Polizeiarbeit war, dass die Fotografie im polizeilichen Bereich häufiger genutzt wurde.

Zunächst wurden in der Folgezeit bei der französischen Polizei im Rahmen dienstlicher Arbeiten nur Frontalaufnahmen von Personen hergestellt, weil dies die Position ist, in der man einem entgegenkommenden Menschen begegnet. Diese grundsätzlich zutreffende Annahme verhinderte jedoch, dass beispielsweise die Nase oder Ohren in ihrem tatsächlichen Aussehen und ihrer Anatomie weniger bis gar nicht zu erkennen waren. Diese Situation führte im Jahre 1890 dazu, dass zunächst die englische Polizei und später auch die Polizeien anderer Staaten eine Frontalaufnahme und zusätzlich eine (Seiten-)Aufnahme des Kopfes herstellten und für polizeiliche Zwecke nutzten.

Bertillon, der zu dieser Zeit in Frankreich mit der Vermessung des Menschen und der Auswertung der dabei erhaltenen Werte die Identifizierung einzelner Personen erreichte, sah in der Fotografie einzelner Straftäter zum Zwecke der späteren Identifizierung eine Konkurrenz zu seinem entwickelten Messverfahren. Er stellte sehr schnell fest, dass er die Fotografie als Identifizierungsmöglichkeit nicht vollständig ignorieren konnte. Er war derjenige, der ein einheitliches Maß für die Erstellung der Aufnahmen anregte und selbst auch zuerst umsetzte. Dazu gehörte beispielsweise ein auf einer mechanischen Wendeeinrichtung angebrachter Stuhl, auf dem die zu fotografierende Person angelehnt an der Rückenlehne sitzen musste. Der ebenfalls fest installierte Fotoapparat stellte eine weitere wichtige Voraussetzung für die gleichförmige Fotografie dar. Schließlich fügte *Bertillon* den bereits genannten zwei Aufnahmen (Frontalaufnahme und Seitenprofil) noch eine dritte Aufnahme hinzu, das bereits im Abschnitt 11.1 erwähnte Halbprofil. Diese drei zu einem Bild zusammengefügten Einzellichtbilder tragen heute noch in der historischen Betrachtung die Bezeichnung Bertillonage. Die erfolgreiche Nutzung dieser Aufnahmen wurde später in vielen Teilen der Welt von den Polizeidienststellen übernommen.

In Deutschland wurde diese Form der polizeilichen Personenfotografie übernommen und erfolgreich genutzt. Die sich daraus ergebende Sammlung von Bildern von Straftätern wurde hier ebenso wie in Frankreich immer weiter fortgeführt. Dabei konnte durch Vorlage der Lichtbilder von Straftätern bei Geschädigten oder Zeugen häufig eine Identifizierung des Täters erreicht werden.

In der Folgezeit wurde in Deutschland die Nutzung der Fotografie zur Wiedererkennung von Personen weiterentwickelt. Die Nutzung neuerer Fotogeräte und Ablageverfahren vereinfachte den gesamten Vorgang zur Wiedererkennung von Personen mit Hilfe von Lichtbildern.

Mit der heute vorhandenen, überwiegend computergestützten Aufnahme-, Erfassungs- und Recherchiertechnologie bei der Personenaufnahme, ist bereits eine moderne Form polizeilicher Arbeit erreicht worden. Eine Weiterentwicklung ist in den kommenden Jahren zu erwarten und dürfte die Wiedererkennung mit Hilfe des Lichtbildes weiter erleichtern.

11.4 Die (Lichtbild-)Aufnahme als Teil der erkennungsdienstlichen Behandlung

Um eine Person durch Betrachtung eines Bildes wiederzuerkennen, muss zunächst eine Aufnahme vorhanden sein. Damit diese Voraussetzung erfüllt ist, bedarf es im Bereich polizeilicher Aktivitäten zunächst der Entscheidung, ob ein Bild einer Person hergestellt wird oder nicht. Dies ist in der Regel mit der Überlegung verbunden, ob die Person erkennungsdienstlich behandelt wird oder nicht. Kommt es zu einer erkennungsdienstlichen Behandlung, ist die erforderliche Rechtsgrundlage zu beachten. Diese beinhaltet beispielsweise die spezielle Verwendung des Bildes oder auch die Aufbewahrungsdauer der hergestellten Aufnahme.

Eine Belehrung der zu fotografierenden Person ist im Rahmen der erkennungsdienstlichen Behandlung durchzuführen, damit mögliche Fragen oder weitere Verfahrensweisen für die betroffene Person geklärt und so ihre Rechte gewahrt werden können. Mit der Belehrung der betroffenen Person wird ihr z.B. auch erklärt, welche rechtlichen Maßnahmen sie gegen die Aufnahme oder Aufbewahrung des Bildes ergreifen kann.

Nach Abschluss der Belehrung erfolgt im Rahmen der erkennungsdienstlichen Behandlung die Aufnahme der einzelnen Fotos. Je nach Polizeidienststelle und Dienstzeit wird diese Arbeit von fototechnisch ausgebildeten Personen durchgeführt. Außerhalb der regulären Arbeitszeit kann diese Tätigkeit auch durch Mitarbeiter von Bereitschaftsdiensten ausgeführt werden. Der für diese Tätigkeit geschulte und dort fest arbeitende Mitarbeiter wird die Aufgabenstellung ohne Schwierigkeiten realisieren. Eine nur vorübergehend für diese Tätigkeit eingesetzte Person im Polizeidienst wird dann Probleme haben, wenn der Umgang mit der vorhandenen Hard- und Software nicht ausreichend geübt wurde. Schwierigkeiten können auch auftreten, wenn die praktische Handhabung mit dem Fotogerät nicht bekannt ist. Dabei könnte es beispielsweise zu Aufnahmen aus nicht vorgeschriebenen Perspektiven kommen, einer nicht Format füllenden Aufnahme oder Verwechselung der Reihenfolge der aufgenommenen, dreiteiligen Lichtbilder. Durch die Fotografie einer Person sind bereits wesentliche Voraussetzungen für die spätere Identifizierung gegeben. Der in der Handhabung der Fototechnik ausgebildete Mitarbeiter der Polizei wird im Rahmen der Herstellung der Fotos zunächst darauf achten, dass das Aussehen der zu fotografierenden Person keine bewusst auffallenden Effekte zeigt, wie beispielsweise ungekämmte Haare, Dreck- oder sonstige Schmutzspuren im Gesicht, zerrissene Kleidungsstücke. Damit der spätere Bildbetrachter durch derartige Situationen nicht abgelenkt wird, sollten diese Auffälligkeiten vor der Aufnahme beseitigt werden. Wenn auch diese Voraussetzung umgesetzt worden ist, wird die zu fotografierende Person in dem dafür vorgesehenen Stuhl Platz nehmen. Dabei ist darauf zu achten, dass die Sitzhaltung so eingenommen wird, dass das Gesäß bis an die Rückenlehne geführt wird und der Rücken vollständig die Lehne mit einer geraden Rückenhaltung berührt. Bei dem Blick durch den Sucher der Kamera ist darauf zu achten, dass der aufzunehmende Bildteil jeweils auch alle Teile des Kopfes oder alle Teile der stehenden Person gleichmäßig und mittig erfasst. Eine zu weit am rechten oder linken Bildrand stehende oder sitzende Person kann im Rahmen einer späteren Bildbetrachtung einen stigmatisierenden Eindruck bei dem Betrachter hervorrufen und dadurch Schwierigkeiten bei einer Wiedererkennung einer Person mit Hilfe des Bildes verursachen. Im Zusammenhang mit der folgenden Herstellung der drei vorgeschriebenen, gleichartig aufzunehmenden Bilder (siehe hierzu Abschnitt 11.3) ist darauf zu achten, dass die fotografierte Person ihre Sitzhaltung und -position im Stuhl oder ihre eingenommene Haltung im Stehen nicht verändert und dadurch zu einem abweichenden Aussehen auf dem bereits erstellten Bild beiträgt.

Sind die Aufnahmen fertig gestellt, sollte noch eine so genannte Kontrollbetrachtung auf dem Bildschirm erfolgen.

Wenn alle Empfehlungen beachtet werden, sind die Aufnahmen der Person bei einer guten Positivherstellung der Bilder für eine Wiedererkennung geeignet.

11.5 Die (Lichtbild- oder Video-)Aufnahme einer unbekannten Person und ihre polizeilichen Auswertungsmöglichkeiten

Im Rahmen polizeilicher Ermittlungstätigkeiten erhält der eingesetzte Sachbearbeiter von geschädigten Unternehmen oder Personen häufig Film- und Bildmaterial mit Aufnahmen vom Tatort zur Tatzeit. Bei den darauf abgebildeten Personen kann es sich durchaus um den oder die Täter handeln. Mit der Übergabe des Bildmaterials verbindet der Bürger die Erwartung, dass die Täterwiedererkennung jetzt ohne große Schwierigkeiten durch die Polizei realisiert werden kann. Es interessiert den Geschädigten in der Regel nicht, wie die Polizei im weiteren Ermittlungsverfahren vom Bild des unbekannten Täters am Tatort zur wiedererkannten und geständigen Täterpersönlichkeit kommt.

Grundsätzlich wird der zuständige Ermittlungssachbearbeiter die ihm vorliegende Bildaufzeichnung sichten. Die Feststellung, ob es sich dabei um analoge oder digitale Aufzeichnungen handelt, wird die weitere Vorgehensweise zur Auswertung der Aufnahmen nicht beeinflussen. Eine Nachfrage, ob noch weiteres Bildmaterial vom Tatort vorliegt, wird in jedem Fall erfolgen. Viele Menschen neigen dazu, nur optimale Bilder weiterzugeben. Dabei kann es sein, dass solche Bilder nicht herausgegeben werden, die der Geschädigte für schlechte, nicht auswertbare Aufnahmen hält. In der Realität ist im Rahmen der Bildbearbeitung jedoch noch ein Erkennen der abgebildeten Person möglich.

Bei der weiteren Betrachtung der aufgenommenen Bilder wird der Ermittler darauf achten, in welcher Position und Haltung die tatverdächtige Person aufgenommen worden ist. Lässt das Bild das Gesicht der aufgenommenen tatverdächtigen Person erkennen oder sind nur die bekleideten Umrisse der Person zu sehen? Vom Ergebnis dieser Betrachtung wird die weitere Bildauswertung im Hinblick auf die Identifizierung wesentlich abhängen. Wichtig ist es auch, dass auf Besonderheiten an der Bekleidung der aufgenommenen Person geachtet wird. Möglicherweise sind dort individuelle Beschädigungen oder Veränderungen vorhanden, die bei einer Öffentlichkeitsfahndung zu einer Identifizierung der fotografierten Person führen kann.

Wenn das im Abschnitt 11.2 geschilderte Ereignis und die dabei durch die Überwachungskamera aufgenommenen Bilder zugrunde gelegt werden, dann verfügt der Sachbearbeiter hier nicht über eine erkennbare Aufnahme. Die stark getönten Gläser der Sonnenbrille verdecken wesentliche Teile des Gesichts. Die Kapuze der Jacke lässt keinen Blick auf die Farbe, Form und Länge der Haare zu. Wenn die weiteren Aufnahmen keine wesentlichen Teile des Gesichts mehr erkennen lassen, beispielsweise den Mund-,

Kinn- oder Stirnbereich, dann wird eine Wiedererkennung der Person nur durch Betrachtung des Lichtbildes unwahrscheinlich sein.

In diesem Fall könnte eine Größenbestimmung der im Filialraum aufgenommenen, bisher unbekannten Person die Wiedererkennung erleichtern. Dabei wird möglicherweise die regional für Fototechnik zuständige Organisationseinheit der Polizei Hilfe leisten. Viele Landeskriminalämter verfügen über Dienststellen, die sich mit der Tätergrößenbestimmung auch aus Nichtmessbildern beschäftigen und dabei dem ersuchenden Ermittlungssachbearbeiter wertvolle Informationen zur Wiedererkennung der aufgenommenen Person geben.

Ist das Gesicht der aufgenommenen Person unverdeckt und frei erkennbar aufgenommen worden, dann ist eine Wiedererkennung durch eine Einzelbildvorlage bei Zeugen oder Hinweisgebern denkbar. Eine Abbildung im Rahmen der Öffentlichkeitsfahndung kommt ebenfalls in Betracht. Wenn dabei eine tatverdächtige Person festgestellt wird, veranlasst der Ermittlungssachbearbeiter eine Aufnahme dieser Person in derselben Position am Tatort, die der Aufnahme gleicht, welche bei der ursprünglichen Tat von der Überwachungskamera erstellt wurde. Die dabei entstandene Aufnahme wird mit dem vorliegenden Tatfoto verglichen und führt bei einer Auswertung der vorhandenen, erkennbaren Teile des Gesichts zu einer Identifizierung der Person.

Eine computergestützte Bildauswertung und -recherche wird nur dann Aussicht auf Erfolg haben, wenn die Bilder des bei der Tat aufgenommenen Gesichts der tatverdächtigen Person und die bei einer erkennungsdienstlichen Behandlung entstandenen Bilder weitestgehend die gleichen Bereiche erfasst haben. Außerdem muss eine für diese Vergleichsarbeit geeignete Hard- und Software vorhanden sein. Diese ist heute noch nicht bei allen Polizeidienststellen vorhanden.

Im Rahmen der fortschreitenden Technik ist mit einer Verbesserung und Weiterentwicklung auf dem Gebiet der Personenwiedererkennung mit Hilfe eines Lichtbildes zu rechnen. Insbesondere unter dem Aspekt der Einführung biometrischer Daten zur Identifizierung von Personen beschäftigt sich heute auch schon die Forschung intensiv mit den Möglichkeiten der Erfassung von Lichtbildern und deren Auswertung.

11.6 Rechtliche Betrachtung

Die Aufnahme einer Person auf einem Bild und die Betrachtung desselben sind für den Menschen eine in der Regel einfache, unkomplizierte Tätigkeit, denn es kann jederzeit zu einem späteren Zeitpunkt betrachtet werden. Gleichgültig, ob es als so genanntes Positiv in einer ausgedruckten Form vorliegt oder als digitalisiertes Bild in einer Datei verfügbar ist, die abgebildete Person hat grundsätzlich keinen Einfluss mehr darauf, wo das Bild gezeigt wird und wer es betrachtet. Dabei werden die personenbezogenen Informationen, wie das Aussehen der Augen, Mund und Nase, Haarfarbe und soweit erkennbar auch die Größe, dokumentiert.

Insbesondere nach dem Urteil des Bundesverfassungsgerichts zum Volkszählungsgesetz (BVerfGE 65, 11) wurde die Sensibilisierung des einzelnen Bürgers im Hinblick auf die dort genannte informationelle Selbstbestimmung verstärkt. Der Bürger interessiert sich danach sehr genau dafür, was mit seinen personenbezogenen Angaben einschließlich der Bildaufnahmen geschieht. Nur wenn eine rechtsverbindliche und mit den Grundrechtswerten vereinbare Eingriffsnorm staatliches Handeln legitimiert, wird eine Akzeptanz vorhanden sein.

So ist es denkbar, dass die Aufnahme eines Fotos einer tatverdächtigen Person bei der Polizei im Rahmen der erkennungsdienstlichen Behandlung erfolgt. Die Rechtsgrundlage dafür kann sich beispielsweise aus § 81b StPO ergeben. Es ist auch möglich, dass sich die Aufnahme von Bildern einer Person im Rahmen polizeilicher Tätigkeiten zur späteren Wiedererkennung aus einer Rechtsgrundlage mit präventivem Regelungsgehalt ergibt. Die Polizeigesetze einzelner Bundesländer enthalten solche Eingriffsbefugnisse. Soweit diese Rechtsnormen der Polizei das Fotografieren von Personen im Rahmen dienstlicher Tätigkeiten gestatten, steht auch das durch Gesetz gesicherte Recht am Bild der eigenen Person nicht entgegen.

Die Gesetzgeber in Bund und Ländern haben durch die vorhandenen Bestimmungen zur Aufnahme, Erfassung, Verwendung und Vernichtung von Bildern von Personen einen genau definierten Rechtsbereich polizeilicher Möglichkeiten geschaffen. Datenschutzbeauftragte des Bundes und der Länder begleiten und überwachen diesen vorhandenen, rechtlich zulässigen Rahmen ständig. Die bisher erkennbare, umfassende Akzeptanz aus dem Bereich der Bevölkerung, der Exekutive und der Judikative ist eine Bestätigung dafür, dass die bisher vorhandenen rechtlichen Möglichkeiten zur Wiedererkennung einer Person auf Grund eines vorhandenen Bildes angemessen genutzt werden. Auch die technische Weiterentwicklung der digitalen Bildbearbeitung von Personenaufnahmen in der letzten Zeit hat diese Situation nicht geändert.

11.7 Möglichkeiten und Grenzen

Bei einer nach den bestehenden Vorgaben durchgeführten erkennungsdienstlichen Behandlung ist davon auszugehen, dass die Aufnahmen der behandelten Person in allen Positionen optimal erstellt worden sind. Wenn darüber hinaus auch die für einen möglichen Wiedererkennungszeugen hergestellte Vorlage als Positiv oder Bildschirmabbildung in einwandfreier Form vorhanden ist, sind weitere grundsätzliche Voraussetzungen für ein mögliches Wiedererkennen vorhanden.

Bei der so genannten Lichtbildvorlage werden dem Zeugen ein oder mehrere Bilder eines oder mehrerer möglicherweise tatverdächtiger Personen zur Betrachtung vorgelegt oder auf dem Bildschirm gezeigt. Im Idealfall erkennt der Zeuge die tatverdächtige Person.

Zu beachten ist, dass eine solche Maßnahme bereits während polizeilicher Ermittlungen grundsätzlich möglich ist. Sie wird im Rahmen einer Vernehmung durchgeführt und stellt eine vorweggenommene, rechtlich zulässige Beweissituation des Gerichts dar.

Die Möglichkeit der Wiedererkennung einer abgebildeten Person wird neben der technisch geschaffenen Abbildung auch durch die tatsächliche persönliche Verfassung des Zeugen bestimmt sein. Ein Zeuge, der unaufmerksam und aufgeregt reagiert, vielleicht Angst vor möglichen Repressalien anderer Personen hat, wird kaum in der Lage sein, konzentriert und motiviert alle vorgelegten Bilder von Personen zu betrachten. In einem solchen Fall ist eher ein Nichterkennen der gesuchten tatverdächtigen Person zu erwarten. Der ausgeruhte, auf den Augenblick der Bildvorlage eingestellte und vorbereitete Zeuge, der in Ruhe, ohne zeitlichen Druck und Störung von außen die gezeigten Bilder betrachtet, wird in der Lage sein, bei der Betrachtung der Bilder eine Person wiederzuerkennen.

Die Wiedererkennung einer Person bei dem Vergleich eines Bildes vom Tatort mit dem Täter und eines später durch die Polizei vom Tatverdächtigen erstellten so genannten Vergleichsbildes wird dann möglich sein, wenn individuelle Einzelheiten auf beiden Aufnahmen erkennbar sind und für das spätere Beweisverfahren nachweisbar markiert werden können. Das können Merkmale auf der Haut der fotografierten Personen sein, wie beispielsweise ein Leberfleck, oder Schmuckstücke, die am Körper getragen werden.

Finden sich derartige Auffälligkeiten nicht auf den beiden vorliegenden Aufnahmen, dann sollte die Bekleidung einer genauen Betrachtung unterzogen werden. Diese Möglichkeit bietet sich dann, wenn davon ausgegangen werden kann, dass die zu Vergleichszwecken fotografierte Person auch die zur Tatzeit getragene Kleidung trägt. Vielleicht ergeben sich bei dem Vergleich der Kleidung auf den beiden Bildern Hinweise, die für eine Wiedererkennung der aufgenommenen Personen herangezogen werden können.

Bei der technischen Bildvergleichsuntersuchung wird die Qualität der Aufnahmen wesentlichen Einfluss darauf haben, ob eine im Hinblick auf die Wiedererkennung erfolgreiche Vergleichsuntersuchung durchgeführt werden kann. Außerdem wird der Einsatz eines für diesen Zweck vorhandenen Softwareprogramms weitere Möglichkeiten der Wiedererkennung bieten.

Die in den letzten Jahren schnell voranschreitende Forschung, insbesondere auf dem Sektor der Bildbearbeitung und -verarbeitung, lässt auch für die Wiedererkennung von Personen durch die Betrachtung von Bildern weitere Änderungen und Verbesserungen erwarten.

Weiterführende Literatur:

Bach, W.: Das kriminalistische Potential neuer Technologien. Chancen der Technik für polizeiliche Prävention und Repression. In: Kriminalistik 10/99, S. 657.

Beleke, N. (Hrsg.): Kriminalisten-Fachbuch – Kriminalistische Kompetenz. Eine Verbindung aus Kriminalwissenschaft, kommentiertem Recht und Kriminaltaktik für Studium und Praxis. Loseblattwerk in 2 Ordnern, Stand: 2000. Schmidt-Römhild Verlag, Lübeck 2000.

Cese, C. d.: Alles über Fotografie. Deutsche Erstausgabe von Helmut Lingen. Lingen Verlag, Köln 1983.

Chlibec, G.: Das Recht des Polizeibeamten am eigenen Bild – Wunsch oder Wirklichkeit. In: Kriminalistik 8-9/96, S. 610.

Frost, A.: „DigiED.Net". In: Streife 3/2004, S. 12.

Gildemeister, U. / Schulte, R.: Zur rechtlichen Qualität der Einfügung personengebundener Bilddaten. In: Der Kriminalist 04/00, S. 179.

Heindl, R.: System und Praxis der Daktyloskopie und der sonstigen technischen Methoden der Kriminalpolizei. 3., neu bearbeitete und vermehrte Auflage. de Gruyter Verlag, Berlin 1927.

Knäpper, L. / Schröder, D.: Digitaler Bild-Bild-Vergleich im Erkennungsdienst. Erfahrungen in Entwicklung, Anwendung, Weiterentwicklung und praktischem Einsatz einer Softwarelösung. In: Kriminalistik 12/02, S. 745.

Knäpper, L. / Schröder, D. / Wicke, G.: Nutzung biometrischer Systeme bei der Polizei. Schwerpunkt Gesichtserkennung. In: Der Kriminalist 12/04, S. 503.

Rauer, N.: Die Wahllichtbildvorlage. Praktische Notwendigkeit und verfassungsrechtliche Problematik. In: Kriminalistik 11/03, S. 670.

Schmidt, U.: Praxis der Digitalfotografie. Praxis pur – die einfache und anschauliche Anleitung für perfekte Fotos! 1. Auflage. Franzis Verlag, Poing 2003.

Stock, J.: Biometrie und Innere Sicherheit. In: Arbeitskreis Kriminalprävention und Biometrie, Workshop-Dokumentation vom 30.9.2002 in Bonn, S. 5. Herausgeber: Deutsches

Forum für Kriminalprävention (DFK).
Abrufbar unter: http://www.kriminalpraevention.de/download/Biometrie.pdf

Vahle, J.: Das allgemeine Persönlichkeitsrecht als Schranke polizeilicher Ermittlungstätigkeit. In: Kriminalistik 01/00, S. 63.

Weihmann, R.: Kriminalistik. Für Studium und Praxis. 8. Auflage. Verlag Deutsche Polizeiliteratur, Hilden 2005.

Weihmann, R.: Lehr- und Studienbriefe Kriminalistik / Kriminologie. Band 2, Kriminaltechnik I. 1. Auflage. Verlag Deutsche Polizeiliteratur, Hilden 2005 und Band 3, Kriminaltechnik II. 1. Auflage. Verlag Deutsche Polizeiliteratur, Hilden 2005.

Zirk, W. / Vordermaier, G.: Kriminaltechnik und Spurenkunde. Lehrbuch für Ausbildung und Praxis. FH-Schriftenreihe Polizei. 1. Auflage. Boorberg Verlag, Stuttgart, Weimar, Dresden [u.a.] 1998.

ohne Autor:

Speicherung personenbezogener Daten in den KpS. In: Kriminalistik 01/02, S. 6. Recht aktuell: VGH Baden-Württemberg, Urteil v. 20.2.2001, Az.: 1 S 2054/00.

12 Die Desoxyribonukleinsäure (DNS)

12.1 DNA und DNS

Wohl kaum eine Buchstabenfolge wird heute im Zusammenhang mit dem Wort Identifizierung so häufig genutzt wie DNA und DNS. Die Bedeutung dieser Buchstabenfolgen und die zugrunde liegenden Begriffe sind nicht allen Menschen bekannt. Mit Hilfe der folgenden Angaben werden die Abkürzungen und die damit bezeichneten Substanzen dem Leser näher erläutert.

Der menschliche Körper besteht in wesentlichen Bereichen aus Zellen, die in der Regel einen Zellkern enthalten. Als lateinischer Begriff für den Zellkern wird das Wort Nukleus benutzt. Die unter anderem im Zellkern vorhandene saure Substanz wird als Nukleinsäure bezeichnet. Grundsätzlich wird die Nukleinsäure in die Desoxyribonukleinsäure (DNS) und die Ribonukleinsäure (RNS) unterschieden. Die englischen Übersetzungen dieser beiden Begriffe lauten: deoxyribonucleic acid (DNA) und ribonucleic acid (RNA). Auch im deutschen Sprachgebrauch wird dabei üblicherweise auf den international bekannten Begriff „DNA" zurückgegriffen.

12.1.1 Die allgemeine Aufgabe der DNA im menschlichen Körper

Grundsätzlich enthält eine menschliche Körperzelle die Erbinformationen über die jeweilige Person in Form eines doppelten Chromosomensatzes von jeweils 23 Chromosomen. Jeder Mensch verfügt über einen von der Mutter und einen vom Vater geerbten Chromosomensatz. Bereits beim einzelligen Embryo sind damit alle vererbbaren Informationen über den betreffenden Menschen in völlig neuer Kombination aus dem mütterlichen und dem väterlichen Erbgut unverwechselbar und individuell zusammengestellt.

Sämtliche Erbinformationen, die ein Individuum Mensch ausmachen, mit allen seinen Anlagen für das optische Erscheinungsbild, seine Eigenschaften, seine Wesensmerkmale aber auch seine möglichen Krankheitsanlagen liegen innerhalb dieser Chromosomen und sind in der DNA kodiert. Die einzelnen Bausteine für den Kode sind die Nukleotide.

Die Nukleotide sind die Basen. Es handelt sich dabei um die Substanzen Adenin, Cytosin, Guanin und Thymin. Diese sind wie Perlen an einem langen Molekül aufgereiht, dem so genannten Zucker-Phosphatrückgrat. Eine solche Perlenschnur mit den daran aufgereihten Nukleotiden bildet mit einer zweiten eine Doppelkette und windet sich dann als Doppelstrang wie eine Spirale. Dabei liegen sich innerhalb des Doppelstranges immer dieselben Basenpaare gegenüber. Diese sind chemisch nicht fest miteinander verknüpft, aber dennoch durch stabile Kräfte miteinander verbunden, durch die allgemein so benannten Wasserstoffbrückenbindungen.

Innerhalb des DNA-Doppelstranges sind nicht alle Abschnitte zur Weitergabe von Erbinformationen erforderlich. Die Abschnitte des Stranges, die für eine Weitergabe von Erbinformationen zuständig sind, werden als Gene bezeichnet. Nur bei 3-5 % der menschlichen DNA handelt es sich um Gene, die auch als die „kodierende DNA" bezeichnet werden, in der alle Informationen für den jeweiligen Menschen enthalten sind. Diese Gene liegen über die gesamte DNA verstreut vor, wie Inseln im Ozean. Die Regionen außerhalb der Gene, die so genannte „nicht kodierende DNA", bestehen natürlich ebenfalls aus Erbsubstanz. Innerhalb dieser Bereiche sind nur keine Gene enthalten, keine „kodierenden Funktionseinheiten". Genau in diesen nicht kodierenden DNA-Regionen liegen jedoch spezielle kleine DNA-Abschnitte, die bei der forensischen Untersuchung hochinteressant sind und daher genauer betrachtet werden. Mit Hilfe dieser kleinen speziellen DNA-Bereiche ist ein – für den Molekulargenetiker – einfaches und schnelles Verfahren gegeben, mit dem eine makellose und sichere Identifizierung von Tatortspuren und Personen möglich ist.

12.1.2 Die spezielle Untersuchungsmöglichkeit der menschlichen DNA

Das Ziel einer Untersuchung von menschlicher DNA ist der Nachweis individueller Abschnitte im Bereich des nicht kodierenden Teils der DNA eines Individuums, um auf diese Weise eine Grundlage für eine mögliche Wiedererkennung dieser Person zu erhalten.

Bei den heute routinemäßig durchgeführten Untersuchungen der DNA werden im nicht kodierenden Bereich der DNA eines Menschen sehr kurze Abschnitte untersucht, die bei jedem einzelnen Individuum vorhanden sind und an jeweils der gleichen Stelle innerhalb der Chromosomen liegen. Diese Bereiche werden als STR-Regionen/STR-System bezeichnet. Die Abkürzung ist von dem englischen Begriff „short tandem repeat" abzuleiten und kann frei übersetzt werden als „kurze Wiederholungsabschnitte, die wie auf einem Tandem sitzend angeordnet sind". Jede unterschiedliche Erscheinungsform in der ein STR-System auftreten kann, wird als DNA-Merkmal oder als Allel bezeichnet.

Die Unterschiede, die zur forensischen Individualisierung genutzt werden, zeigen sich durch viele verschiedene Möglichkeiten in der Anzahl der Wiederholungseinheiten innerhalb der STR-Region. In ein und demselben STR-System können bei den verschiedenen Personen Erscheinungsformen auftreten, in denen z.B. 3, 4, 5, 6, 7 oder sogar 30 bis 50 Wiederholungseinheiten von ein und derselben kurzen inneren DNA-Bausteinabfolge hintereinander geschaltet sind. Bei der Analyse der STR-Systeme wird eine molekulargenetische Längenmessung mit Hilfe der PCR-Methode (s.u.) durchgeführt, bei der letztendlich die Anzahl der Wiederholungseinheiten pro STR bestimmt wird. Bei der so genannten STR-DNA-Analyse wird dann gleichzeitig die Anzahl der Wiederholungseinheiten gemessen, welche die entsprechende Person auf dem von der Mutter geerbten DNA-Stück besitzt und auf dem vom Vater geerbten DNA-Stück. Es werden also für jedes untersuchte STR-System zwei konkrete Werte bestimmt.

Das Untersuchungsergebnis könnte dabei zum Beispiel die Aussage enthalten: VWA 17/19. Bei der Bezeichnung „VWA" handelt es sich um eine definierte Position innerhalb des Chromosomensatzes. Die Zahlenfolge beinhaltet die Aussage, dass die hier untersuchte Person im STR-System VWA von dem einem Elternteil ein DNA-Stück mit 17 internen Wiederholungen geerbt hat und in dem von dem anderen Elternteil erhaltenen DNA-Stück 19 Wiederholungseinheiten aufweist.

Mit Einführung der bundesdeutschen DNA-Datenbank, der „DNA-Analyse-Datei" (=DAD), am 17.4.1998 wurde festgelegt, welche STR-Systeme in Deutschland zu untersuchen sind. In den ersten Jahren waren dies fünf spezielle, aussagekräftige STR-Systeme: die so genannten „DAD-Pflicht-Systeme". Doch es zeigte sich, dass deren durchschnittliche Aussagekraft zu gering war. Das hatte den Effekt, dass vereinzelt Personen auftraten, die identische DNA-Muster aufwiesen. Mittlerweile sind die fünf Anfangs-DAD-Systeme um drei zusätzliche auf insgesamt acht STR-Systeme erweitert worden. Für eine Einspeicherung (= Einstellung in die DAD) müssen die STR-Systeme: SE33, D21S11, VWA, TH01, FIBRA, D3S1358, D8S1179 und D18S51 bestimmt werden.

Wenn die Pflichtsysteme bei Personen und Tatortspuren analysiert sind, werden unter Beachtung der aktuellen rechtlichen Voraussetzungen – und sofern sinnvoll – die so genannten „DNA-Identifizierungsmuster" in die DAD, eingestellt. Die Speicherung erfolgt bei den Landeskriminalämtern der Bundesländer; bei der Speicherung eines jeden DNA-Musters erfolgt automatisch ein Abgleich mit dem gesamten bundesdeutschen Datenbestand. Falls bereits ein Datensatz existiert, in dem das DNA-Identifizierungsmuster die gleichen Zahlenkombinationen aufweist, erfolgt eine Spur-Spur- bzw. eine Spur-Personen-Treffermeldung.

Die molekulargenetische Längenmessung zur Bestimmung der Zahl der Wiederholungseinheiten erfolgt mit der PCR-Methode, der Polymerase-Kettenreaktion (*englisch*: **p**olymerase **c**hain **r**eaction). Bei dieser Methode werden u.a. so genannte Startermoleküle vor und hinter die Region mit der jeweiligen Wiederholungseinheit angelegt, also um den STR-Bereich herum, so dass der Bereich dazwischen, wie auf einem Fotokopierer vervielfältigt werden kann. Bei jedem so entstandenen PCR-Zyklus wird der entsprechende STR-Bereich verdoppelt. Nach üblicherweise 30 PCR-Zyklen liegen so viele DNA-Moleküle vor, dass deren exakte Länge, also die genaue Anzahl der Nukleotide, mit hochkomplizierten Geräten (DNA-Kapillar-Sequencer) bestimmt werden kann. Aus der Länge der Moleküle ist die Zahl der internen Wiederholungseinheiten ablesbar und damit wird exakt bestimmt, um welches DNA-Merkmal/Allel es sich handelt. Aus der Analyse der acht DAD-Pflicht-STR-Systeme resultieren folglich 16 konkrete Zahlen, die wiederum das individuelle Identifizierungsmuster des entsprechenden Menschen ergeben.

Die durchschnittliche Aussagekraft einer solchen DNA-Identifizierung lautet: Nur eine von – statistisch gesehen – 450 Milliarden Personen in der Bevölkerung besitzt genau dieses DNA-Identifizierungsmuster.

12.1.3 Geeignetes Spurenmaterial und Spurenträger für eine DNA-Analyse

Im Rahmen polizeilicher Ermittlungen ist die zweifelsfreie, objektive Beweisführung über den Ablauf eines vorliegenden Geschehens wesentliches Ziel der damit beauftragten Personen, um ein einwandfreies späteres Strafverfahren zu gewährleisten. Im Bereich der Feststellung und Sicherung von individuellem Spurenmaterial kann dieses Ziel relativ einfach erreicht werden, wenn einige Voraussetzungen bei der Arbeit mit dem Spurenmaterial und Spurenträger von allen beteiligten Personen beachtet werden.

Bei der Suche nach DNA-analysefähigem, menschlichen Spurenmaterial kann man unterscheiden zwischen den Primärspuren-Materialien und den Sekundärspuren. Primärspuren, vor allem wenn sie mit bloßem Auge zu erkennen sind, beinhalten in der Regel eine ausreichende Zellmenge für eine sichere und vollständige Identifizierung in allen DAD-STR-Systemen mittels der DNA-Analyse.

Primärspuren sind z.B. Blut, Speichel, Sperma und Scheidensekret. Blut kann in flüssiger Form, also kurz nach Austritt aus dem Körper, oder als feste Substanz nach dem Trocknen an der Oberfläche der Haut oder eines anderen Untergrundes in verschieden großen Mengen festgestellt werden. Der jeweilige Untergrund wird dabei auch als Spurenträger bezeichnet. Im Falle einer Vermischung mit anderen Substanzen, wie beispielsweise Wasser, ist auch nach längerer Zeit noch ein zum Teil flüssiger Aggregatzustand feststellbar. Bei der Spurensicherung kann das Spurenmaterial zusammen mit dem Spurenträger gesichert werden. Spurensicherungskräfte der Polizei sichern derartige Spuren in der Regel auf Bakterietten, die steril und trocken sein müssen, um eine Beeinträchtigung des Spurenmaterials zu verhindern. Nach der Sicherung auf einer Bakteriette muss eine sofortige Trocknung des Spurenmaterials erfolgen, weil es sonst zu einer Beeinträchtigung bzw. zu einer Vernichtung des Spurenmaterials durch mikrobielle Zersetzung, z.B. durch Schimmelbildung, kommen kann.

Eine sachgerechte Kennzeichnung und Beschriftung ist sicherzustellen. Angaben zum Ort und zur Zeit der Spurensicherung sollten ebenso vorhanden sein, wie Angaben zu der die Spuren sichernden Person. Hinweise zur durchgeführten Spurensicherung ergänzen die Angaben.

Speichel enthält in der Regel eine ausreichende Menge Mundschleimhautzellen, um eine DNA-Analyse durchführen zu können. Aus diesem Grund sind bei Spurensuch- und -sicherungsarbeiten alle denkbaren Bereiche, die möglicherweise Speichel enthalten, einer genauen Inaugenscheinnahme zu unterziehen.

Auf Grund der sehr sensiblen Untersuchungsmöglichkeiten ist bei der Auffindung von Tassen, Gläsern oder anderen Trinkgefäßen durch erfahrene Spurensicherungsmitarbeiter eine Asservierung auf Bakterietten oder den im jeweiligen Bundesland vorgeschriebenen Hilfsspurenträgern vorzunehmen, um der Untersuchungsstelle eine optimale Untersuchungsvoraussetzung möglicher Speichelspuren zu bieten. In Einzelfällen kann auch eine Sicherung des Originalspurenträgers erfolgen. Dies gilt besonders für die Fälle, in denen es sich um schwierige Spurenträger für die Sicherungstätigkeit handelt, beispielsweise Einwegfeuerzeuge, Schlagwerkzeuge, Maskierungen, Baseballkappen, Bettlaken oder Kondome.

Der in Spurensicherungsangelegenheiten wenig oder gar unerfahrene Mitarbeiter sollte grundsätzlich den Originalspurenträger sichern und der weiteren Untersuchung zuführen.

Diese Vorgehensweise bei der Spurensicherung bietet positive Effekte: Es werden beim Transport nicht wesentliche Anteile der zellulären Spuren vernichtet, z.B. durch Reibung an der Verpackung unbeabsichtigt entfernt. Dadurch wird erreicht, dass an der Untersuchungsstelle auch ausreichendes Material für die Analyse vorhanden ist. Außerdem muss der Sachbearbeiter vor dem Spurenversand prüfen, ob eine Untersuchung überhaupt Aussicht auf Erfolg hat und dadurch die Beweissituation auch wirklich entscheidend verbessert wird.

Sperma als Spurenmaterial ist grundsätzlich für eine DNA-Analyse geeignet. Schwierigkeiten entstehen für die Spuren sichernde Person regelmäßig bei der Feststellung, ob es sich bei dem möglichen serologischen Material überhaupt um Sperma handelt. Nicht immer ist Sperma grobsichtig ohne Zweifel erkennbar. Oft ist eine Mischsubstanz Sperma und Scheidensekret vorhanden. Teilweise können die Spurenlage und der Ort der Auffindung hilfreich für eine mögliche Identifizierung sein. Wenn das mögliche serologische Material beispielsweise in einem Slip, in oder an einem Präservativ oder an einem Bettlaken festgestellt wird, ist es eher möglich, dass es sich dabei um eine der genannten Substanzen handelt.

Bei der Auffindung eines solchen Materials ist eine Sicherung im Originalzustand mit dem aufgefundenen Spurenträger anzustreben. Ist das nicht möglich, sollte der Einsatz eines Ersatzspurenträgers analog zur bereits genannten Blutspurensicherung erfolgen. Auch die Handhabung und Beschriftung möglicher gesicherter Spermaspuren ist so durchzuführen, wie es zur Blutspurensicherung beschrieben wurde. Sperma kann sich auch noch am oder im Körper von Personen befinden. So ist nicht auszuschließen, dass sich ein Teil des Spurenmaterials beispielsweise noch im Vaginalbereich einer Frau befindet. Eine Sicherung wird in diesem Fall durch einen approbierten Arzt nach den Regeln der ärztlichen Kunst erfolgen. Das so erlangte Spurenmaterial wird nach Abschluss der Sicherungsarbeit direkt an den zuständigen Mitarbeiter der Polizei weitergegeben. Dieser wird zuerst prüfen, ob das Material trocken ist. Falls noch Feuchtigkeit festgestellt wird, ist das Spurenmaterial sofort zu trocknen. Nach Prüfung und Ergänzung der

Spurenverpackung und -beschriftung sollte der Versand zur Untersuchungsstelle unverzüglich erfolgen, um eine optimale Auswertung anzustreben.

Bei der Untersuchung von möglichen DNA-Spuren wird manchmal auch die Sicherung von Material möglicher Griffspuren oder Greifbereiche in Erwägung gezogen. Beispielsweise könnte das Griffstück eines Schaltknüppels in einem Personenkraftwagen als Ort der Auffindung solcher serologischer Spuren genannt werden. Eine Sicherung von Spuren in diesem Bereich für eine DNA-Analyse hat nur dann Aussicht auf eine erfolgreiche spätere Untersuchung, wenn eine längere Benutzung dieses Bereiches nur von einer einzigen Person angenommen werden kann. Bei wechselnder Nutzung ist eher davon auszugehen, dass überlagertes Zellmaterial dort vorhanden ist und dadurch eine eindeutige, auf eine Person hinweisende Identifizierung nicht möglich ist.

Handelt es sich dabei jedoch um ein Paar Handschuhe, die vom Täter am Tatort zurückgelassen worden sind, könnte im Innenbereich auswertbares Zellmaterial für eine DNA-Analyse enthalten sein. Für die Sicherung und den anschließenden Versand dieses Spurenmaterials wird auf die Anmerkungen zum Bereich Blut hingewiesen, die analog Anwendung finden. Für eine DNA-Untersuchung in der Regel ungeeignet sind die Substanzen: Erbrochenes, Kot, Schweiß und Urin. In diesen Substanzen sind die erforderlichen Zellen nicht oder nur in einem so geringen Umfang vorhanden und/oder bakteriell vollständig zerstört, dass ein aussagekräftiges Untersuchungsergebnis nicht zu erwarten ist.

Substanzen, die sich unter den Fingernägeln von toten oder lebenden Personen befinden, sind für eine DNA-Untersuchung geeignet, wenn sich daran Zellmaterial befindet.

Zur Sicherung des im Fingernagelbereich befindlichen Materials sind die Fingernägel sachgerecht abzuschneiden. Jeder Fingernagel ist einzeln zu verpacken und zu beschriften. Sind die Fingernägel für ein Abschneiden zu kurz, dann sind die Fingernagelregion und die Fingerkuppe nass abzureiben. Anschließend ist dieser Bereich mit einem Hilfsspurenträger noch einmal abzureiben. Der Hilfsspurenträger ist einzeln zu verpacken und so zu beschriften, dass die Entnahmestelle erkennbar ist.

12.1.4 Die Vergleichsprobe

Als Vergleichsprobe für eine DNA-Untersuchung ist menschlicher Speichel ebenso geeignet wie beispielsweise eine Spermaprobe oder eine Magenbiopsie oder ein abgeschnittener Zeh. In Nordrhein-Westfalen und auch einigen anderen Bundesländern wird ein Mundschleimhautabstrich auf zwei Bakterietten gesichert.

In den Fällen, in denen die Person der Maßnahme zustimmt und die Sicherung durch einen Mitarbeiter der Polizei erfolgt, hat sich die gesicherte Speichelprobe als geeignet für die folgende Untersuchung dargestellt. Dies trifft für die größte Zahl der heute durchgeführten Speichelproben zu.

In den Fällen, in denen eine Weigerung der Person zu erwarten ist und eine mit Zwang zu gewinnende Vergleichsprobe nicht ausgeschlossen werden kann, wird bei der polizeilichen Arbeit die Entnahme einer Blutprobe durch einen approbierten Arzt bevorzugt. Dies geschieht hauptsächlich, um bei einer möglicherweise mit Zwang durchgeführten Entnahme der Vergleichsprobe das dabei vorhandene Verletzungsrisiko so gering wie möglich zu halten. Leistet die Person bei der durch einen Richter angeordneten Maßnahme der Entnahme einer Blutprobe durch einen Arzt körperlichen Widerstand, erfolgt die Durchsetzung der Maßnahme mit Unterstützung von Mitarbeitern der Polizei. Dies ist jedoch die Ausnahme im polizeilichen Ermittlungsverfahren.

Die Entnahme von Speichelproben wird von einem Mitarbeiter der Polizei durchgeführt. Hierbei sollte die durchführende Person Einweghandschuhe und einen Mundschutz tragen, um eine Beeinträchtigung des Spurenmaterials Speichel zu verhindern. Die am Ende der Bakteriette befindliche Watte dient zur Aufnahme des Speichels der Person. Vor Beginn der Maßnahme werden die beiden Verpackungshüllen mit einer anonymisierten Beschriftung versehen, die eine spätere Zuordnung der Ergebnisse der Person ermöglicht. Die Untersuchungsstelle erhält dadurch eine anonyme Probe. Während der Entnahme der DNA-Probe ist eine Gesprächsführung im Raum zu unterlassen. Dadurch soll verhindert werden, dass Fremd-DNA auf die Bakterietten gerät und somit das spätere Untersuchungsergebnis beeinträchtigt sein könnte.

Der Speichel wird mit einer Bakteriette aus den Wangentaschen der Person aufgenommen. Nach Möglichkeit sollte auch der Bereich des Ober- und Unterkiefers mit abgerieben werden, weil sich auch dort Mundschleimhautzellen befinden. Dieser Vorgang wird mit zwei Bakterietten nacheinander ausgeführt. Anschließend werden die Bakterietten in die Verpackungshülle eingeführt, um eine Beeinträchtigung des gesicherten Speichels zu verhindern. Bei Raumtemperatur müssen die beiden Speichelproben anschließend getrocknet werden. Dabei ist darauf zu achten, dass dieser Trocknungsvorgang so durchgeführt wird, dass keine anderen Materialien auf das gesicherte Material gelangen. Der Trocknungsvorgang muss daher in einem sterilen Bereich stattfinden.

Ist die Entnahme einer Speichelprobe auf Grund der Abwesenheit der Person nicht möglich, dann sollte nach Trägermaterial gesucht werden, das möglicherweise für eine Untersuchung geeignetes Zellmaterial enthält. Das könnten beispielsweise eine benutzte Schlafanzughose sein, eine Zahnbürste, ein benutztes Taschentuch oder Handschuhe. Denkbar ist eine solche Situation im Rahmen der Bearbeitung einer Vermisstensache. Bei der Sicherung von Material, das von einer Leiche stammt, hat sich in der praktischen polizeilichen Arbeit bisher die Sicherung einer Leichenblutprobe als geeignetes Untersuchungsmaterial herausgestellt. Falls kein Blut oder Gewebe mehr vorhanden ist, können auch Knochen oder Zähne für die DNA-Analyse genutzt werden. Nur wenn eine saubere, gründliche und sachgerechte Spurensicherung durchgeführt wird, ist eine DNA-Typisierung Erfolg versprechend.

12.2 Einsatzmöglichkeit der DNA-Analyse

Im Rahmen polizeilicher Ermittlungssachverhalte bieten sich vielfältige Möglichkeiten für die Sicherung von DNA-Material am Ort des Geschehens und die Entnahme von Vergleichsmaterial für eine später vorgesehene Untersuchung. Insbesondere wird die erfolgreiche Sicherung und Untersuchung von DNA-Material vom Kenntnisstand und der Einsatzbereitschaft des eingesetzten Mitarbeiters der Polizei geprägt sein. Nachfolgend sollen beispielhaft zwei Sachverhalte dargestellt und dabei die mögliche Ermittlungsunterstützung von DNA-Untersuchungen aufgezeigt werden.

12.2.1 Im Bereich der Eigentumskriminalität

Insbesondere im Bereich der Eigentumskriminalität bietet sich häufig die Möglichkeit, die Sicherung und Auswertung von DNA-Material im Rahmen der Beweisführung für ein späteres Gerichtsverfahren mit einzubeziehen, wie der folgende Fall zeigt.

Der 19-jährige Sigmund F. lebt in einer Großstadt in Süddeutschland. Er hat seine Schulausbildung am örtlichen Gymnasium vorzeitig ohne Abschluss beendet und hält sich seit drei Jahren im Kreis von obdachlosen Personen auf. Er geht keiner geregelten

Arbeit nach und ist bereits mehrfach wegen Diebstählen vorbestraft. Neben dem umfangreichen Genuss alkoholischer Getränke ist F. auch Konsument von Betäubungsmitteln, die er schon seit einiger Zeit regelmäßig spritzt. Die Geldbeträge für den Kauf der Getränke und die Betäubungsmittel verschafft sich F. mit Einbrüchen in verschiedene Objekte und mit Diebstählen von Kleidungsstücken aus Kaufhäusern. Insbesondere wählt F. bevorzugt Kindergärten, Praxisräume von Ärzten und Büroräume als Tatorte für seine Einbruchsdiebstähle aus, weil dort in der Nacht keine Störungen zu erwarten sind.

An einem Freitagabend im Mai hat F. einen weiteren Einbruch in den Kindergarten des Stadtteils Nord geplant. Zielstrebig, und aus seiner Sicht gut vorbereitet, begibt sich F. gegen 22.00 Uhr in den Garten des Kindergartens. Er stellt fest, dass die Beleuchtung in dem Gebäude nicht eingeschaltet ist. F. trägt Kunststoffeinweghandschuhe, die er bei einem seiner letzten Diebstähle aus dem Erste-Hilfe-Kasten eines Pkw entwendet hat. Damit will er verhindern, dass seine Finger- und Handflächenabdrücke am Tatort von der Polizei später entdeckt werden. Er nimmt einen im Garten liegenden großen Stein und wirft diesen gegen die mit einer großen Glasscheibe ausgestattete Terrassentür. Die Glasscheibe zerbricht mit einem lauten Knall. Es entsteht ein Loch, das ein einfaches Durchgreifen zur Betätigung der Türverriegelung ermöglicht. F. wartet zunächst zehn Minuten versteckt im Garten. Offensichtlich hat in den benachbarten Häusern niemand das laute Geräusch zur Kenntnis genommen. Dann geht er zur Terrassentür, um diese von außen zu öffnen. Hierbei streift F. mit seiner rechten Hand den Rand einer spitz vorstehenden Glasscherbe. Dabei wird der Einweghandschuh beschädigt und die Haut des F. soweit verletzt, dass Blut austritt und auf den Boden der Terrasse tropft. F. gelangt jetzt in einen großen Aufenthaltsraum. Zielstrebig geht er in den angrenzenden Büroraum und durchsucht diesen nach Behältnissen, in denen sich Geld befinden könnte. Er entdeckt eine abgeschlossene Geldkassette. Mit Hilfe einer im Büroraum liegenden Schere gelingt es, die Kassette zu öffnen und den darin befindlichen Geldbetrag in Höhe von 20 Euro zu entnehmen. Für diese Arbeit hat F. viel körperliche Anstrengung aufgebracht. Er geht deshalb in die Küche des Kindergartens und nimmt sich eine unbenutzte Flasche Limonade aus dem Kühlschrank. Die Hälfte des Inhalts kippt er in den Abfluss in der Küche und füllt die Flasche mit einem hochprozentigen alkoholischen Getränk auf, das er in einer kleinen Flasche mitgebracht hat. Er setzt die jetzt fast wieder ganz gefüllte Limonadenflasche an seine Lippen und trinkt den Inhalt vollständig aus. Anschließend stellt er die Flasche mitten auf den Tisch in der Küche und verlässt diesen Raum. Als auch die weitere Suche nach Geldbeträgen im Kindergarten ohne Erfolg verläuft, verlässt F. unentdeckt das Gebäude.

Die Straftat wird am Montagmorgen bemerkt. Im Rahmen der Spurensicherung durch die eingesetzten Mitarbeiter der zuständigen Polizeidienststelle werden unter anderem die von F. verursachten Bluttropfen an der Glasscheibe und auf dem Terassenboden, sowie die von F. geleerte Limonadenflasche aufgefunden, sachgerecht sichergestellt und dem zuständigen Sachbearbeiter für Eigentumsdelikte zur weiteren Veranlassung vorgelegt. Dieser entschließt sich, einen Untersuchungsantrag zu stellen, um eine genauere Untersuchung der sichergestellten Gegenstände vornehmen zu lassen. Angaben zum Untersuchungsantrag in dieser Sache sind im Abschnitt 12.5.1 nachzulesen.

12.2.2 Im Bereich von Vermisstenfällen

Gerade dann, wenn eine Person vermisst wird, kann eine Identifizierung durch DNA-Material dieser Person möglicherweise zu einem späteren Zeitpunkt durchgeführt werden.

Der dreißigjährige Volker B. lebt zusammen mit seiner Frau und den beiden Töchtern in einem Vorort einer Großstadt in Norddeutschland. Vor zwei Jahren ist die Familie in ein neu erbautes Haus eingezogen. B. arbeitete bis vor einem halben Jahr als kaufmännischer Angestellter in einem mittelständischen Unternehmen, das Installationsartikel herstellt. Auf Grund des starken Umsatzrückgangs hat die Firma ein Drittel seiner Mitarbeiter entlassen, so auch Volker B. Er verschwieg seiner Familie diese Situation und suchte seither vergeblich jeden Tag intensiv nach einer neuen Arbeitsstelle. Die private finanzielle Situation verschlechterte sich zunehmend für den B., der jetzt auch unter Depressionen litt. Da er eine private Lebensversicherung mit einem hohen Auszahlungsbetrag im Todesfall abgeschlossen hatte, überlegte er, seiner Familie durch die Inanspruchnahme der Versicherung die jetzt fehlenden Geldmittel zu beschaffen. Seinen Tod wollte B. dabei schmerzlos schnell gestalten. Außerdem müsste die dann fällige Rente seiner Frau und den beiden Kindern eine unbeschwerte Zeit in dem neuen Haus auf Dauer ermöglichen. Volker B. plante, dass er sich im Hauptbahnhof einer Stadt im Ruhrgebiet von einem Schnellzug überfahren lassen wollte und das ganze Geschehen den Eindruck eines Unfalles erwecken sollte. An einem Freitagmorgen im Juni realisierte er seinen Plan. Er erzählte seiner Frau von einer Geschäftsreise ins Ruhrgebiet. In der Großstadt im Ruhrgebiet wurde Volker B. bei einem auf dem Bahnsteig vorgetäuschten Sturz auf die Gleise von einem einfahrenden Schnellzug erfasst und getötet. Dabei wurde der Körper des B. so stark zerstört, dass unter anderem das Gesicht und die Hände für polizeiliche Wiedererkennungsmaßnahmen nicht mehr geeignet waren. Ausweispapiere führte B. zu diesem Zeitpunkt nicht bei sich. Im Rahmen der polizeilichen Ermittlungen wurde die Leiche des Volker B. als unbekannter Toter erfasst.

Als Volker B. sich am Freitag und dem folgenden Samstag nicht meldete, machte sich seine Frau Sorgen und fragte an der Arbeitsstelle ihres Mannes nach. Als sie erfuhr, dass Volker B. schon seit mehreren Monaten nicht mehr dort arbeitete, verstärkten sich die Sorgen um ihren Mann und Frau B. ging zur Polizei.

Im Rahmen der sich anschließenden Vermisstensachbearbeitung suchten Mitarbeiter der Polizei Frau B. in ihrem Haus auf, um mögliche DNA-Substanzen an Gegenständen ihres Mannes zu sichern. Unter anderem wurden eine benutzte Schlafanzughose, der Kamm und die Zahnbürste von Volker B. sachgerecht gesichert. Der zuständige Sachbearbeiter beabsichtigte, einen Untersuchungsantrag zu stellen, um an diesen Gegenständen mögliche DNA-Substanzen feststellen zu lassen. Angaben zum Untersuchungsantrag in dieser Sache sind im Abschnitt 12.5.2 nachzulesen.

12.3 Rechtliche Betrachtung

Im Rahmen polizeilicher Ermittlungsverfahren ist eine DNS-Untersuchung grundsätzlich möglich und rechtlich zulässig, wenn die dafür bestehenden Voraussetzungen vorliegen. Der Bundesgesetzgeber hat mit §§ 81e, f, g und h der Strafprozessordnung und mit dem DNA-Identifizierungsgesetz umfangreiche Möglichkeiten für eine legale Nutzung der DNS als Beweismittel geschaffen.

So ist beispielsweise die Untersuchung von DNA-Material derzeit nur dann zulässig, wenn das Untersuchungsmaterial mit einer anonymisierten Beschriftung vorliegt. Nach dem Willen des Gesetzgebers ist es nicht zulässig, dass die Untersuchungsstelle die vollständige Identität der Person kennt, von der das Untersuchungsmaterial stammt. Eine Untersuchung von DNA-Material kann nur mit schriftlicher Einwilligung der betroffenen Person durchgeführt werden. Ohne schriftliche Einwilligung darf die Untersuchung nur durch das Gericht, bei Gefahr im Verzuge durch die Staatsanwaltschaft und ihre Ermittlungspersonen, angeordnet werden. Das bedeutet, dass der polizeiliche Sachbearbeiter grundsätzlich vor Erstellung eines Untersuchungsantrages und Versand an eine Untersuchungsstelle die Einholung eines richterlichen Beschlusses prüfen muss.

12.4 Untersuchungsstellen für DNA-Analysen

Der Gesetzgeber hat für die Untersuchungsstellen von DNS-Material besondere Anforderungen vorgesehen. Eine Vorgabe ist beispielsweise die räumliche Trennung zu anderen administrativen Bereichen der mit der Untersuchung beauftragten Einrichtungen. Die Anonymisierung des Untersuchungsmaterials muss vor Versand an die Untersuchungsstelle sichergestellt sein. Damit wird nach Ansicht der Gesetzgebung dem Schutz des einzelnen Bürgers auf informationelle Selbstbestimmung entsprochen.

Untersuchungsstellen für DNA-Material befinden sich in einigen Landeskriminalämtern als so genannte polizeieigene Untersuchungsstellen. Weitere polizeifremde Untersuchungsstellen sind bei einigen Instituten für Rechtsmedizin zu finden. Diese werden häufig in den Fällen in Anspruch genommen, in denen zum Beispiel bei der Untersuchung von Leichen oder anderen forensischen Spurenträgern das Spurenmaterial oder auch der Spurenträger bereits in den Räumen der Untersuchungsstelle gelagert wird.

Zusätzlich beschäftigen sich auch noch einige private Institute mit der Untersuchung von DNA-Material.

Bei der Wahl der Untersuchungsstelle für eine DNA-Analyse sollte der polizeiliche Sachbearbeiter auch die Dauer der Untersuchung durch die beauftragte Stelle berücksichtigen. Nicht immer ist eine zeitnahe Rücksendung des untersuchten Materials und des Ergebnisses möglich.

Bei der Auswahl einer neuen oder anderen DNA-Analyse-Institution kann sich der Sachbearbeiter das Zertifikat oder die Bescheinigung zeigen lassen, aus der hervorgeht, ob, und wenn ja, ob auch erfolgreich an qualifizierenden Untersuchungen teilgenommen wurde.

12.5 Der Untersuchungsantrag

Die Analyse von DNA-Material ist grundsätzlich an einen Untersuchungsantrag gebunden. Zu diesem Zweck gibt es formatierte Untersuchungsanträge, die nur noch mit den individuellen Angaben zum jeweiligen Ereignis ergänzt werden müssen. Es ist darauf zu achten, dass alle vorgegebenen Felder ausgefüllt werden, um einen reibungslosen, zügigen Ablauf der Untersuchungen zu ermöglichen. Neben einer Kurzdarstellung des Sachverhalts ist das Untersuchungsziel zu nennen.

Die Ergänzung mit weiteren Unterlagen bezüglich der Sachverhaltsschilderung und der Asservate kann erfolgen. Dies geschieht immer dann, wenn umfangreiche Spuren an verschiedene Untersuchungsstellen gesandt und das Untersuchungsziel für alle transparent dargestellt werden soll. Denn eine sinnvolle, kompetente Arbeit kann von den Untersuchungsstellen nur dann geleistet werden, wenn die Tatrelevanz der einzelnen Asservate aus dem Untersuchungsantrag klar ersichtlich ist.

Die in den Abschnitten 12.5.1 und 12.5.2 genannten Hinweise zu den Untersuchungsanträgen zeigen nur eine Möglichkeit der Formulierung und dienen nicht als verbindliche Vorgabe. Die Individualangaben zu den beiden Sachverhalten werden dabei als bereits notiert vorausgesetzt.

12.5.1 Im Rahmen möglicher Eigentumsdelikte

Als Untersuchungsmaterial für eine molekulargenetische Untersuchung nach einem Einbruchsdiebstahl in einen Kindergarten des Stadtteils Nord werden folgende Gegenstände übersandt:

Mögliche Bluttropfen an einer Glasscheibe und einer Terassenplatte; eine leere Limonadenflasche

Sachverhalt: Eine bisher unbekannte Person zerstörte am vergangenen Wochenende die Terrassentür zu den Erdgeschossräumen des Kindergartens im Stadtteil Nord. Im Bereich der eingeschlagenen Glasscheibe konnte dunkelrotfarbenes Material festgestellt und auf dem Originalspurenträger Glasscherbe und Steinplatte gesichert werden. Es kann nicht ausgeschlossen werden, dass es sich dabei um Blut des Täters handelt. Im Küchenbereich des Kindergartens wurde eine offensichtlich vom Täter benutzte, jetzt leere Limonadenflasche aufgefunden und im Originalzustand sichergestellt. Da kein Trinkgefäß festgestellt wurde, kann nicht ausgeschlossen werden, dass der Täter aus der Flasche getrunken hat. Bisher liegen keine Hinweise auf eine tatverdächtige Person vor. Eine daktyloskopische Spurensuche an der Griffläche der Flasche führte nicht zur Auffindung von auswertbaren Finger- oder Handflächenabdrücken.

Untersuchungsziel: Ermittlung von Informationen, die zu einer Identifizierung des Spurenverursachers der molekulargenetischen Spuren führen können.

Untersuchungsauftrag: Es wird um Feststellung gebeten, ob es sich bei dem dunkelrotfarbenen Material an der Scherbe und auf der Platte um Blut handelt. Wenn es sich um Blut handelt, dann soll das DNA-Identifizierungsmuster zur Einstellung in die DAD bestimmt werden. Außerdem wird um die Feststellung von serologischem Spurenmaterial an der Flaschenöffnung gebeten, soweit derartiges Material dort vorhanden ist. Bei Feststellung wird um die Bestimmung des DNA-Identifizierungsmusters zur Einstellung in die DAD gebeten.

12.5.2 Im Rahmen möglicher Vermisstenfälle

Im Rahmen der Bearbeitung einer Vermisstensache ist es erforderlich, Gegenstände der vermissten Person molekulargenetisch zu untersuchen. Es handelt sich dabei um die aufgezählten Asservate: eine offensichtlich benutzte Schlafanzughose, ein Kamm und eine Zahnbürste

Sachverhalt: Die Ehefrau der vermissten Person erschien am Montag bei der Polizei und teilte mit, dass ihr Ehemann nicht von einer Geschäftsreise zurückgekehrt sei. Da der verschwundene Mann die Kündigung seiner Arbeitsstelle und finanzielle Schwierigkeiten vor seiner Frau zunächst geheim gehalten hat, kann nicht ausgeschlossen werden, dass der Mann Suizidabsichten hat. Bisher durchgeführte Fahndungsmaßnahmen verliefen ohne Erfolg. Nach Aussage der Ehefrau stammen die übersandten Gegenstände nur von ihrem Mann und sind in den letzten Tagen nicht gewaschen und gereinigt worden.

Untersuchungsziel: Ermittlung von Informationen, die bei einer Auffindung der vermissten Person zur Identifizierung dieser Person führen können.

Untersuchungsauftrag: Es wird an den übersandten Asservaten nach Möglichkeit um die Feststellung von molekulargenetischem Material gebeten, welches der vermissten Person zugeordnet werden könnte. Insbesondere soll dabei das DNA-Identifizierungsmuster festgestellt werden, zur Erfassung in der Datei Vermisste und unbekannte Tote und zum Abgleich mit dem DNA-Datenbestand der DAD.

12.6 Die DNA-Analyse-Datei (DAD)

Die DAD kann genutzt werden, um eine Zuordnung der Tatortspur zu einer Person zu realisieren. Es ist auch möglich, eine Zuordnung einer Tatortspur zu einer anderen Tatortspur mit Hilfe der DAD durchzuführen, wenn die erforderlichen DNA-Identifizierungsmuster der jeweiligen Tatortspuren bekannt sind. Wenn Informationen von lebenden oder toten Personen in der DAD gespeichert sind, kann dies bei einer sachgerechten Anfrage nach einer vermissten Person eine Identifizierung ermöglichen.

Die zentrale Datei wird beim Bundeskriminalamt geführt. Die Einspeicherung der einzelnen Untersuchungsergebnisse und die Recherche werden durch das jeweilige Landeskriminalamt des einzelnen Bundeslandes gewährleistet. Damit ist sichergestellt, dass jede Eingabe und Recherche durch den dafür besonders ausgebildeten Sachbearbeiter auf Vollständigkeit der erforderlichen Inhalte einschließlich der rechtlichen Aspekte geprüft wird.

Nach einer bundesweiten Einigung werden Treffer, die in der DAD festgestellt werden, zunächst bei dem die DNA analysierenden Labor überprüft. Erst nach der Bestätigung erfolgt die Treffermitteilung an den zuständigen Sachbearbeiter. Diese Mitteilung ist noch kein verwertbares Gutachten. Es wird in einigen Fällen eine Verifizierung angeschlossen, bei der eine neue Vergleichsprobe des Tatverdächtigen genommen und bei dem Institut ergänzend nachanalysiert wird, bei dem zuvor die Tatortspur mittels DNA-Analyse typisiert wurde. Erst nach dieser erneuten Untersuchung wird das Gutachten erstellt.

12.7 Die forensische DNA-Analyse – ein Ausblick

DNA-Material, dessen Untersuchung und die dabei erzielten Ergebnisse sind heute in fast allen polizeilichen Ermittlungsbereichen viel genutzte und in der Regel auch für das Beweisverfahren verwendbare Ermittlungsmaßnahmen. Die mit Hilfe moderner Technik erzielten Untersuchungsergebnisse finden bei den Gerichten eine besondere Akzeptanz und sind bei der objektiven Beweisführung häufig in den Urteilsbegründungen der Gerichte als wesentliches Element zu finden.

Eine Weiterentwicklung der heute schon sehr empfindlichen, genauen Untersuchungsmöglichkeiten und -ergebnisse wird in der Zukunft vielleicht zusätzliche Aussagen ermöglichen und damit die Ermittlungstätigkeit der Polizei erleichtern. Dabei muss die informationelle Selbstbestimmung des Einzelnen in geeigneter Weise berücksichtigt werden, um weiterhin ein rechtlich zulässiges Handeln zu garantieren.

Weiterführende Literatur:

Beleke, N. (Hrsg.): Kriminalisten-Fachbuch – Kriminalistische Kompetenz. Eine Verbindung aus Kriminalwissenschaft, kommentiertem Recht und Kriminaltaktik für Studium und Praxis. Loseblattwerk in 2 Ordnern, Stand: 2000. Schmidt-Römhild Verlag, Lübeck 2000.

Bommas, U. / Teubner, P. / Voß, R.: Kurzlehrbuch Anatomie und Embryologie. 1. Auflage. Thieme Verlag, Stuttgart, New York 2005.

Burghard, W. / Hamacher, H. W. / Herold, H. / Howorka, H. / Kube, E. / Schreiber, M. / Stümper, A. (Hrsg.): Kriminalistik Lexikon. 3., völlig neu bearbeitete und erweiterte Auflage. Kriminalistik-Verlag, Heidelberg 1996.

Huckenbeck, W.: DNA für Einsteiger (Teil 1 bis 3). In: SeroNews. Ein forensisches Forum. Teil 1, Ausgabe I/2003, S. 24. Teil 2, Ausgabe II/2003, S. 55. Teil 3, Ausgabe III/2003, S. 106. Zeitschrift der Heinrich-Heine-Universität (HHU) Düsseldorf, Institut für Rechtsmedizin des UKD, Herausgeber: Priv. Doz. Dr. med. Wolfgang Huckenbeck, 8. Jahrgang, Düsseldorf 2003.

Huckenbeck, W.: Legislative. Änderung DNA-Gesetz. In: SeroNews. Ein forensisches Forum. Ausgabe IV/2003, S. 130. Zeitschrift der Heinrich-Heine-Universität (HHU) Düsseldorf, Institut für Rechtsmedizin des UKD, Herausgeber: Priv. Doz. Dr. med. Wolfgang Huckenbeck, 8. Jahrgang, Düsseldorf 2003.

Huckenbeck, W. / Kuntze, K. / Scheil, H.: The distribution of the human DNA-PCR polymorphisms. 1. Auflage. Köster Verlag, Berlin 1997.
Abrufbar im Internet unter: http://www.uni-duesseldorf.de/WWW/MedFak/Serology/dna.html

König, J.: Bekämpfung von Sexualdelikten. Rechtsgrundlagen für die Polizeipraxis. 1. Auflage. Verlag Deutsche Polizeiliteratur, Hilden 2001.

Kube, E. / Schmitter, H.: DNA-Analyse-Datei. Bemerkungen zu Grundlagen und Möglichkeiten. In: Kriminalistik 06/98, S. 415.

Leopold, D. (Hrsg.): Identifikation unbekannter Toter: Interdisziplinäre Methodik, forensische Osteologie. Arbeitsmethoden der medizinischen und naturwissenschaftlichen Kriminalistik, Band 22. 1. Auflage. Schmidt-Römhild Verlag, Lübeck 1998.

Meyer, H. / Wolf, K. / Müller, R.: Kriminalistisches Lehrbuch der Polizei; Arbeitsbuch für Wach-, Wechsel- und Ermittlungsdienst. 8. Auflage. Verlag Deutsche Polizeiliteratur, Hilden 2003.

Molsberger, G.: Forensische Serologie beim LKA NRW. Epithelzellenspuren, Fluch oder Segen für die forensische DNA-Analyse? In: Streife 6/2003, S. 6.

Molsberger, G.: Zusammenfassung zum Thema DNA-Analysen. In: Informationsschreiben des LKA NRW an die Kriminaltechnischen Untersuchungsstellen in Nordrhein-Westfalen. Stand: 11/2001. Landeskriminalamt Nordrhein-Westfalen, Düsseldorf 2001.

Molsberger, G.: Forensische Serologie beim LKA in Düsseldorf. Winzige Spuren verraten den Täter. In: Streife 5/2000, S. 4. Innenministerium Nordrhein-Westfalen, Düsseldorf 2000.

Schneider, A. / Lang, G.: Wörterbuch der Kriminalwissenschaften. Ein Nachschlagewerk zur Kriminalitätskontrolle für Studierende und Praktiker aus Polizei, Justiz und Gerichtsmedizin. 1. Auflage. Boorberg Verlag, Stuttgart, München, Hannover, Berlin, Weimar, Dresden 2001.

Spornitz, U.: Anatomie und Physiologie. Lehrbuch und Atlas für Pflege- und Gesundheitsfachberufe. 4., vollständig überarbeitete Auflage. Springer Verlag, Heidelberg 2004.

Weihmann, R.: Lehr- und Studienbriefe Kriminalistik und Kriminologie, Band 2 und 3, Kriminaltechnik I und II.Verlag Deutsche Polizeiliteratur, Hilden 2005.

Weihmann, R.: Kriminalistik. Für Studium und Praxis. 8. Auflage. Verlag Deutsche Polizeiliteratur, Hilden 2005.

Wieser, O. / Schöninger, C. (Übersetzer): Anatomie. Wunderwerk Mensch, Knochenbau, Muskulatur, Organe, Nervensysteme. Titel des italienischen Originals: Atlante de anatomia. Dt. Erstausgabe, Neuauflage. Kaiser Verlag, Klagenfurt 2002.

13 Die Isotopenanalytik

13.1 Die Isotope – eine Definition

Die Wissenschaft hat schon oft im Rahmen von einzelnen Untersuchungsreihen Ergebnisse erzielt, die bei genauer Betrachtung auch im forensischen Bereich Beachtung fanden. Wenn anschließend eine intensive Auswertung durch Kriminaltechniker oder andere Spezialisten der Polizei erfolgte, konnte dabei im Einzelfall eine für das polizeiliche Ermittlungsverfahren einsetzbare und von Gerichten akzeptierte Beweismöglichkeit entwickelt werden. Als Beispiel sei hier die als Klebemittel bekannte Substanz Cyanacrylat genannt (umgangssprachlich auch als „Sekundenkleber" bezeichnet), die auch heute noch bei dem Sichtbarmachen daktyloskopischer Spuren hilfreich eingesetzt wird.

In der jüngsten Vergangenheit ist in der forensischen Fachliteratur der Begriff der Isotopenanalytik vorzufinden, die bei der Herkunftsermittlung und der Identifizierung von unbekannten lebenden oder toten Menschen hilfreich zum Einsatz kommen könnte.

Zum besseren Verständnis wird ein kleiner Exkurs in den Bereich des Körperaufbaus des Menschen und seiner Umgebung vorgenommen, um dabei auch die Isotope besser kennen zu lernen. In dem Buch Anatomie und Physiologie beschreibt *Spornitz*, dass der menschliche Körper aus unbelebter Materie, den Elementen, aufgebaut ist. Die den Menschen umgebende Materie setzt sich – unabhängig vom Zustand – aus Atomen zusammen. Aus der Schulzeit ist noch bekannt, dass ein Atom aus Protonen, Neutronen und Elektronen besteht. Dabei sind die positiv geladenen Protonen und die neutralen Neutronen im Atomkern vorhanden, während die negativ geladenen Elektronen sich auf definierten Umlaufbahnen um den Kern bewegen. *Spornitz* spricht dabei von so genannten Elektronenschalen. Die einzelnen Elektronenschalen enthalten eine unterschiedliche Zahl von Elektronen, die durch das jeweilige Element bestimmt wird. *Spornitz* nennt als Beispiel den Wasserstoff, der eine Elektronenschale mit einem Elektron hat. Als ein weiteres Beispiel führt er den Kohlenstoff an, der über zwei Schalen verfügt. Auf der ersten Schale kreisen dabei zwei Elektronen und auf der zweiten Elektronenschale bewegen sich vier Elektronen. Diese einzelnen Atome werden als Isotope bezeichnet.

Isotope sind Nuklide eines Elementes, wobei es sich dabei um eine Bezeichnung für die Atomarten handelt. Diese sind zu unterscheiden durch die Zahl der Protonen und Neutronen im Kern. Im *Römpp* Chemie Lexikon wird in diesem Zusammenhang auf die Ordnungszahl und Massenzahl hingewiesen (Zahl der Neutronen = Massenzahl - Ordnungszahl). Dabei werden Nuklide mit gleicher Ordnungszahl auch als Isotope bezeichnet. Danach unterscheiden sich Isotope nur durch die Zahl der Neutronen im Kern, die Elektronen und Protonen sind dabei unerheblich.

Durch die aufgezeigten, verschiedenen Zusammensetzungen kann eine Unterscheidung vorgenommen werden. Es ist auch möglich, dass die Zahl der im Atomkern vorhandenen Neutronen je nach Element und Schwere variiert. So kann beispielsweise ein leichteres Sauerstoffelement über acht Neutronen im Kern verfügen und ein schweres Sauerstoffelement über 10 Neutronen.

So wie der Mensch aus Atomen/Isotopen besteht, sind auch in dem den Menschen umgebenden Bereich Atome/Isotope vorhanden. Diese können in der Luft, dem Wasser, dem Boden oder der aufgenommenen Nahrung vorhanden sein. Durch Einatmen, Essen oder Trinken kann es zu einer Aufnahme dieser Stoffe in den menschlichen Körper kommen. Werden solche, vielleicht gleichartigen Stoffe häufig aufgenommen, ist es möglich, dass sich Teile davon im menschlichen Körper wiederfinden. Eine zielgerichtete Untersuchung im Bereich einzelner Körperbereiche und/oder -teile kann zu einer Auffindung von Isotopen aus der Umgebung der betreffenden Person führen. So kann beispielsweise durch die Untersuchung einzelner Haare oder Fingernagelabschnitte von unbekannten Personen eine Aussage zu deren Nahrungsaufnahme vorgenommen werden: Handelt es sich hier um eine Person, die ausschließlich vegetarische Kost zu sich nimmt oder wurden von dieser Person auch fleisch- oder fischhaltige Lebensmittel verzehrt? Bei dem Verzehr von Hülsenfrüchten aus biologischem Anbau werden andere Untersuchungsergebnisse festgestellt, als bei Gemüse aus herkömmlichem Anbau, das mit Düngemittel behandelt worden ist. Diese Einwirkung ist im Rahmen der Isotopenuntersuchung nachweisbar.

In dem Aufsatz „Isotopenanalytik" in der Zeitschrift Kriminalistik 7/03 weisen die Autoren darauf hin, dass insbesondere Wasserstoff und Sauerstoff in der Umwelt starken Isotopeneffekten ausgesetzt sind. Die unterschiedlichen Höhen- und Kontinentaleffekte führen je nach Lage der Probenentnahmestelle zu einem veränderten Isotopenergebnis auf Grund der unterschiedlichen Zahl an Neutronen im Atomkern des Sauerstoffs. Zusätzlich muss berücksichtigt werden, dass noch der so genannte Breiteneffekt dafür sorgt, dass Wasserstoff und Sauerstoff zu den beiden Polen des Erdballs hin eine veränderte Zusammensetzung erfahren können. Das ist möglich durch physikalische, chemische und biochemische Umsetzungen. Auch andere Elemente unterliegen diesen regional unterschiedlich auftretenden Erscheinungsformen. Dadurch wird bei umfangreichen Untersuchungen von verschiedenen Elementen im Körper eines Menschen eine durchaus spezifizierte Aussage zu der möglichen Herkunft der dort gefundenen Elemente erfolgen können.

13.2 Die Speicherung von Isotopen im menschlichen Körper

Der Mensch nimmt Materie in unterschiedlicher Form auf. Die Luft, die durch Mund und/ oder Nase in den Körper aufgesogen wird, gelangt über dafür vorgesehene Atemwege zur Lunge. Dort sorgt sie für eine Sauerstoffanreicherung im menschlichen Körper und wird dann zum Teil wieder ausgestoßen. Getränke werden grundsätzlich durch den Mund dem Körper zugeführt und dann durch die Speiseröhre und den Magen der Verdauung zugeführt. Hier kommt es zu einer Aufnahme von Teilen der Flüssigkeit in den Körper. Nach dem Abschluss dieses Prozesses wird Urin als Flüssigkeit ausgeschieden. Bei der Nahrungsaufnahme in fester Form, beispielsweise mit Fleisch oder Gemüse, wird die Substanz im Mundraum soweit zerkleinert, dass eine gefahrlose Zuführung der jetzt breiigen Substanz in den Magen- und später Darmbereich erfolgen kann. Hier wird der Zersetzungsprozess weiter fortgesetzt. Teile der aufgenommenen Materie werden anschließend in veränderter Form durch den Darmbereich wieder ausgeschieden, andere Teile verbleiben im Körper und werden dort abgelagert. Je nach Häufigkeit und Dauer der gleichartigen Nahrungsaufnahme ist dann ein Nachweis der abgelagerten Elemente im menschlichen Körper möglich.

Zu berücksichtigen ist dabei, dass nicht alle Körperteile des Menschen gleichermaßen für eine Aufnahme und Speicherung von Isotopen geeignet sind.

Der menschliche Knochen wird in seiner frühen Ausprägungsphase durchaus geeignet sein während des Wachstums auch solche Elemente aufzunehmen und zu speichern, die in dieser Zeit vom Menschen aufgenommen worden sind. Mit Beendigung des Knochenwachstums wird generell nur noch in den um die Knochen liegenden Bereichen eine Änderung und damit eine Ablagerung von nachweisbaren Substanzen eintreten können. Denkbar ist jedoch auch ein Untersuchungsergebnis zu der Nahrungsaufnahme in diesem frühen Lebensstadium.

Die vorhandenen Zähne des Menschen sind auf Grund des Aufbaus und der Zusammensetzung durchaus geeignet, Isotopeninformationen zu speichern. Dabei ist zu berücksichtigten, dass mit Ende des Zahnwuchses auch die Speicherung von Isotopeninformationen über aufgenommene Materie endet. Je nach dem einzelnen Zahn kann das von der Geburt bis - beispielsweise im Bereich der Weisheitszähne - sogar bis zum 23. Lebensjahr möglich sein. Auf Grund der festen, unzerstörbaren Substanz bleiben die Informationen jedoch so lange vorhanden, bis der Zahn zerstört wird. Dadurch bilden die Zähne auch nach Eintritt des Todes eines Menschen eine Möglichkeit der Isotopeninformation aus einem Teilbereich des Lebens dieser Person.

Haare sind schnell wachsende und an der Hautoberfläche feststellbare Erscheinungsformen am menschlichen Körper. Die durchschnittliche Wachsgeschwindigkeit von Haaren beträgt etwa einen Zentimeter je Monat. Bei einer Untersuchung sollte berücksichtigt werden, dass ein Haar etwa 12-14 Tage benötigt, um durch die Kopfhaut zu wachsen und als Haar erkennbar zu sein. Auf Grund dieser besonderen Situation ist das Haar geeignet, gerade aus dem erst kurz zurückliegenden Zeitraum Isotopeninformationen aufzunehmen und zu speichern. Nachvollziehbare Untersuchungsergebnisse können insbesondere dann erwartet werden, wenn die aufgenommene Nahrung der zu untersuchenden Person gravierende Isotopeninformationen zeigt, die von den heimischen Isotopenangaben abweichen.

Finger- und Fußnägel sind auch als möglicher Isotopenspeicher geeignet. Sie wachsen mit einer durchschnittlichen Geschwindigkeit von etwa 0,4 Zentimeter im Monat. Insofern ist auch hier für einen erst kurz zurückliegenden Zeitraum eine Auswertung möglicher Isotopeninformationen denkbar.

Es muss jedoch darauf hingewiesen werden, dass auf Grund der Individualität des Menschen auch der Nachweis von Isotopeninformationen unterschiedlich ausgeprägt sein kann. So ist es durchaus möglich, dass in einzelnen Haaren keine Isotopeninformation nachgewiesen werden kann, in anderen Kopf- oder Körperbereichen der Nachweis von Isotopeninformationen aber erbracht wird.

13.3 Forensische Auswertungsmöglichkeiten

Der Begriff Isotopenanalyse bezeichnet eine in der Wissenschaft bereits seit vielen Jahren bekannte und erfolgreich praktizierte Untersuchungsmethode, um in bestimmten Bereichen der Wirtschaft eine Herkunftsermittlung von Gegenständen vornehmen zu können. So wird beispielsweise bereits seit einigen Jahren Butter innerhalb der Europäischen Gemeinschaft mit dieser Methode untersucht, um Handelsverstöße und unerlaubte Einfuhr frühzeitig zu erkennen. Dabei ist es auf Grund der festgestellten Isotopeninformationen in der Butter möglich, das Erzeugerland festzustellen. Weicht das Isotopenergebnis der untersuchten Butter von dem auf der Verpackung genannten Land ab, sind weitere Ermittlungen vorzunehmen. Diese Untersuchungsmethode ist von der Europäischen Gemeinschaft anerkannt und akzeptiert.

Primär wurde die Isotopenanalyse bisher in der so genannten Altertumsforschung eingesetzt, um die Lebensräume von Menschen im Altertum zu erforschen. Es wurden aufgefundene Knochen und deren Isotopeninformationen bestimmt und untersucht. Dabei konnten auswertbare Ergebnisse festgestellt und in die archäologischen Betrachtungen mit einbezogen werden. Auf diese Art und Weise konnten archäologische Untersuchungsergebnisse weiter abgesichert und konkretisiert werden.

In der Welt am Sonntag vom 15.02.2004 berichtete *Sabine Wolf* über die Auffindung einer zunächst unbekannten, kaum identifizierbaren Leiche in der Nähe von Garmisch-

Partenkirchen. Die Frau war das Opfer einer Straftat geworden. Von der Leiche wurden Haarproben und Fingernägel gesichert und untersucht. Durch die Isotopenanalyse konnte festgestellt werden, dass die Frau aus Italien stammen musste. Dies bestätigte sich, als einige Zeit später im Rahmen von Fahndungsmaßnahmen eine tatverdächtige Person festgenommen werden konnte.

Ein fiktiver Sachverhalt soll die Einbeziehung einer Isotopenanalyse in die polizeiliche Ermittlungsarbeit verdeutlichen:

Der russische Lastkraftwagenfahrer Dimitri A. war mit seinem Lkw mit Anhänger von Moskau unterwegs nach Den Haag, um dort Metallteile abzuladen und auf dem Rückweg Kisten mit historischen Ausstellungsstücken aus Ägypten für eine Wanderausstellung nach Moskau zu transportieren. Die Übernahme der neuen Ladung in Den Haag erfolgte ohne Schwierigkeiten. Während der Rückfahrt machte Dimitri A. auf einem Autobahnrastplatz in Deutschland in der Nähe von D-Stadt Pause. Als er bei dieser Gelegenheit neben dem Lkw auf und ab ging, um den Kreislauf wieder ein wenig anzuregen, wurde er von zwei ihm unbekannten Personen angesprochen. Sie verlangten die Herausgabe der Lkw-Schlüssel. Dies wurde von A. abgelehnt. Es kam zu einer heftigen Auseinandersetzung in deren Verlauf einer der unbekannten Männer Dimitri A. mit einem Messer tödlich verletzte. Die beiden Männer versteckten den Leichnam des A. an einer bewaldeten Stelle des Rastplatzes und deckten ihn mit Ästen und Laub ab. Tascheninhalt und Ausweispapiere nahmen sie vorher aus der Kleidung. Dann fuhren sie mit dem Lkw des Dimitri A. davon. Die Leiche wurde erst drei Monate später durch Mitarbeiter der Autobahnmeisterei gefunden. Durch Tierfraß und Verwesung war das ursprüngliche Aussehen der Person nicht mehr zu erkennen. Der Einsatz der Leichendaktyloskopie führte nicht zur Feststellung von auswertbaren Finger- oder Handflächenabdrücken. Ein Vergleich der im Rahmen der Tatortarbeit an der Leiche gesicherten Spuren mit den Informationen in der Datei Vermisste, unbekannte Tote führte nicht zur Identifizierung der Leiche. Der zuständige Sachbearbeiter dachte nun über die Durchführung einer Isotopenanalyse nach, um weitere Informationen zur Herkunft der unbekannten Leiche zu erhalten.

13.4 Das Untersuchungsmaterial

Wenn der mit der Ermittlungsführung beauftragte Sachbearbeiter später eine Isotopenanalyse durchführen lassen will, dann sollte er folgende Spurensicherungsmaßnahmen von den am Tatort oder Ort der Auffindung der Leiche eingesetzten Kräften vornehmen lassen, und weitere Leichenteile sollten im Rahmen einer gerichtsmedizinischen Untersuchung sachgerecht durch eine dafür qualifizierte und ausgebildete Person gesichert werden:

Körperhaare sollten so gesichert werden, wie es üblicherweise auch in den Fällen durchgeführt wird, bei denen ein Nachweis von Betäubungsmittelkonsum erfolgen soll. Die Haare werden danach in einem Büschel zusammengebunden, bis etwa eine Bleistiftdicke erreicht ist. Das Zusammenbinden sollte so geschehen, dass ein Verrutschen oder andere Veränderung der Lage der Haare vermieden wird. Dann wird das so gesicherte Haar auf eine Aluminiumfolie gelegt und dort befestigt, um ein Verrutschen zu verhindern. Die Wachsrichtung der Haare ist neben den Haaren auf der Folie zu markieren.

Ein oder zwei lange Finger- und/oder Fußnägel sollten in der gesamten Länge asserviert werden. Dabei sollten Hautteile oder andere Weichteilanhaftungen entfernt werden.

Die Bekleidung der Leiche sollte ebenso asserviert und sachgerecht verpackt werden, wie mögliche Anhaftungen und Bodenproben aus der Umgebung der Auffindestelle der Leiche.

Im Rahmen der Obduktion sollen weiterhin Zähne aus dem Gebiss der Leiche gesichert werden. Dabei ist nach Möglichkeit darauf zu achten, Zähne mit einem möglichst frühen ausgewachsenen Zahnstatus und solche Zähne, die eine möglichst lange Wachstumsdauer haben, zu sichern. Weisheitszähne können für diese Zwecke ebenso gesichert werden wie Schneidezähne oder Eckzähne. Diese Sicherung ist sachgerecht durch einen dafür ausgebildeten Mediziner vorzunehmen. Anhaftungen an den Zähnen sind dabei zu vermeiden. Ebenso ist darauf zu achten, dass nur gesunde Zähne gesichert werden, also solche Zähne, die keine Kariesbeeinträchtigung o.Ä. haben.

Aus dem Bereich der Knochen sollten einerseits solche gewählt werden, bei denen wenig umgebendes Material vorhanden ist, wie es beispielsweise beim Schädel oder dem Handknochen der Fall ist. Andererseits sollten auch Knochen gesichert werden, die über viel umgebendes Material verfügen, wie Wirbelknochen oder Beckenknochen. Die Knochen sind von den Weichteilen zu befreien, damit später eine Isotopenanalyse durchgeführt werden kann. Dies kann beispielsweise durch eine Mazeration erfolgen.

Zusammen mit einem Untersuchungsantrag sind die sachgerecht verpackten Untersuchungsgegenstände an die Untersuchungsstelle weiterzuleiten.

13.5 Die Untersuchungsstellen für forensische Isotopenanalyse

Bisher ist die Isotopenanalyse noch nicht als eine alltägliche forensische Standardmaßnahme in die kriminalpolizeilichen Ermittlungsmaßnahmen aufgenommen worden. Einerseits kann das dadurch begründet sein, dass diese Untersuchungsmöglichkeit noch weitestgehend unbekannt ist, andererseits sind bisher kaum Untersuchungsstellen bekannt, die derartige Begutachtungen auch unter forensischem Aspekt durchführen können. Außerdem fehlt bislang die juristische Akzeptanz, um die erzielten Ergebnisse auch in einem Beweisverfahren unanfechtbar einbringen zu können. Letzteres vielleicht auch deshalb, weil keine umfassenden Datenbanken über das Vorhandensein verschiedener Isotope in allen Teilen der Welt vorliegen.

Der interessierte Ermittler wird sich für die beabsichtigte Untersuchung mit einer Stelle in Verbindung setzen, die über eine geeignete Logistik für die Bestimmung von Isotopenverhältnissen verfügt. Das kann z.B. eine Kernforschungsanlage sein oder eine Universität mit der Möglichkeit der Isotopenuntersuchung. Vereinzelt gibt es auch private Unternehmen, die eine Isotopenuntersuchung durchführen können. Eine abschließende Übersichtsliste deutscher Untersuchungsstellen liegt bisher noch nicht vor. Über umfangreiche Erfahrungen auf diesem Gebiet verfügt bisher u.a. das Departement für Geo- und Umweltwissenschaften der LMU-München.

13.6 Die Isotopenanalyse – ein Ausblick

Die Isotopenanalyse ist heute bei vielen kriminalpolizeilichen Ermittlungssachbearbeitern noch nicht umfassend bekannt. Insbesondere die Möglichkeiten und Grenzen der Untersuchungen und die damit auch verbundene, fehlende juristische Akzeptanz verhindern bisher einen umfassenden Einsatz. Vielleicht ist aber auch die noch nicht abschließende Identifizierung eines Menschen eine Ursache dafür, dass von dieser Untersuchungsmöglichkeit noch nicht in einem breiten Rahmen Gebrauch gemacht wird. Bisher kann mit Hilfe der Isotopenanalyse ein Hinweis auf den Aufenthaltsort in der Vergangenheit der aufgefundenen, unbekannten Person gegeben werden. Dabei ist zu berücksichtigen, dass auf Grund von zum Teil fehlender Referenzdaten über Isotopenvorkommnisse aus anderen Ländern und Kontinenten noch keine abschließende Datenbank vorliegt. Dadurch erscheinen Aussagen von Gutachtern zu einer möglichen Herkunft einer untersuchten Person eher fraglich als verlässlich.

Unabhängig davon sollten umfangreiche Bestrebungen von Ermittlern unternommen werden, um diese Hilfe der Isotopenanalyse im Rahmen einer Identifizierung häufiger zu nutzen. Denn nur durch intensive Inanspruchnahme kann diese neue Möglichkeit der Identifizierungshilfe weiter ausgebaut und in ihrer Aussagekraft so gestärkt werden, dass auch eine juristische Akzeptanz zu erwarten ist. Viele kriminalistische Untersuchungsmethoden haben ihren Ursprung in einfachen und kleinen Untersuchungsschritten begonnen, und sind heute aus der täglichen Ermittlungsarbeit nicht mehr wegzudenken.

Die Bereitschaft zu und die Durchführung von Sammlungen regionaler Isotopeninformationen in den verschiedenen Ländern Europas und darüber hinaus zeigt, dass auch dort die vielfältigen forensischen Möglichkeiten bereits erkannt worden sind. Der globale Ausbau von nationalen Datenbanken mit Isotopeninformationen wird möglicherweise auch im internationalen polizeilichen Ermittlungsbereich ein weiterer Schritt auf dem Weg zu einer erfolgreichen Verbrechensbekämpfung sein.

Weiterführende Literatur:

Beleke, N. (Hrsg.): Kriminalisten-Fachbuch – Kriminalistische Kompetenz. Eine Verbindung aus Kriminalwissenschaft, kommentiertem Recht und Kriminaltaktik für Studium und Praxis. Loseblattwerk in 2 Ordnern, Stand: 2000. Schmidt-Römhild Verlag, Lübeck 2000.

Beyser, R. / Pitz, K. / Horn, P. / Hölzl, S. / Rauch, E.: Isotopenanalytik. Hilfsmittel zur Herkunftsbestimmung unbekannter Toter. In: Kriminalistik 07/03, S. 443.

Bommas, U. / Teubner, P. / Voß, R.: Kurzlehrbuch Anatomie und Embryologie. 1. Auflage. Thieme Verlag, Stuttgart, New York 2005.

Huckenbeck, W.: DNA für Einsteiger (Teil 1 bis 3). In: SeroNews. Ein forensisches Forum. Teil 1, Ausgabe I/2003, S. 24. Teil 2, Ausgabe II/2003, S. 55. Teil 3, Ausgabe III/2003, S. 106. Zeitschrift der Heinrich-Heine-Universität (HHU) Düsseldorf, Institut für Rechtsmedizin des UKD, Herausgeber: Priv. Doz. Dr. med. Wolfgang Huckenbeck, 8. Jahrgang, Düsseldorf 2003.

Leopold, D. (Hrsg.): Identifikation unbekannter Toter: Interdisziplinäre Methodik, forensische Osteologie. Arbeitsmethoden der medizinischen und naturwissenschaftlichen Kriminalistik, Band 22. 1. Auflage. Schmidt-Römhild Verlag, Lübeck 1998.

Spornitz, U.: Anatomie und Physiologie. Lehrbuch und Atlas für Pflege- und Gesundheitsfachberufe. 4., vollständig überarbeitete Auflage. Springer Verlag, Heidelberg 2004.

Weihmann, R.: Kriminalistik. Für Studium und Praxis. 8. Auflage. Verlag Deutsche Polizeiliteratur, Hilden 2005.

Weihmann, R.: Lehr- und Studienbriefe Kriminalistik / Kriminologie. Band 2, Kriminaltechnik I. 1. Auflage. Verlag Deutsche Polizeiliteratur, Hilden 2005 und Band 3, Kriminaltechnik II. 1. Auflage. Verlag Deutsche Polizeiliteratur, Hilden 2005.

Wieser, O. / Schöninger, C. (Übersetzer): Anatomie. Wunderwerk Mensch, Knochenbau, Muskulatur, Organe, Nervensysteme. Titel des italienischen Originals: Atlante de anatomia. Dt. Erstausgabe, Neuauflage. Kaiser Verlag, Klagenfurt 2002.

Wolf, S.: Neutronen klären Verbrechen auf. Ein neues Verfahren hilft die Identität von Kriminalitätsopfern zu ermitteln – und bei der Suche nach den Tätern. In: Die Welt am Sonntag vom 15.2.2004.

14 Die Biometrie

14.1 Die Biometrie in der heutigen Gesellschaft

Der 31. Oktober 2005, ein Montag, wird vielen Bürgern der Bundesrepublik Deutschland noch lange in Erinnerung bleiben, insbesondere dann, wenn für Auslandsreisen geeignete Dokumente für einen Grenzübertritt benötigt wurden. An diesem Tag konnten letztmalig Reisepässe beim zuständigen Einwohnermeldeamt beantragt werden, die keine biometrischen Eintragungen enthalten. Vom 1. November 2005 an werden nur noch die um zunächst etwa 30 Euro teureren Legitimationspapiere mit biometrischen Angaben an die deutschen Bürger ausgegeben. Neben dem erhöhten Preis verbindet sich mit diesem Pass auch die Möglichkeit einer vereinfachten Einreise in andere Staaten mit einem Anspruch auf biometrische Angaben des Ausweisinhabers, wie beispielsweise die Vereinigten Staaten. Dort sind nach den tragischen Ereignissen des 11. September 2001 in New York, als das World Trade Center durch Terroristen zerstört und mehrere tausend Menschen dabei getötet wurden, die internationalen Sicherheitsanforderungen, insbesondere bei der Einreise in die Vereinigten Staaten, erheblich gesteigert worden. Ein Bürger ohne Pass mit biometrischen Angaben muss in einem aufwendigen Verfahren ersatzweise ein Visum bei einer amerikanischen (Auslands-) Vertretung beantragen. Dem Visum müssen dann biometrische Angaben beigefügt werden, beispielsweise in Form von Fingerabdrücken.

Das Fremdwörterbuch des Dudenverlags definiert in der jüngsten Ausgabe Biometrie/Biometrik als aus dem griechisch/neulateinisch stammende Begriffe, die die (Lehre von der) Anwendung mathematischer Methoden zur zahlenmäßigen Erfassung, Planung und Auswertung von Experimenten in Biologie, Medizin und Landwirtschaft betrifft.

Eine andere Übersetzungsmöglichkeit bietet sich bei der freien Interpretation des Begriffs Biometrie aus dem griechischen an. Das Wort „Bio" wird mit Leben übersetzt und das verbleibende Wortteil wird in „Metrik" abgewandelt und als „Messung (von oder an)" übersetzt. Zusammengefügt könnte sich daraus die Definition Biometrie als eine statistische Untersuchung von Lebewesen ergeben.

Bei der Suche nach geeigneten Möglichkeiten, die sich für eine biometrische Untersuchung mit der Zielrichtung einer Identifizierung eignen, ergeben sich unter Einbeziehung polizeilicher Erfahrungen die folgenden Anwendungsbereiche: die Finger- und Handflächenauswertung, Gesichtserkennung und die so genannte Iriserkennung (Identifizierung auf Grund der individuellen Erscheinungsform des menschlichen Auges). Außerdem kann für diesen Bereich auch die DNA-Analyse genannt werden.

Neben diesen genannten Verfahren ist noch eine weitere Einteilung in dynamische Identifizierungsverfahren denkbar, also Gebiete, in denen das jeweilige zu untersuchende Medium möglichen Schwankungen und Variationen unterliegt. Es handelt sich dabei um die menschliche Stimme, den Gang oder das Gangbild, die dynamische Handschrift und vielleicht auch noch Tastaturanschläge.

Biometrische Identifizierungsmuster können idealerweise dort zur Anwendung kommen, wo allgemeine individuelle Zugangsberechtigungen, in Form einer persönlichen Identifizierungsnummer oder eines Kennwortes, durch absolut personengebundene Informationen ersetzt werden müssen. Damit sollen einem Missbrauch vorgebeugt und die Zugangskontrolle in einen definierten Bereich sicherer und verlässlicher gestaltet werden. Bereits heute nutzen private Unternehmen die Möglichkeit einer Zugangskontrolle beispielsweise durch die Einbeziehung daktyloskopischer Informationen von Mitarbeitern. Dabei wird ein zuvor bestimmter Fingerabdruck des Mitarbeiters in einen Datenbestand aufgenommen und gespeichert. Mit Hilfe des Life-Scan-Verfahrens, einer unmittelbar aufnehmenden und auswertenden Hard- und Software, ist die Geräteeinheit in der Lage, den auf eine Glasplatte aufgelegten Hautteil der Oberhaut des Fingers zu erfassen. Der anschließende Vergleich der so eingescannten Hautfläche des Fingers mit den gleichartigen Angaben aller im Datenbestand gespeicherten, zugangsberechtigten Personen wird unmittelbar vorgenommen. Folge dieser in wenigen Sekunden durchgeführten Computertätigkeit ist die Identifizierung des Fingerabdruckmusters einer bestimmten Person. Verbunden damit ist die Öffnung des Zugangsbereiches oder im Falle einer Nichtidentifizierung die Verweigerung des Zutritts. Zusätzlich können auf Grund der Speichermöglichkeit des Computerprogramms Personenangabe und die Zeit des Zugangs erfasst werden.

Über die privatwirtschaftliche Nutzung in Form von einzelnen Zugangsberechtigungen für sicherheitssensible Bereiche hinaus finden heute auch die vielfältigen Speicherungs- und Auswertungsmöglichkeiten verschiedener Aktionsbereiche mit biometrischen Bezügen in der polizeilichen Ermittlungstätigkeit in Deutschland und anderen Staaten der Welt Anwendung und werden zur Personenidentifizierung eingesetzt. Diese erfolgreiche Arbeit führte bisher dazu, dass die biometrischen Methoden zur Identifizierung von Personen für eine große Zahl von Menschen erst auf wenige Möglichkeiten beschränkt realisiert wurden.

In Deutschland ist das heute beim neuen Reisepass die Speicherung eines digitalisierten Passbildes des Passinhabers auf einem im Ausweispapier vorhandenen Chip. Das digitale Bild wird dabei in Form eines Strichcodes gespeichert. Vorgesehen ist vom Jahr 2007 an, dass auch ein Fingerabdruck des Ausweisinhabers zusätzlich gespeichert wird und als Identifizierungsbestätigung herangezogen werden kann.

Weitere biometrische Muster werden in den nächsten Jahren weltweit auf ihre praktische Auswertungsmöglichkeit hin untersucht und getestet. Welche zukünftigen Veränderungen dabei zu erwarten sind kann heute noch nicht abgesehen werden.

14.2 Biometrie und forensische Ermittlungstätigkeit

Forensische Ermittlungstätigkeiten, die im späteren Beweisverfahren möglicherweise als Grundlage für eine richterliche Urteilsfindung herangezogen werden, bedienen sich gerne objektiv nachweisbarer Verfahren und Methoden.

Für biometrische Verfahren, die als Basis für eine Identifizierung dienen sollen, gelten grundsätzliche Anforderungen, die für eine verlässliche Nutzung und allgemeine Akzeptanz unabdingbar erforderlich sind. Das jeweilige Verfahren darf keine willkürlichen Veränderungsmöglichkeiten bieten. Es muss beliebig wiederholbar sein, ohne dass dabei Schäden oder Beeinträchtigungen auftreten dürfen. Außerdem sollte das Verfahren auch über eine zeitliche Stabilität verfügen. Beispielsweise dürfen Alter und/oder Krankheit nicht zu einer Beeinträchtigung oder Unbrauchbarkeit des Verfahrens in bestimmten Zeitabschnitten führen. Schließlich sollte bei dem Personenkreis, der für eine Anwendung des Verfahrens vorgesehen ist, die erforderliche Akzeptanz zu erwarten sein. Um eine solche Akzeptanz zu erreichen, dürfen keine zu aufwendigen Verfahrensabläufe und Erfassungsmodalitäten bei der Durchführung notwendig sein.

Die in der weiteren Darstellung genannten Bereiche sollen auch unter diesem Aspekt betrachtet werden.

14.2.1 Das Verhältnis zur Daktyloskopie

Die Daktyloskopie bietet eine seit mehr als 100 Jahren in Deutschland von der Polizei genutzte Möglichkeit der Identifizierung von Personen mit Hilfe der individuellen Erscheinungsformen der Innenseite der Fingerendglieder, der Handflächen und der Laufflächen der Füße. Die Einmaligkeit und natürliche Unveränderlichkeit der Papillarleistengebilde im Bereich der hier vorhandenen Oberhaut sind dabei Grundlage der für eine Identifizierung notwendigen Feststellungen. Insbesondere werden die individuellen Merkmale im Verlauf der Papillarleisten in Form und Lage zueinander für eine computergestützte Erfassung und Auswertung genutzt. In vielen Jahren praktischer Arbeit mit der Eingabe und computergestützten Recherche daktyloskopischer Informationen von Personen hat sich zwischenzeitlich eine gründlich erprobte und in vielen Jahren bewährte Arbeitsmöglichkeit der Identifizierung auf diesem Weg ergeben. In diesem Zusammenhang wird auch auf Kapitel 3 hingewiesen.

Nicht nur in der Bundesrepublik Deutschland, sondern auch in vielen anderen Staaten Europas und auf anderen Kontinenten arbeiten die Polizeidienststellen erfolgreich und für jede interessierte Person nachvollziehbar mit computergestützten Erfassungs- und Recherchesystemen, um Personen zu identifizieren. Die in jüngster Zeit in Deutschland favorisierte und praktizierte Erfassungsmöglichkeit mit Hilfe des so genannten Life-Scan-Verfahrens ermöglicht eine unmittelbare Aufnahme der definierten Hautfläche eines oder mehrerer Fingerendglieder mit Hilfe eines speziellen Scanners. Eine anschließende visuelle Prüfung der so erfassten Hautbereiche durch den eingesetzten Mitarbeiter am Bildschirm verhindert, dass Fehler bei der Erfassung auftreten. In einem weiteren Arbeitsgang erfolgt dann die Recherche der so erfassten Informationen. Ist die Person in dem System bereits erfasst, könnte eine darauf hinweisende Anmerkung erfolgen. Dieses Verfahren ist einfach, erprobt, praktisch und juristisch anerkannt. Eine Veränderung der Untersuchungsfläche Oberhaut ist auf natürlichem Weg nicht zu erwarten. Lediglich bei gravierenden Verletzungen ist eine dauerhafte Veränderung auch im Bereich der Oberhaut nicht auszuschließen.

Vielleicht waren das die Gründe, die die politischen Entscheidungsträger dazu veranlasst haben, dass im zukünftigen Pass der Bundesrepublik Deutschland ab 2007 daktyloskopische Informationen des Ausweisinhabers gespeichert werden sollen.

14.2.2 Das Auge

Jeder gesunde Mensch hat grundsätzlich zwei Augen. Die Augen beinhalten neben der Möglichkeit des Sehens auch noch andere, für die Individualisierbarkeit wichtige Merkmale. Teilbereiche der Augen sind von der Natur so geschaffen, dass sie ein unverwechselbares, einzigartiges Aussehen haben. Es handelt sich dabei einerseits um die Iris oder Regenbogenhaut, die sich im vorderen Teil des Auges befindet, andererseits um die Retina oder Netzhaut als innerste Schicht des Augapfels.

Die Iriserscheinungsform kann mit Hilfe einer Kamera erfasst und anschließend in einem computergestützten Rechercheverfahren mit bereits vorhandenen, gespeicherten, gleichartigen Informationen verglichen werden. Stellt dabei der Computer eine Übereinstimmung fest, kann dies angezeigt oder z.B. im Rahmen einer Zugangskontrolle der Eintritt in den definierten Bereich ermöglicht werden.

Bei einer Erfassung und Recherche der innersten Schicht des Augapfels werden die in diesem Bereich des Auges gebildeten kleinsten Adern mit allen vorhandenen individuellen Verzweigungen erfasst. Die Erscheinungsform dieser Adern wird durch die Formenvielfalt der Natur individuell geschaffen und ist bei jedem Auge einzigartig. Die Formenfeststellung geschieht mit einem dafür vorgesehenen Gerät und verursacht nach Auskunft von Augenärzten keinerlei schädigende Wirkung. Bei der Informationserhebung muss der Proband einen bestimmten Abstand zur Aufnahmeeinheit einhalten, um später eine einheitliche Recherche zu ermöglichen.

Die geschilderten Erfassungsmöglichkeiten zeigen, dass hier nur mit einer umfangreichen Mitwirkung des jeweiligen Probanden eine identifizierungsrelevante Information erlangt werden kann.

In einem aufwendigen Versuchsverfahren am Flughafen Frankfurt werden seit mehr als einem Jahr von der Bundespolizei Personen mit Hilfe der Iriserkennung identifiziert. Dabei haben die von dieser Identifizierung betroffenen Personen zuvor ihre Augen/Iris vom System erfassen lassen und ihre Zustimmung zu diesem Verfahren erklärt. Es bleibt abzuwarten, ob sich auch diese biometrische Möglichkeit der Identifizierung im Rahmen der Erprobungsphase in der Bundesrepublik Deutschland für eine spätere flächendeckende Anwendung als praktikabel herausstellt.

14.2.3 Die Gesichtserkennung

Der neue Reisepass der Bundesrepublik Deutschland wird nur noch Bilder enthalten, auf denen die Personen eine genau vorgeschriebene Haltung einnehmen und einen ebenfalls genau definierten Gesichtsausdruck zeigen müssen. Die erforderliche Beleuchtung des Gesichts muss gleichmäßig ausgerichtet sein und darf keine Schattenbildung auf dem späteren Foto erkennen lassen. Ein leicht zur Seite geneigter Kopf, ein zum Lächeln verzogener Mund sind dabei ebenso zu vermeiden, wie beispielsweise quer über das Gesicht hängende Haare, geschlossene Augen oder eine getragene Brille.

Wenn die für ein computergestütztes Gesichtserkennungsverfahren vorgeschriebenen Voraussetzungen bei der Erstellung des Passbildes optimal befolgt werden, ist die erste Voraussetzung für die spätere Identifizierung erfüllt. Im weiteren Verfahren wird das erstellte Passbild auf einer Speichereinheit im Pass erfasst und auf Dauer unveränderbar gespeichert.

Entsprechende Aufnahmeeinheiten mit Computerprogrammen für die Gesichtserkennung werden in einem weiteren Verfahrensschritt für die Sofortfotografie des Passinhabers beispielsweise an Grenzkontrollstellen eingerichtet. Hier wird das Gesicht der zu identifizierenden Person nach Vorlage des biometrischen Passes in einer gleichartigen Position und Gesichtshaltung mit Hilfe der dort vorhandenen Erfassungseinheit aufgenommen, wie dies bei der Bilderstellung für das Passbild realisiert wurde. Die computergestützte Auswertung beider Aufnahmen (im Pass gespeicherte Aufnahme und tatsächliche Bilderstellung an der Kontrollstelle) erfolgt direkt und unmittelbar während des Aufenthalts bei der Passprüfung, nachdem zuvor das im Pass gespeicherte Bild in die Aufnahmeeinheit eingegeben wurde. Dabei werden zum Beispiel neben den Abmessungen der Entfernung vom linken Auge zum rechten Auge, oder der Nase zu den Augen, auch Punkte bestimmt, die den erfassten Gesichtsrahmen an zuvor durch das Programm definierten Stellen begrenzen. Diese Abmessungsbegrenzungen werden bei der computergestützten Auswertung berücksichtigt und begründen auch die bei der Lichtbilderstellung für den biometrischen Pass vorgegebenen Bedingungen.

Das Prüfungsergebnis eines Verfahrens zur Erkennung des Gesichts beispielsweise an einer Grenzkontrollstelle ist wesentlich von der vorgegebenen und tatsächlich eingehaltenen Position des Kopfes sowie dem Gesichtsausdruck der jeweiligen Person bestimmt.

Dabei dürften zeitweise Identifizierungsschwierigkeiten auftreten, die durch die aktuell an der Kontrollstelle eingenommene Körper- und Kopfhaltung der zu überprüfenden Person verursacht werden. Insofern kann nicht ausgeschlossen werden, dass eine mögliche Mehrfacherfassung auf fehlende Benutzerakzeptanz treffen könnte. Es ist möglich, dass durch Weiterentwicklungen der bisher vorhandenen Computerprogramme zur Gesichtserkennung hier Änderungen erreichen können, die zu einer einfacheren Anwendung und besseren Auswertungsmöglichkeit führen werden.

Die auch in der polizeilichen Praxis angewandten Gesichtserkennungsverfahren können eine Identifizierung einer Person durch den Bild-Bild-Vergleich realisieren. Eine Verbindung zwischen der Gesichtserkennung und der Biometrie ist dadurch vorhanden.

14.2.4 Die biometrische Möglichkeit der Personenidentifizierung

Die Handschrift einer unbekannten Person im Rahmen polizeilicher Ermittlungsverfahren bietet bei vorhandenen, geeigneten Vergleichsschriften durchaus eine Möglichkeit der Identifizierung des Schreibers, wenn eine für Vergleichsuntersuchungen von Handschriften ausgebildete Person diese Untersuchung durchführt. In diesem Zusammenhang wird auch auf das Kapitel 1 dieses Buches hingewiesen.

Bei der biometrischen Nutzung der Handschrift wird das individualcharakteristische Verhalten des Schreibers als Ausgangsbasis einer möglichen Identifizierung gewählt. Ein Sachverständiger für den Bereich Schrifterkennung ist dabei normalerweise nicht mehr erforderlich. *Knäpper*, *Schröder* und *Wicke* schreiben in ihrer Veröffentlichung „Nutzung biometrischer Systeme bei der Polizei" in der Zeitschrift Kriminalistik, dass im Rahmen der Identifizierung des Schreibers Motorik und dynamisches Schreibverhalten mit Hilfe eines speziellen Stiftes mittels eines Computerprogramms erfasst werden. Die optisch erkennbare Schriftführung ist dabei nicht von Bedeutung. Die Autoren weisen darauf hin, dass diese Form der Identifizierung wenig verbreitet und teilweise auch nicht bekannt ist.

Da sich die Schreibmotorik und die Schriftstabilität im Verlauf des Lebens eines Menschen verändern, wird eine auf breiter Basis angelegte Nutzung dieser denkbaren Identifizierungsmöglichkeit möglicherweise erst dann erfolgen, wenn eine weitere Prüfung des Verfahrens auch unter diesem Aspekt erfolgt ist.

14.3 Möglichkeiten und Grenzen

Die bisherige Darstellung des Themas „Biometrie als aktuelle Identifizierungshilfe bei der Wiedererkennung von Menschen" hat gezeigt, dass die heute lebende Generation über viele technische, praktische und visionäre Möglichkeiten verfügt, die Identität einer Person zu prüfen und auch sicher festzustellen. Dabei sind dem Ideenreichtum, der Innovation und dem gesunden Geist der mit dieser Aufgabe befassten Spezialisten grundsätzlich keine Grenzen gesetzt. Wenn zum Beispiel eine namhafte deutsche Firma heute den Versuch unternimmt, die Gesichtserkennung mit Hilfe einer besonderen Darstellungsform weiter zu optimieren, dann ist in dieser Arbeit der Versuch einer Verbesserung der bisher vorhandenen Möglichkeiten zu sehen. Gleichgültig welche Arbeitsabläufe oder Kontrollvorgänge noch entwickelt und vielleicht später einmal realisiert werden sollen, eine besondere Beachtung ist dem Individuum als Mensch zu widmen. Die Menschenwürde und die Persönlichkeit des Einzelnen dürfen auf Grund biometrischer Identifizierungsmaßnahmen nicht beeinträchtigt oder verletzt werden. Unabhängig von der Herkunft, der Hautfarbe und der Abstammung muss die biometrische Identifizierungsarbeit frei von jeder Willkür und stigmatisierender Aktion sein. Wenn beispielsweise bei der Fußballweltmeisterschaft 2006 mobile Life-Scan-Systeme für besonders ausgewählte Aufenthaltsbereiche in Fußballstadien genutzt wurden, um den Zugang von zuvor definierten Personen zu ermöglichen oder zu verhindern, dann ist damit bereits ein weiterer Schritt einer biometrischen Anwendung einer daktyloskopischen Identifizierungsmethode realisiert worden, bei der diese Überlegungen berücksichtigt worden sind.

Eine technische Weiterentwicklung der aufgezeigten Hard- und Softwaremöglichkeiten im Bereich der Biometrie wird zukünftig auch realisiert werden können. Es ist in diesem Zusammenhang darauf zu achten, dass der Mensch dabei die Übersicht, die letzte Möglichkeit der Prüfung und die Entscheidungskompetenz behält.

14.4 Datenschutz – Schutz für den Einzelnen oder Behinderung von Ermittlungen?

Das Bundesverfassungsgericht hat mit seinem Volkszählungsurteil das Recht auf informationelle Selbstbestimmung primär dem einzelnen Individuum zugesprochen. Diese höchstrichterliche Entscheidung beinhaltet auch auf die biometrische Anwendung von Wiedererkennungsverfahren anwendbare Grenzen, die jedenfalls zu beachten sind. Der Schutz persönlicher Daten und Informationen darf nicht vollständig zu Gunsten einer biometrischen Identifizierungsmöglichkeit aufgegeben werden.

Ein Beispiel aus der jüngsten Vergangenheit soll die Schwierigkeit bei der Abwägung zwischen dem Recht des Einzelnen und der Sicherheit der Allgemeinheit skizzieren. Ein Fahrer eines Lastkraftwagens überfährt bewusst einen Parkplatzwächter beim Verlassen eines gebührenpflichtigen Parkplatzes. Der Fahrer setzt seine Fahrt unerkannt fort und wird dabei möglicherweise von der Überwachungskamera einer oder mehrerer Mautkontrollstellen auf der Autobahn fotografiert. Grundsätzlich ist die Nutzung der Überwachungsanlagen an den Autobahnen nur zur Mautkontrolle bestimmt. Eine polizeiliche Auswertung im Fall von Schwerstkriminalität ist bisher nicht vorgesehen.

In der Vergangenheit wurde intensiv in der Öffentlichkeit darüber diskutiert, ob der so genannte „Genetische Fingerabdruck" eine Standardmaßnahme im Rahmen der Kriminalitätsbekämpfung sein darf. Insbesondere die mit dem Datenschutz beauftragten Personen haben eine solche Möglichkeit abgewiesen. Nur durch den Richtervorbehalt bei der Anordnung einer menschlichen Zelluntersuchung sahen sie den Schutz des Einzelnen als gegeben. Aus Sicht der Datenschützer besteht andernfalls die Gefahr einer zu mächtigen Exekutive.

Zwischenzeitlich ist durch den Gesetzgeber nach ausführlichen Beratungen die Möglichkeit beschlossen worden, dass in bestimmten Fällen die Untersuchung menschlichen Zellmaterials auch ohne richterliche Anordnung möglich ist, beispielsweise bei Zustimmung der jeweiligen Person.

In einem Zeitalter, in dem Terroristen nicht davor zurückschrecken, Menschen in Bussen, Untergrundbahnen oder sogar mit ganzen Bürogebäuden in die Luft zu sprengen, muss der Staat in Teilbereichen mit seinen Eingriffsmöglichkeiten in die Rechte des Einzelnen eingreifen dürfen, um die Mehrheit der Bürger vor Anschlägen, Mord oder Körperverletzung zu schützen. Wenn dies in Form der Erfassung biometrischer Informationen in Pässen geschieht, dann dürfte damit grundsätzlich kein zu umfangreicher Eingriff in die informellen Rechte des Einzelnen erfolgt sein, wenn die geschützte Daten- und Informationskontrolle durch Berechtigte sichergestellt ist. Auch wenn die Sicherheit des Einzelnen dadurch nicht absolut geschützt werden kann, so ist damit zumindest ein Beitrag für ein sicheres, gemeinsames Leben geleistet worden.

Die ständige Prüfung durch den Datenschutz einerseits und die andauernden Bemühungen der Forschung nach noch sichereren Kontrollmethoden an sicherheitssensiblen Stellen sollten sich ergänzen.

14.5 Die Biometrie im Blickpunkt globaler Sicherheitsbestrebungen

Die Ereignisse vom 11.09.2001 in New York werden noch lange in der Erinnerung vieler Menschen auf dieser Welt bleiben. Nach der lähmenden Ohnmacht nationaler Exekutivkräfte in vielen Bereichen in der Folge des Anschlages, stellte sich später heraus, dass die Urheber dieser brutalen Tat in anderen Ländern vorbereitende Handlungen durchgeführt haben. In dieser Situation verstärkte sich der Wunsch der Öffentlichkeit in den Vereinigten Staaten nach besseren Grenzkontrollen, um eine Wiederholung solcher Anschläge zu verhindern.

Eine zuvor bereits mehr theoretisch als praktisch diskutierte Möglichkeit der Einführung biometrischer Identifizierung von einreisenden Personen wurde konkretisiert und rückte immer mehr in den Blickpunkt der Öffentlichkeit. Bis zu diesem Zeitpunkt noch nicht abschließend getestete biometrische Identifizierungsmöglichkeiten wurden jetzt in einem beschleunigten Verfahren für den Einreisebereich in die Vereinigten Staaten fertig gestellt.

Solche vorbereitenden Maßnahmen in den Vereinigten Staaten bedurften gleichzeitig einer umfangreichen, der Lage angepassten Vorbereitung der Staaten, deren Bürger in die Vereinigten Staaten einreisen wollen. Die Festlegung auf ein oder mehrere biometrische Identifizierungsmöglichkeiten war so vorzubereiten und dann zu realisieren, dass es nicht zu einer Abschottung kommt und die Einreise gänzlich verhindert wird. Dieses nicht sofort realisierbare Projekt, dass jetzt durch den neuen biometrischen Pass der Bundesrepublik Deutschland weiter ergänzt wird, lässt erahnen, dass weltweit eine neue Epoche der Terrorismusbekämpfung begonnen hat. Gleichzeitig scheint zumindest an einigen bestimmten Stellen eine wesentlich intensivere Identitätsprüfung zu erfolgen, als früher. Ob dabei die angestrebte Sicherheit tatsächlich erreicht wird, kann sich erst durch den weiteren Lauf der Zeit herausstellen.

Fraglich ist auch, ob bei der internationalen Nutzung der biometrischen Daten des Einzelnen der Umgang mit den personenbezogenen Informationen so sicherheitssensibel durchgeführt wird, dass ein Missbrauch durch Dritte ausgeschlossen werden kann.

Die Vereinigten Staaten und andere Staaten haben nach diesem schlimmen Anschlag die globalen Sicherheitsbestimmungen auch unter dem Aspekt der Terrorbekämpfung verschärft, um zukünftig derartige Anschläge zu verhindern. Die Anwendung biometrischer Identifizierungsmöglichkeiten rückt dabei in den Mittelpunkt der sicheren Grenzkontrollen. Ob diese biometrischen Identifizierungsmöglichkeiten die vorhandenen Sicherheitsvorstellungen auch wirklich realisieren können, kann heute noch nicht mit Sicherheit gesagt werden. Eine offene und gleichzeitig kritische Haltung des Einzelnen gegenüber der Nutzung biometrischer Verfahren im In- und Ausland kann zu einem sicheren gemeinsamen Leben beitragen.

Weiterführende Literatur:

Bach, W.: Das kriminalistische Potential neuer Technologien. Chancen der Technik für polizeiliche Prävention und Repression. In: Kriminalistik 10/99, S. 657.

Behrens, M. / Roth, R.: Biometrische Identifikation. Grundlagen, Verfahren, Perspektiven. 1. Auflage. Vieweg Verlag, Braunschweig [u.a.] 2001.

Beleke, N. (Hrsg.): Kriminalisten-Fachbuch – Kriminalistische Kompetenz. Eine Verbindung aus Kriminalwissenschaft, kommentiertem Recht und Kriminaltaktik für Studium und Praxis. Loseblattwerk in 2 Ordnern, Stand: 2000. Schmidt-Römhild Verlag, Lübeck 2000.

Islam, R.: Neue Software zur Verbrecherjagd. Computerprogramm generiert Phantombilder wesentlich schneller und realitätsgetreuer. In: Die Welt vom 23.3.2005.

Knäpper, L. / Schröder, D.: Digitaler Bild-Bild-Vergleich im Erkennungsdienst. Erfahrungen in Entwicklung, Anwendung, Weiterentwicklung und praktischem Einsatz einer Softwarelösung. In: Kriminalistik 12/02, S. 745.

Knäpper, L. / Schröder, D. / Wicke, G.: Nutzung biometrischer Systeme bei der Polizei. Schwerpunkt Gesichtserkennung. In: Der Kriminalist 12/04, S. 503.

Koch, K. / Mischkowitz, R. / Plate, M.: Neue Strategien für das 21. Jahrhundert. Ein Bericht über die BKA Arbeitstagung '98. In: Kriminalistik 01/99, S. 2.

Schmitt, I.: Neuer Reisepass – ein teurer Spaß. In: Rheinische Post vom 31.10.2005.

Schmitter, H.: Der genetische Fingerabdruck – Das neue Zeitalter. In: Deutsches Polizeiblatt 02/97, S. 20.

Sokol, B.: Die Fehlerquote ist hoch. Interview mit Bettina Sokol, Landesbeauftragte für den Datenschutz in Nordrhein-Westfalen. In: Rheinische Post vom 31.10.2005.

Stock, J.: Biometrie und Innere Sicherheit. In: Arbeitskreis Kriminalprävention und Biometrie, Workshop-Dokumentation vom 30.9.2002 in Bonn, S. 5. Herausgeber: Deutsches Forum für Kriminalprävention (DFK).
Abrufbar unter: http://www.kriminalpraevention.de/download/Biometrie.pdf

Thiel, W.: Podiumsdiskussion: Genetischer Fingerabdruck künftig eine Standardmaßnahme bei der Kriminalitätbekämpfung. In: SeroNews III/2004, S. 87. Zeitschrift der Heinrich-Heine-Universität (HHU) Düsseldorf, Institut für Rechtsmedizin des UKD, Herausgeber: Priv. Doz. Dr. med. Wolfgang Huckenbeck, 9. Jahrgang, Düsseldorf 2004

Weihmann, R.: Kriminalistik. Für Studium und Praxis. 8. Auflage. Verlag Deutsche Polizeiliteratur, Hilden 2005.

Weihmann, R.: Lehr- und Studienbriefe Kriminalistik / Kriminologie, Band 2, Kriminaltechnik I. 1. Auflage. Verlag Deutsche Polizeiliteratur, Hilden 2005 und Band 3, Kriminaltechnik II. 1. Auflage. Verlag Deutsche Polizeiliteratur, Hilden 2005.

Wissenschaftlicher Rat der Dudenredaktion (Hrsg.): Duden – Das Fremdwörterbuch. Der Duden in 12 Bänden, Band 5. 6., auf der Grundlage der amtlichen Neuregulierung der deutschen Rechtschreibung überarbeitete und erweiterte Auflage. Dudenverlag, Mannheim [u.a.] 1997.

Zum Autor

Thiel, Wolfgang

Erster Kriminalhauptkommissar.

Geboren 1953 in Himmelsthür, Kreis Hildesheim bei Hannover.

Ehrenamtlicher Mitarbeiter in der Redaktion der Zeitschrift „SeroNews" des Instituts für Rechtsmedizin der Heinrich-Heine-Universität Düsseldorf seit 1999.

Kommissariatsleiter Erkennungsdienst.

Sachverständiger für die Bereiche Daktyloskopie, Schuh- und Reifenspuren, Sichtbarmachung von Prägezeichen.

Ausbildung und Tätigkeit als Sprengstoffermittler.

Hauptamtlicher FH-Dozent für Kriminalistik und Kriminaltechnik.

Mitglied in einer Prüfungskommission des Landesprüfungsamtes / NRW für die Staatsprüfung des gehobenen Dienstes der Polizei.

Auslandseinsätze im Rahmen kriminalistisch-kriminaltechnischer Tätigkeiten:

1999 Tätigkeit im Kosovo im Auftrag des Internationalen Strafgerichtshofes in Den Haag für das ehemalige Jugoslawien (Beweissicherung im Rahmen möglicher Kriegsverbrechen).

2000 Tätigkeit im Kosovo im Auftrag UNMIK (United Nation Mission in Kosovo), Fortsetzung der 1999 begonnenen Arbeit.

2003 Auslandseinsatz in Pakistan im Auftrag des Auswärtigen Amtes zur Beschulung von pakistanischen Polizisten im Bereich der Tatortarbeit.

2004 Auslandseinsatz im Auftrag der Europäischen Union (EU) im Bereich Bosnien/ Bundesrepublik Deutschland zur Beschulung bosnischer Polizisten im Umgang mit AFIS (Automatisiertes Fingerabdruckidentifizierungssystem).

2005 Fortsetzung des Auslandseinsatzes der EU von 2004. Nach dem Einsatz wurde Bosnien von der EU mit einer AFIS-Datenbank im Wert von 1,5 Millionen Euro ausgestattet.

2005 Mehrfacher Einsatz in Thailand im Auftrag des Bundeskriminalamtes (BKA) zur Identifizierung von Opfern der Tsunami-Katastrophe vom 26.12.2004 als Mitglied der dort arbeitenden Identifizierungskommission.

2006 Auslandseinsatz im Auftrag der EU im Bereich Bosnien/ Bundesrepublik Deutschland zur Beschulung bosnischer Polizisten im Bereich Sprengstoffermittlung.

Veröffentlichungen:

Auslandseinsatz. Kriminaltechniker aus Nordrhein-Westfalen im Kosovo. In: Streife, 11/99, S. 10, Herausgeber: Innenministerium NRW.

Kosovo-Tagebuch (1). In: SeroNews II/ 1999, S. 13.

Kosovo-Tagebuch (2). In: SeroNews II/ 1999, S. 24.

Kosovo-Tagebuch (3). In: SeroNews III/ 1999, S. 14.

Kosovo-Tagebuch (4). In: SeroNews III/ 1999, S 20.

Kosovo-Tagebuch (5). In: SeroNews I/ 2001, S. 20.

Kosovo-Einsatz 2000. In: Sero-News I/ 2001, S. 26.

Das Krematorium. In: SeroNews, IV/2002, S. 127.

Der Terroranschlag auf das World Trade Center und die resultierenden rechtsmedizinischen Aufgaben. Ein Symposiumsbericht. In: SeroNews II/ 2003, S. 72.

SeroNews-Weihnachtsrätsel. Die Entstehungsgeschichte eines kriminalistischen Rätsels. In: SeroNews IV/ 2003, S. 150.

Studierende der FHöV NW – Fachbereich Polizeivollzugsdienst – zu Gast im Institut für Rechtsmedizin. In: SeroNews I/2004, S.38.

Tatortarbeit in Pakistan. Ein kriminalistisches/ kriminaltechnisches Seminar. In: SeroNews II/ 2004, S. 56.

Podiumsdiskussion: Genetischer Fingerabdruck künftig eine Standardmaßnahme bei der Kriminalitätsbekämpfung. In: SeroNews III/2004, S. 87.

13. Internationale Kriminaltechnik-Seminar in Villingen-Schwenningen. In: SeroNews, IV/2004, S. 142.

Tatortarbeit in Pakistan. Ein kriminalistisches/kriminaltechnisches Seminar für die Polizei in Islamabad. In: Streife 6/ 2004.

Leichendaktyloskopie. Eine neue oder vielleicht auch schon bekannte Methode zur Qualitätsverbesserung im Rahmen der Identifizierungsarbeit. In: SeroNews III/ 2005, S.116.

Hilfe in Ausnahmesituationen – Deutsche Polizei identifiziert unter Federführung des BKA Opfer der Flutkatastrophe in Thailand. In: Streife 6/ 2005, S. 18.

Story of a CD – Eine außergewöhnliche Einsatzbetreuung. In: Streife 7-8/2005, S. 27.

Studierende der FHöV NRW – Fachbereich Polizeivollzugsdienst – aus Hagen zu Gast im Institut für Rechtsmedizin der Heinrich-Heine-Universität Düsseldorf. Eine alltägliche Vorlesungsveranstaltung? In: SeroNews IV/ 2005, S. 158.

Professionelle Beschreibung von Kleidungsstücken im Rahmen von kriminalpolizeilichen Ermittlungen. In: SeroNews I/ 2006, S. 8.

Langzeituntersuchung noch in Arbeit

Zum Thema „Beschaffenheit der Haut nach Eintritt des Todes unter daktyloskopischem Aspekt" trägt der Verfasser daktyloskopisches Vergleichsmaterial, Lichtbilder und allgemeine Informationen seit 1988 zusammen, um die für eine Veränderung der Haut nach Todeseintritt maßgebenden Begleiterscheinungen unter daktyloskopischem Aspekt präzisieren zu können. Bisher liegen Erkenntnisse von mehr als 300 Exhumierungen und Todesermittlungen aus Deutschland, dem Balkanbereich und Südostasien vor.

Stichwortverzeichnis

A

Abformmittel 55
Adenin 111
Angstzustände 62
Anruferstimme 25
Audio-Technik 23
Aufzeichnungsgeräte 22
Auge 131
Ausdrucksform 19
Auswertungsmöglichkeiten 33, 58
Auswertungsstellen für Körperkennzeichnungen 93

B

Backenzähne 50
Belehrung 105
Beschreibung 47
Betäubungsmittel 71
Bewegungsabläufe 73
Beweisführung 20
Beweissituation 12
Bildauswertung 107
Bildmaterial 106
Biometrie 129
Bissspuren 54, 58
Blut 113
Bluttropfen 120
Branding 91
Brillenträger 46
Bundeskriminalamt 33, 36, 43
Bundesverfassungsgericht 134

C

Cutting 91
Cytosin 111

D

DAD 121
Daktyloskopie 33, 36, 43, 131
Datenschutz 134
Datensystem 97
Desoxyribonukleinsäure 111
Dialekte 19
Diktatschriftprobe 13
DNA 111
DNA-Analyse 113
DNA-Analyse-Datei 112, 121
DNA-Doppelstrang 111
DNA-Identifizierungsgesetz 118
DNA-Material 119
DNS-Untersuchung 118
Durchsuchung 12

E

Eigentumsdelikte 84
Eigentumskriminalität 116
Einstaubmittel 32
Einwohnermeldeamt 129
Erbinformationen 111
Erfassungsbelege 99
Ermittlungssachbearbeiter 20

F

Fahndung 97
Filmmaterial 106
Fingerabdruck 28
Fortbewegung 71
Fortbewegungsspuren 72
Fortbildungsveranstaltungen 39
Fremdsprache 26
Frontalaufnahmen 104
Fußlinie 72

G

Gangbild 71
Gangspuren 75
Gebiss 50
Gebissabdruck 58
Gefahrenabwehr 94
Gehverhalten 77
Geräuschwahrnehmung 40
Geruch 62
Geruchsidentifizierung 66
Geruchskontamination 67
Geruchsrückstände 64, 66
Geruchssinn 62
Geruchsspurenvergleichsverfahren 66 f., 68
Geruchsvergleichsspur 67
Gesichtserkennung 132
Größe 107
Größenvergleich 85
Guanin 111
Gutachtenerstellung 16

H

Haarfarbe 107
Haarwuchs 39
Handflächenabdruck 28
Handinnenfläche 40
Handschrift 10, 133
Handschriftenuntersuchung 12
Handschriftenvergleich 12
Haut 28

I

Identifizierungshilfe 55
Implanting 92
Iris 131
Isotope 123
Isotopenanalytik 123 f.

K

Knorpelgewebe 40
Kommunikation 10
Kontrastierung 32
Körperhaare 126
Körperkennzeichnung 88
Körpermaße 82
Körpermessverfahren 81 f.

L

Landeskriminalamt 33, 119
Lederhaut 28
Leiche 126
Lichtbild 102
Lichtbildvorlage 108

M

Magnetisches Pulver 32
Materialkritik 25
Milchzähne 50
Mund 107

N

Nase 63, 107
Nasenöffnungen 63
Nukleotide 111
Nukleus 111
Nuklide 123

O

Ober- und Unterkiefer 52 f.
Oberhaut 28
Ohrabdruck 39, 40, 45
Ohrabdruckspur 40 f., 42, 47
Ohrgröße 39

P

Papillarleisten 28 f.
PCR-Methode 113
Personenbeschreibung 97 f., 100
Personenfotografie 104
Personenidentifizierungszentrale 43
Phonetik 21
Piercing 90
Primärspuren 113

R

Rechtsmediziner 57
Rekonstruktionsmaßnahmen 86

S

Scheidensekret 113
Schneidezähne 50
Schreibentwicklung 15
Schreibmotorik 133
Schreibunterlagen 12
Schriftbild 15
Schriftmaterial 11 f.
Schriftprobe 11 f.
Schriftprobenabnahme 12
Schriftsachverständige 12, 14 f.
Schriftstabilität 133
Schriftvergleichung 15
Schrittbreite 72
Schrittlänge 72
Selbsttötung 56
Senkspreizfuß 74
Sicherung von Ohrabdruckspuren 41
Signalverarbeitung 21, 26
Skarifizierung 91
Speichel 113, 116
Speichelproben 116
Spektrum 26

Sperma 113 f.
Sprachen 19
Sprechvorgang 19
Spurenleger 34
Spurenmaterial 114
Spurenrecherche 33
Spurensicherungsarbeit 32
Stimmaufzeichnungen 26
Stimme 19
Stimmproduktion 24
Stimmvergleich 21
Stimmvergleichsaufnahme 22
Strafverfahren 45
Strafverfolgung 94
Stress 71

T

Tatort 32, 106
Tatort-Ohrabdruckspuren 43
Tätowierung 90, 92
Tatschrift 11
Tatzeit 106
Telefonüberwachung 21
Thymin 111
Tonträger 19, 23

U

Überweisungsvordruck 11
Unterhautfettgewebe 28
Untersuchungsantrag 14, 22
Untersuchungshäftling 82
Untersuchungsstellen für Bissspuren, Gebiss und Zahnstatus 57
Untersuchungsstellen für DNA-Analysen 119
Untersuchungsstellen für forensische Isotopenanalyse 127
Untersuchungsstellen für forensische Sprechererkennung 21

Untersuchungsstellen für Körpermessverfahren 84

Untersuchungsstellen für Ohrabdruckspuren 43

V

Vergleichsaufnahme 36

Vergleichsschrift 11

Vergleichsuntersuchung 79

Verhaltensmuster 75

Vermessung 47

Vermisstenfälle 117

Vermisstensache 120

Volkszählungsurteil 134

W

Wahrnehmungsprozess 63

Wahrscheinlichkeitsaussage 48

Wiedererkennung 97

World Trade Center 129

Z

Zahnbein 51

Zahnbezeichnung 53

Zähne 50

Zahnfächer 51

Zahnfleisch 51

Zahnkrone 51

Zahnmediziner 57

zahnmedizinische Erkenntnisse 54

Zahnstatus 53, 55, 57, 58

Zellkern 111

Zunge 52

Die Studienbriefe

Lehr- und Studienbriefe Kriminalistik / Kriminologie

Herausgegeben von Horst Clages, Ltd. Kriminaldirektor a.D,
Klaus Neidhardt, Präsident der Deutschen Hochschule der Polizei i.G.
Robert Weihmann, Ltd. Kriminaldirektor a. D.

Unter diesem Titel stellen wir eine Buchreihe vor, die unsere seit über 15 Jahren eingeführten Reihen Lehr- und Studienbriefe Kriminalistik und Lehr- und Studienbriefe Kriminologie ablösen wird.

Ein optisch ansprechendes und grundlegend verändertes Erscheinungsbild der Einzelbände trägt auch äußerlich den veränderten Anforderungen an eine moderne Fachliteratur für die Polizei Rechnung.

Erfahrende Fachautoren, die sich sowohl in der Praxis als auch in der Lehre ein umfassendes Fachwissen erarbeitet haben, bearbeiten die einzelnen Themenstellungen unter Einbeziehung neuester Erkenntnisse.

Bisher sind erschienen:

Band 1: Grundlagen der Kriminalistik / Kriminologie

Von Ralph Berthel, Kriminaldirektor,
D. Thomas Mentzel, Kriminaldirektor,
Klaus Neidhardt, Präsident der Deutschen Hochschule
der Polizei i.G.
Detlef Schröder, Kriminaldirektor,
Thomas Spang, Kriminaldirektor,
Robert Weihmann, Ltd. Kriminaldirektor a. D.

1. Auflage 2005, 160 Seiten
Format 17 x 24 cm, Broschur
im Abonnement: 12,90 Euro, 23,30 sFr.
im Einzelbezug: 14,90 Euro, 26,70 sFr.
ISBN 3-8011-0514-8

Band 2: Kriminaltechnik I

Von Robert Weihmann
1. Auflage 2005, 128 Seiten
Format 17 x 24 cm, Broschur
im Abonnement: 12,90 Euro, 23,30 sFr.
im Einzelbezug: 14,90 Euro, 26,70 sFr.
ISBN 3-8011-0515-6

Band 3: Kriminaltechnik II

Von Robert Weihmann, Leitender Kriminaldirektor a. D.
1. Auflage 2005, 110 Seiten
Format 17 x 24 cm, Broschur
im Abonnement: 12,90 Euro, 23,30 SFr. und
im Einzelbezug: 14,90 Euro, 26,70 sFr.
ISBN 3-8011-0516-4

Am besten gleich mitbestellen:

Der praktische Schuber für bis zu 5 Bände
2 Euro (zzgl. Porto und Verpackung)